无线闭塞中心
原理与常见问题处理方法

《无线闭塞中心原理与常见问题处理方法》编委会　编

中国铁道出版社有限公司

2024年·北　京

内 容 简 介

无线闭塞中心(RBC)是CTCS-3级列控系统的地面核心设备,其主要功能是在列车运行过程中生成行车许可(MA)并发送给列车,保障列车运行安全。

本书主要讲述全路在用各型号RBC的结构与原理,包括RBC-TH型、RBC-TZ型、RBC-2-YH型、RBC-YH型、RBC-HS型、RBC-HZ型,并归纳总结RBC常见问题及其处理方法。

本书可作为现场RBC维护管理人员的培训教材。

图书在版编目(CIP)数据

无线闭塞中心原理与常见问题处理方法 /《无线闭塞中心原理与常见问题处理方法》编委会编. -- 北京 : 中国铁道出版社有限公司, 2024. 9. -- ISBN 978-7-113-31474-3

Ⅰ. U284. 4

中国国家版本馆CIP数据核字第20241KD305号

书　　名: 无线闭塞中心原理与常见问题处理方法
作　　者:《无线闭塞中心原理与常见问题处理方法》编委会

责任编辑: 李嘉懿　　**编辑部电话:**(010)51873147　　**电子邮箱:** ljy _ jtu@163. com
编辑助理: 李嘉圆
封面设计: 刘　莎
责任校对: 安海燕
责任印制: 樊启鹏

出版发行: 中国铁道出版社有限公司(100054,北京市西城区右安门西街8号)
网　　址: https://www. tdpress. com
印　　刷: 河北宝昌佳彩印刷有限公司
版　　次: 2024年9月第1版　2024年9月第1次印刷
开　　本: 710 mm×1 000 mm　1/16　**印张:** 14　**字数:** 220千
书　　号: ISBN 978-7-113-31474-3
定　　价: 75.00元

编 委 会

前　言

RBC是CTCS-3级列控系统地面子系统的核心设备，是基于“故障—安全”原则的控制系统，它根据线路特性（坡度、线路固定限速等）及其他系统传递的信息（进路状态、轨道电路占用信息、临时限速等），生成行车许可（MA）发送给列车，以保证列车安全运行。

目前CTCS-3级列控系统采用的RBC设备主要有北京全路通信信号研究设计院集团有限公司的RBC-TH型、RBC-TZ型，中国铁道科学研究院的RBC-2-YH型、RBC-YH型，以及北京和利时系统工程有限公司的RBC-HS型、RBC-HZ型。各个厂家设备的结构不同，这就要求现场维护人员要掌握不同类型RBC的系统构成及工作原理等，要具备良好的技术业务素质和故障处理能力。

本书按类型详细地介绍了各个厂家设备的系统构成、工作原理等，同时将日常维护中遇到的典型问题及解决方案进行了梳理。参与编写的人员在日常维护、故障处理等方面积累了丰富的经验，现将管理经验、典型案例、解决方案等集结成册，供维护人员参考学习，旨在提高应急处置能力。

本书由杜晓鑫、王东、刘业新担任主编。全书共八章，其中第一章由杜晓鑫、郭嘉骏编写，第二章由谢天、王剑生、沈艳华、王瑛琦编写，第三章由谢天、白富丑、史雅男、魏民编写，第四章由秦晓荣、聂云峰、李燕楠、杨德才编写，第五章由秦晓荣、陈嘉、焦梦月、杨朔编写，第六章由杜晓鑫、佟雅璇、徐国强编写，第七章由李世杰、杜晓鑫、郭嘉骏编写，第八章由杜晓鑫、王东、高亮、刘业新、郭嘉骏编写。

由于作者水平有限，书中难免存在疏漏，望广大专家、读者指正。

编　者

2024年5月

目　录

第一章　RBC 系统概述

第一节　列控系统

一、概　　述

中国列车运行控制系统（Chinese train control system，CTCS）是为保证列车安全运行，以分级形式满足不同线路运输需求的列车运行控制系统。其基本功能是在不干扰机车司机正常驾驶的前提下有效保证列车运行安全。针对我国铁路运营里程长、轨道状况复杂的现实情况，对应不同线路以及地面设备，列车需要运行在不同的 CTCS 线路级别上。为了适应实际铁路运输中存在跨线路运行和主控制系统故障的降级运行情况，列车控制系统应具备下线运行和降级运行能力，也就是列车控制系统的兼容性。在已经投入运营的京广高铁、京沪高铁线路上，就采用了 250 km/h、350 km/h 速度等级列车混合运行的模式。

二、CTCS-2 级列控系统

CTCS-2 级列控系统（简称 C2）是基于轨道电路和点式信息设备传输信息的列车运行控制系统，其控制模式采用目标距离控制模式，这种模式追踪目标点是前行列车所占用闭塞分区的始端，留有一定的安全距离，后行列车的制动曲线根据目标距离、目标速度以及列车自身的性能综合计算得出。其满足运行速度 200～250 km/h 的区段运行要求，面向提速干线和高速线路，系统结构如图 1-1-1 所示。

三、CTCS-3 级列控系统

CTCS-3 级列控系统（简称 C3）是基于 GSM-R 无线通信的列车运行控制系

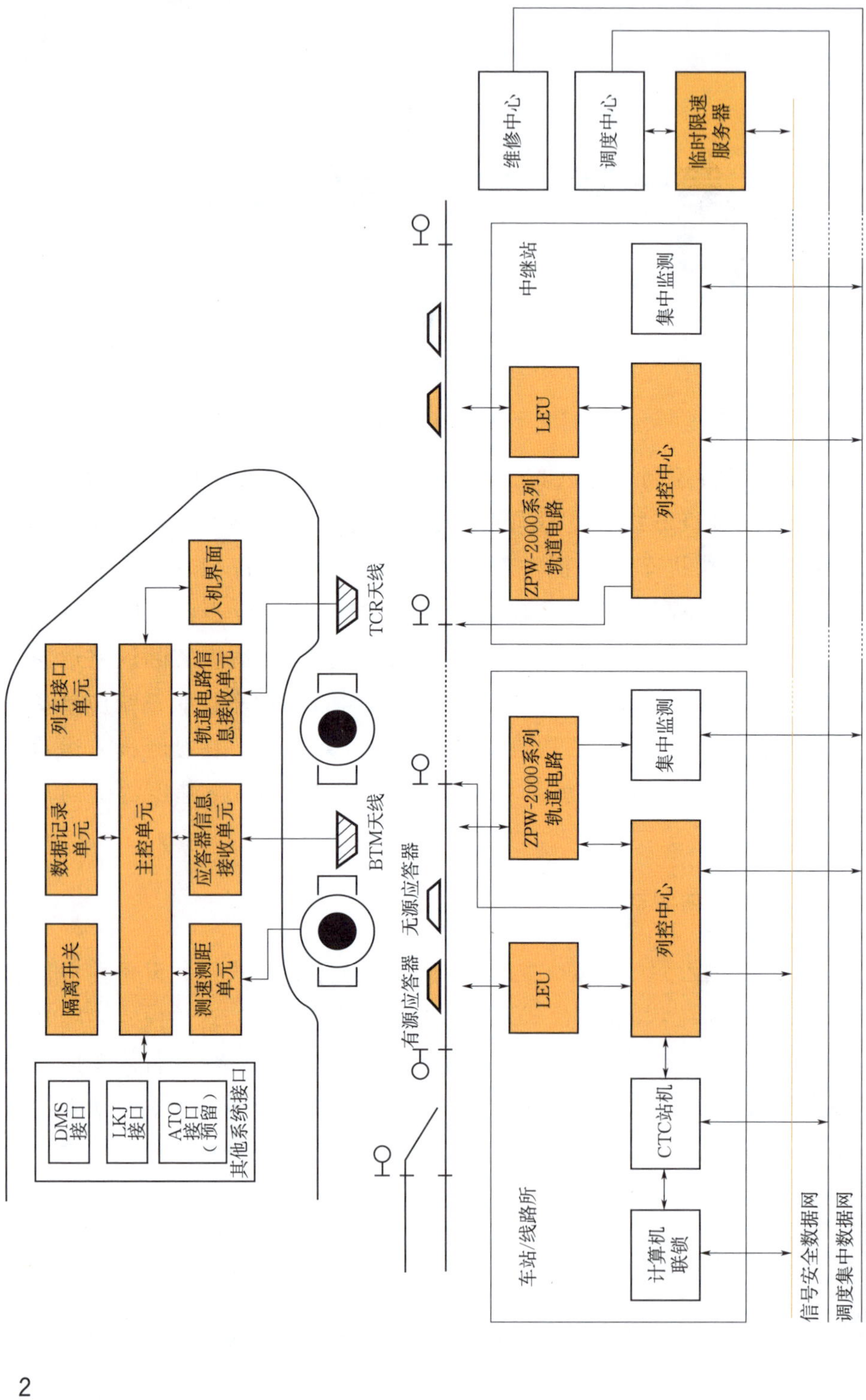

图1-1-1　CTCS-2级列控系统结构

统，其控制模式也采用目标距离控制模式，实现了车地连续、双向信息传输，与 CTCS-2 级相比功能更丰富、实时性更强。其满足运行速度 300～350 km/h 的区段运行要求，面向提速干线、高速新线以及特殊线路，系统结构如图 1-1-2 所示。

第二节　RBC 功能

目前，CTCS-3 级列控系统采用的无线闭塞中心（RBC）设备主要有北京全路通信信号研究设计院集团有限公司的 RBC-TH 型、RBC-TZ 型，中国铁道科学研究院集团有限公司的 RBC-2-YH 型、RBC-YH 型以及北京和利时系统工程有限公司的 RBC-HS 型、RBC-HZ 型。

RBC 可根据其所控制列车的状态和控制范围内的轨道占用、列车进路状态、临时限速命令、灾害防护和线路参数等信息，生成针对所控列车的行车许可（MA），并通过 GSM-R 无线通信系统，将 MA 传送给车载系统，以保证其管辖范围内的列车运行安全。

RBC 根据联锁系统中进路信息和闭塞信息计算 MA，将 MA 指令通过 GSM-R 发送到列车上，从而替换了传统信号系统中的轨旁信号。RBC 还可以向列车发送临时限速信息、线路坡度、线路允许速度和轨道条件等信息。

一、设备启动

1. RBC 启动后，应清除所有动态数据，包括所有进路数据和异物侵限数据、所有车载设备注册和车载设备监控状态数据、所有相邻 RBC 的车载设备移交数据、所有 CTC 命令数据。

2. RBC 启动后，初始化状态应为“未初始化”。收到 TSRS 的初始化确认命令后，初始化状态应变为“已初始化”。

二、通信会话管理

在车地无线通信会话中，由车载设备向 RBC 发起安全连接建立请求，RBC 仅能接受存在于其配置列表中的车载设备的安全连接建立请求。

RBC 支持 10 000 个车载设备的编号存储量。在收到请求连接的信息时，若车载设备编号不在列表中，则 RBC 释放该安全连接。

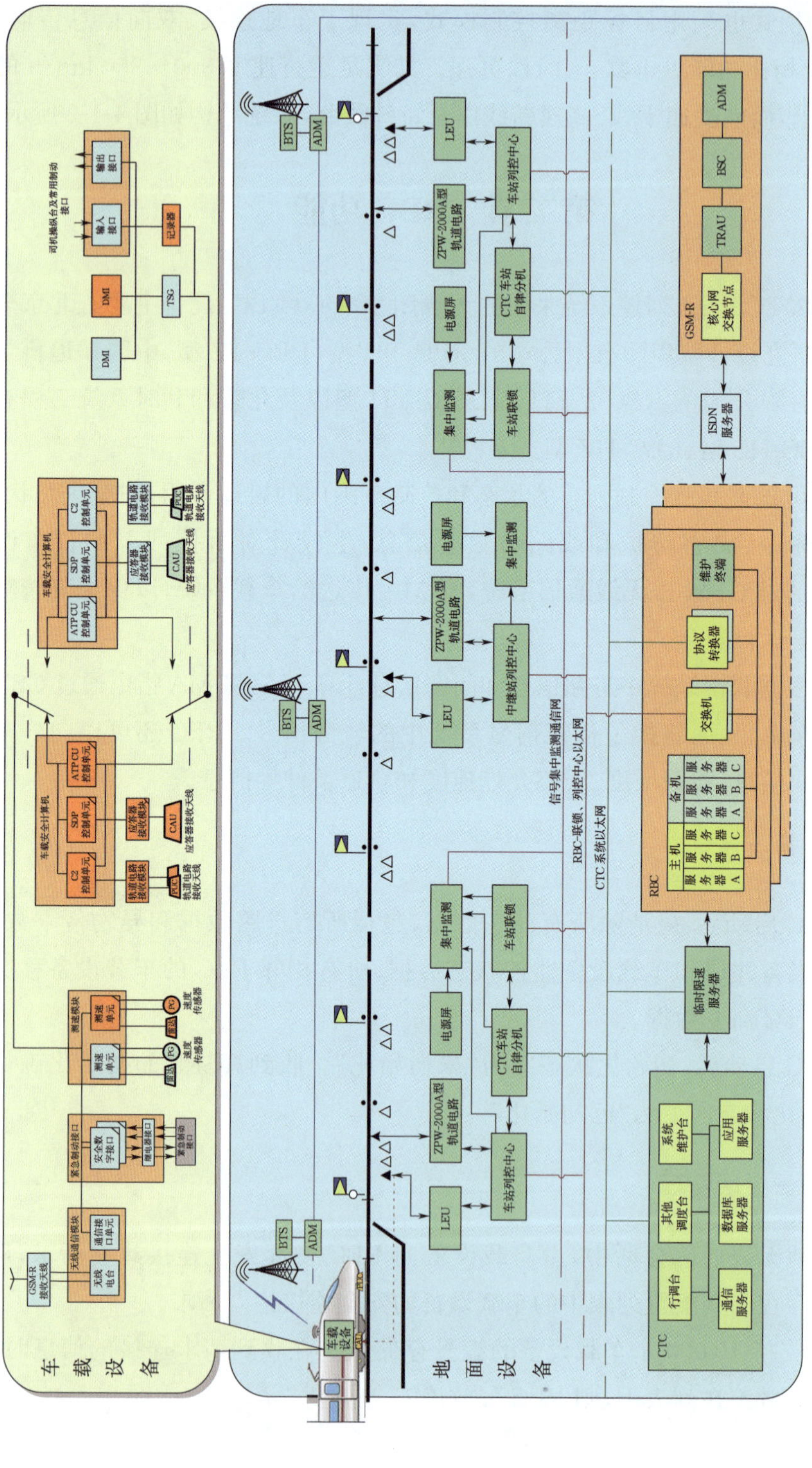

图1-1-2 CTCS-3级列控系统结构

RBC 为每个建立安全连接的车载设备维护一个安全连接。若 RBC 与车载设备安全连接的数量达到最大值,则 RBC 拒绝新的安全连接建立请求。

若车载设备主动拆链,则 RBC 删除与该车载设备的安全连接。

若 RBC 在规定时间内未收到车载设备的应用消息,则 RBC 应断开与该车载设备的安全连接。

三、车载设备注册与注销

收到车载设备通信会话开始的消息时,RBC 向车载设备发送系统版本配置消息,并等待通信会话建立消息。若收到通信会话建立消息,则认为车载设备注册成功;若收到车载发出的版本不兼容消息,则认为车载设备注册失败,等待车载设备的通信会话结束消息。

RBC 可以接收位置无效或未知的车载设备注册。

RBC 在完成车载设备注册后,向 CTC 发送该车载设备的车组号和车次号等信息。

在任务开始时,若车载设备向 RBC 发送一个无效或未知的位置报告,则 RBC 向该车载设备发送文本消息,对列车司机进行提示。

RBC 在接收位置已知的车载设备位置报告后,才能向该车载设备发送配置参数、行车许可请求参数和位置报告参数。

收到车载设备发送的列车数据后,RBC 对列车数据进行验证;若验证成功,RBC 向车载设备发送列车数据确认消息,并要求确认。

RBC 为注册成功的车载设备周期性发送通用消息以保持通信会话。若与车载设备的安全连接偶尔失效,RBC 在安全连接中断后仍然保持通信会话,等待车载设备重新建立安全连接;若规定时间内安全连接未建立成功,则 RBC 注销该车载设备。若 RBC 在规定时间内未收到处于完全监控/引导/目视行车模式下的车载设备的应用消息,则注销该车载设备。

若 RBC 收到通信会话终止消息,则关闭与车载设备的通信会话。

若 RBC 与车载设备通信会话关闭,则注销该车载设备并通知 CTC。

四、行车许可管理

RBC 生成的 MA 以闭塞分区(包括站内进路)为基本单元。RBC 仅能将每个空闲的闭塞分区同时分配给一个注册的车载设备。RBC 延伸 MA 检查进路方向、区间方向以及列车前方进路状态等条件。

RBC 发送的 MA 分为完全监控模式(FS)MA 和引导模式(CO)MA。若计算机联锁(CBI)进路为引导进路,则 RBC 向车载设备发送引导模式 MA。若 RBC 从 CBI 收到 MA 范围内的列车前方进路故障降级(轨道区段异常占用、道岔失去表示、取消进路、人工解锁等),则 RBC 采取安全措施缩短列车的 MA。在 RBC 向车载设备发送 MA 后,若列车所在闭塞分区的前方非相邻闭塞分区被占用,则 RBC 向车载设备发送缩短的行车许可(SMA)/有条件紧急停车消息(CEM),SMA 到该闭塞分区起点。

RBC 向车载设备发送 MA 的必要条件包括车载设备报告处于 CTCS-2 等级或 CTCS-3 等级的 FS、CO、OS 模式,RBC 接受有效列车数据,RBC 已经初始化。

RBC 对如下情况判断是否能够生成并发送 MA:接收车载设备的 MA 请求,接收车载设备的位置报告并更新应答器,接收车载设备的前方轨道空闲确认,从外部设备接收的信息或内部逻辑判断需要缩短 MA,从外部设备接收的信息或内部逻辑判断需要延伸 MA。

1. 前方轨道空闲(TAF)流程

RBC 采用 TAF 流程确认列车所在闭塞分区的前方安全,以此来为车载设备分配或延伸 MA。前方轨道空闲流程可用于目视行车模式的车载设备分配第一个完全监控或引导的 MA,还可用于引导模式的车载设备延伸引导 MA。

当列车位于无线闭塞分区末端 200 m 内,且此无线闭塞分区前方的轨道条件满足 MA 的完整性检查条件时,RBC 向车载设备发送前方轨道空闲请求;同时启动计时器,等待车载设备的前方轨道空闲确认消息。

收到前方轨道空闲确认消息,且 MA 仍然具备完整性时,RBC 向车载设备发送第一个 MA 或延伸的 MA。

RBC 向车载设备发送的第一个 MA 要求车载设备确认。

2. 完整性检查

为车载设备分配 MA 后,RBC 使用“完整性检查”的方式对 MA 进行管理。MA 完整性检查的内容包括对其范围内的轨道区段方向、区间方向、紧急区域状态、进路状态、前方列车位置等条件的检查。MA 的完整性检查从列车估计前端所在的轨道区段开始。

若完整性检查失败，RBC不向车载设备发送MA或向车载设备发送缩短的MA；若MA已无法缩短，则RBC立即向车载设备发送无条件紧急停车消息（UEM）。

RBC向车载设备发送缩短的MA时，要求对方确认。

3. 行车许可延伸/缩短/更新

若完整性检查成功，RBC延伸MA。延伸的MA中新增的闭塞分区符合完整性检查的条件。若MA成功延伸，则RBC向车载设备发送延伸后的MA（M3）。

当MA中包含进路且办理了引导开放时，RBC向列车发送延伸进入CO进路的MA。

收到车载设备发送的一个来自新最近相关应答器组（LRBG）的位置报告后，RBC基于最新的LRBG向车载设备发送最新的MA。

4. 紧邻区段占用检查

使用有条件紧急停车机制，对未包含模式曲线的MA范围内的轨道区段进行紧邻区段占用检查。

对处于FS/CO模式的车载设备，若列车前方紧邻的轨道区段由空闲变为占用，则RBC向车载设备发送CEM，询问车载设备列车是否进入该轨道区段。

若已经向车载设备发送了指定轨道区段的CEM，该轨道区段前方紧邻的轨道区段也从空闲变为占用，则RBC向车载设备发送标识符不同的CEM。

收到紧急停车确认消息，若车载设备未通过检查点，则RBC立即向车载设备发送UEM消息，命令列车立即停车。

5. 临时限速管理

RBC对处于FS模式或CO模式下车载设备的临时限速进行管理。若RBC向车载发送的MA中包含临时限速时，则向车载设备发送临时限速信息；若RBC向车载设备发送的临时限速被取消，则RBC向车载设备发送包含临时限速取消信息包的消息。

临时限速和取消临时限速信息包都包含在通用消息中，并要求确认。

6. 线路信息管理

RBC向车载设备发送的MA消息中，包含完整的线路数据信息，包括链接信息、静态速度信息、坡度信息、轨道条件信息。

若行车许可范围内包含的站内进路状态为引导进路，则MA消息中还包含模式曲线信息。

五、等级转换

1. CTCS-2 级转入 CTCS-3 级

与 RBC 建立了通信会话的 CTCS-2 级列车，若车载设备位置报告中 LRBG 为 RBC 识别的预告应答器组，且满足生成 MA 的条件，则 RBC 向列车发送转入 CTCS-3 级的等级转换命令。

只有收到了转入 CTCS-3 级转换命令的确认消息后，RBC 才能向车载设备发送越过等级转换边界的 MA。

若列车估计前端位于等级转换点前最后一个轨道区段时，等级转换点后的首个轨道区段从空闲转为占用，RBC 启动计时器用于等待列车转入 CTCS-3 级的位置报告。

在等级转换过程中，若 RBC 判断 CTCS-3 级范围内首个闭塞分区出现异常，则 RBC 采取安全措施缩短 MA 至等级转换边界。

在等级转换过程中，若 RBC 判断 CTCS-3 级范围内非首个闭塞分区出现异常，则 RBC 向车载设备发送缩短 MA 至异常闭塞分区起点。

在 C2/C3 等级转换过程中，RBC 总是通过通用消息发送等级转换信息包(P41)。

RBC 支持的 C2/C3 等级转换点位置可配置于区间分割开 C2 区域轨道区段与 C3 区域轨道区段的位置，如图 1-2-1 所示。

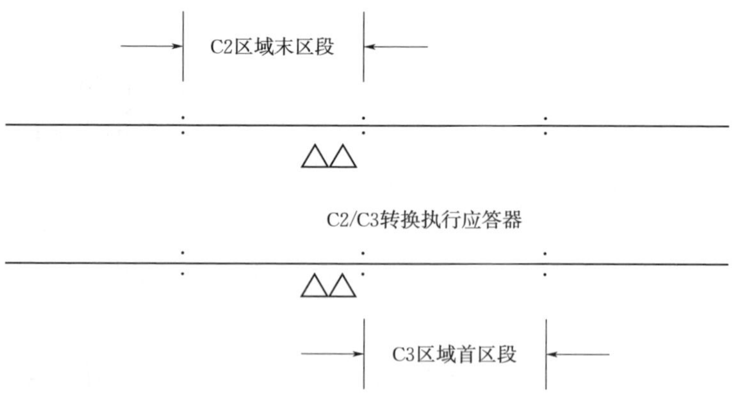

图 1-2-1　区间 C2/C3 等级转换点位置

RBC 支持的 C2/C3 等级转换点也可配置于 C3 区域内，出站口距离出站信号机三个轨道区段后的位置，如图 1-2-2 所示。

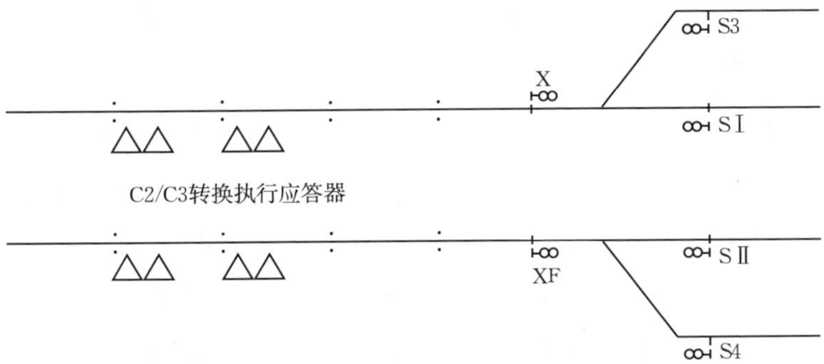

图 1-2-2　C3 区域内出站口 C2/C3 等级转换点位置

2. CTCS-3 级转入 CTCS-2 级

若 RBC 判断 MA 延伸过级间转换边界，则 RBC 向离开 CTCS-3 级范围的车载设备发送转为 CTCS-2 级的等级转换命令。

在正常情况下，RBC 确保车载设备向 CTCS-2 级转换时不影响列车的行驶速度。

若 RBC 判断 CTCS-2 级范围内首个闭塞分区异常，则 RBC 采取措施缩短行车许可至等级转换边界。

C3/C2 的边界是执行应答器组，RBC 设备可支持的等级转换点位置如图 1-2-3 所示。

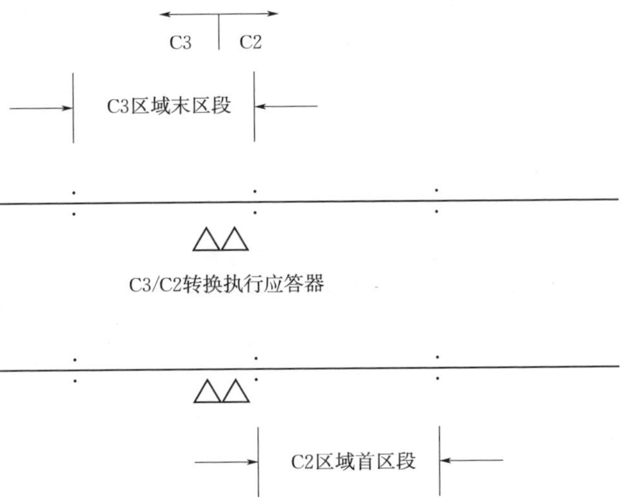

图 1-2-3　区间 C3/C2 等级转换点位置

六、RBC 移交

RBC 采用同一组应答器作为同一个线路点的正向、反向移交点。

RBC 可以同时处理多辆列车在不同移交点的移交，每个移交点同一时刻只能有一列车处于移交状态。同一个 RBC 可以同时作为移交 RBC 和接收 RBC 的角色，支持不同移交点列车的移交过程。例如，列车下行正向运行，在下行线上 RBC 一侧接收驶入的列车，则本 RBC 作为接收 RBC；同时，在另一侧的列车为驶出方向，则本 RBC 作为移交 RBC。

RBC 能处理装备有一个或两个无线电台的列车移交，单电台移交时列车在通过移交边界后会有短暂的无线超时中断，如图 1-2-4、图 1-2-5 所示。

1. 移交启动

若 RBC 向车载设备发送的完全监控模式 MA 到达移交边界时，则 RBC 作为移交 RBC 启动移交流程，向接收 RBC 发送预告消息。

接收 RBC 检查预告消息中的车载设备编号，若该车载设备不在配置列表中，则拒绝开启移交流程。接收 RBC 检查从移交 RBC 发送的列车数据的有效性。接收 RBC 检查预告消息中车载设备的等级和模式，只有车载设备为 FS 模式时，接收 RBC 才可以接收移交 RBC 发送的预告消息。

若移交流程正常激活，列车经过了移交预告应答器后，移交 RBC 向车载设备发送切换命令。移交激活后，移交 RBC 立即向接收 RBC 发送进路授权请求。移

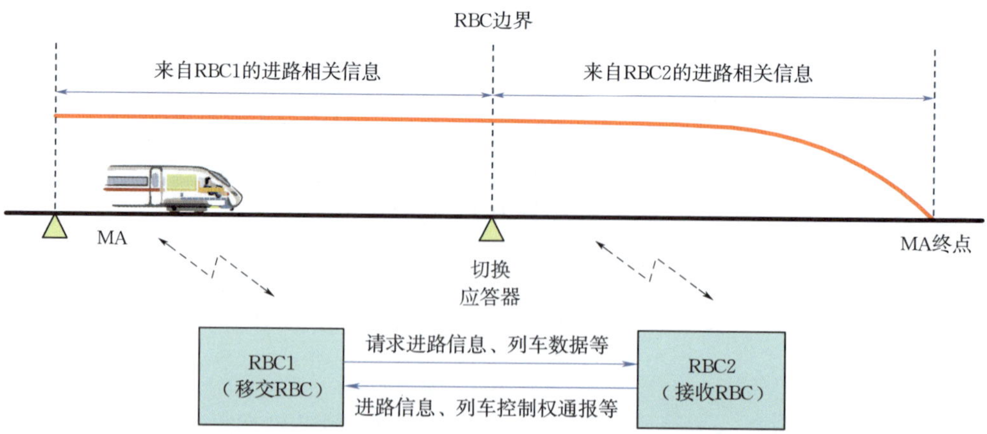

图 1-2-4　RBC 切换示意

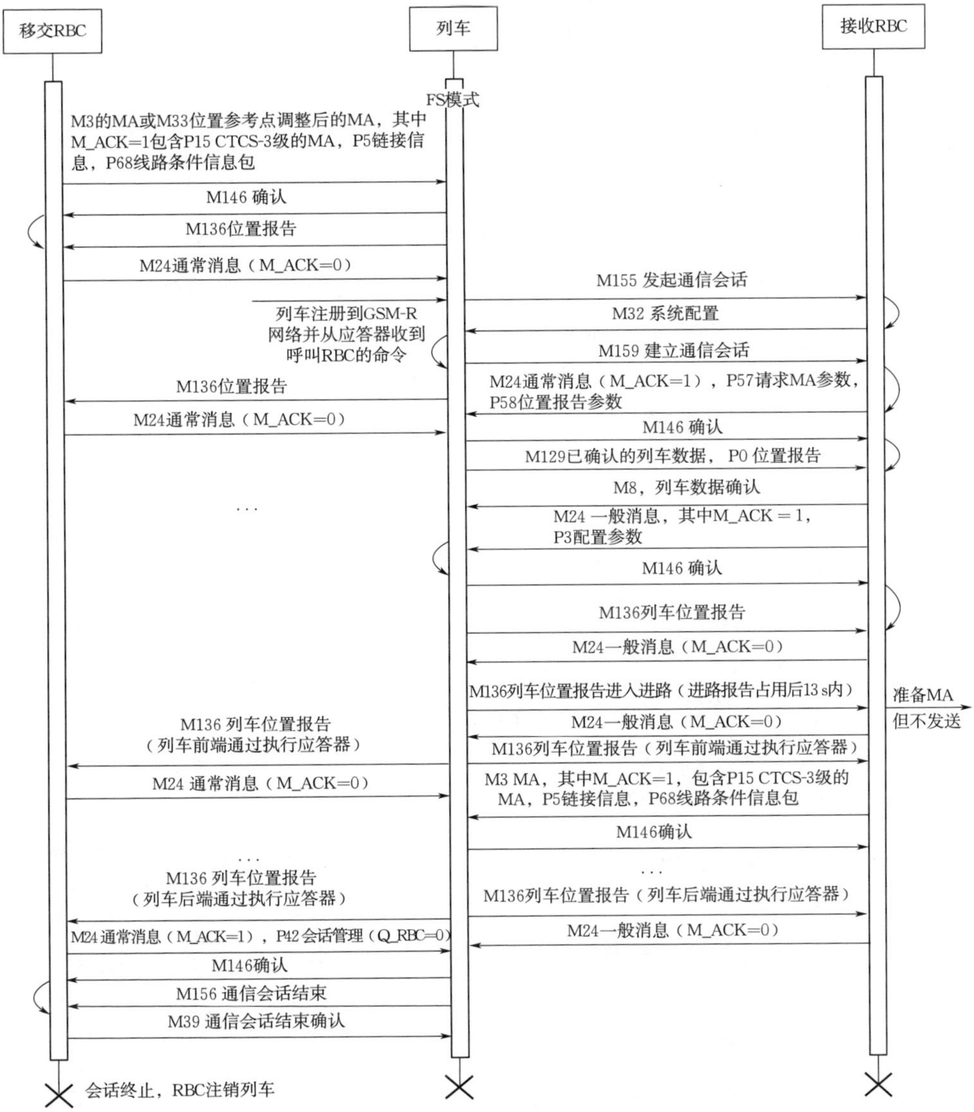

图 1-2-5　RBC 切换消息序列示例

交 RBC 发送的进路授权请求信息需符合 MA 参数限制，移交 RBC 使用 MA 参数限制和自身范围内的 MA，计算剩余参数，生成进路授权请求。

2. 移交过程

移交 RBC 每周期计算进路授权请求，当进路授权请求中的参数限制发生变化时，立即发送给接收 RBC。

收到进路授权请求后，接收 RBC 向移交 RBC 发送进路授权信息。接收 RBC 使用进路授权请求中的参数来限制性地计算自身范围的进路授权。接收 RBC 每个处理周期对进路授权信息进行完整性检查、延伸，并对进路授权范围内的临时限速进行计算。若接收 RBC 的进路授权范围内非边界后方首个闭塞分区或进路状态占用，则接收 RBC 立即向移交 RBC 发送缩短的进路授权信息。

若接收 RBC 的进路授权范围内边界后方首个闭塞分区或进路状态为占用，接收 RBC 采用延时方式判断该占用是否为列车正常占用。如判断为异常占用，则接收 RBC 向移交 RBC 发送缩短的进路授权信息。

进路授权信息发生长度变化时，接收 RBC 立即发送最新的进路授权信息给移交 RBC。若接收 RBC 检测到进路授权信息覆盖范围内已激活的临时限速发生变化，则接收 RBC 立即通知移交 RBC。接收 RBC 通过进路相关信息向移交 RBC 发送其管辖范围内的临时限速命令，移交 RBC 向车载设备发送 MA 范围内的所有临时限速命令。接收 RBC 通过进路相关信息向移交 RBC 发送其管辖范围内的取消临时限速命令，移交 RBC 向车载设备发送取消临时限速命令。

收到进路授权信息后，移交 RBC 将自身范围内的 MA 和进路授权信息拼接起来，向车载设备发送延长过移交边界的 MA。若移交 RBC 判断进路授权信息内容与进路授权请求信息不符，则移交 RBC 忽略该进路授权信息。

3. 移交完成

若移交 RBC 收到车载设备的位置报告，列车最大安全前端越过移交应答器，则向接收 RBC 发送通告消息。

接收 RBC 收到通告消息时，启动计时器等待列车驶入。

接收 RBC 若收到位置报告时，列车最大安全前端已越过移交应答器，则向移交 RBC 发送接管消息。

若移交 RBC 收到车载设备的位置报告时，列车最小安全后端已越过移交边界，向车载设备发送会话管理通知车载设备断开，等待接管消息。在列车通过移交边界并与移交 RBC 注销后配置时间内，移交 RBC 保持向接收 RBC 发送 RBC 之间移交消息。移交 RBC 收到接管消息时，认为移交结束。

若接收 RBC 在收到移交 RBC 的通告消息后，在配置时间内未与车载设备建立安全连接，则接收 RBC 认为移交流程失败并清除车载设备数据。

七、紧急停车管理

紧急停车消息包括 UEM 和 CEM。每个紧急停车消息与对应的取消消息采用同一标识符。

若 RBC 未收到车载设备的紧急停车消息确认，则 RBC 根据配置时间向列车重复发送该紧急停车消息。RBC 重复发送紧急停车消息时，使用与设置该紧急停车消息相同的标识符。

若 RBC 收到车载设备的紧急停车消息确认，则停止向车载设备重复发送该紧急停车消息。

若 RBC 向车载设备重复发送紧急停车消息的过程中收到车载设备处于冒进（TR）或冒进后（PT）模式的消息，则停止发送紧急停车消息。

在 RBC 向车载设备发送行车许可后，若列车前端所在闭塞分区的前方相邻闭塞分区（等级转换和移交边界后方第一个闭塞分区除外）被占用，则向车载设备发送 CEM，以确定此闭塞分区是否为本车占用。

若 RBC 从 CBI 收到行车许可范围内的列车所在进路故障降级（轨道区段异常占用、道岔失去表示等），则向车载设备发送无条件紧急停车消息。

若 RBC 收到车载设备转入冒后模式的位置报告，则向车载设备发送退出冒进消息。

RBC 预留处理 CTC 的紧急停车命令和对应的取消命令的功能。

RBC 预留向 CTC 设备反馈紧急停车命令的执行与取消情况的功能。

若 RBC 收到 CTC 下发的所有列车的无条件紧急停车信息，则向每个 C3 等级的车载设备发送 UEM。

若 RBC 收到 CTC 下发的指定列车的无条件紧急停车信息，则向该列车发送 UEM。

八、临时限速

RBC 向车载设备发送 MA 范围内的所有临时限速命令。

若 RBC 接收 TSRS 的临时限速设置命令，则向所有 MA 延伸进入此临时限速区域的车载设备发送该临时限速命令。

若 RBC 接收 TSRS 的临时限速取消命令，则向所有 MA 延伸进入此临时限速区域，且 RBC 已经向该车载设备发送过该临时限速的车载设备发送取消该临时限速命令。

若 MA 未完全覆盖临时限速区域，则 RBC 通过 GSM-R 网络将 MA 范围内的临时限速信息发送给车载设备。

RBC 移交时，接收 RBC 通过进路相关信息向移交 RBC 发送其管辖范围内的临时限速命令，移交 RBC 向车载设备发送 MA 范围内的所有临时限速命令。

RBC 移交时，接收 RBC 通过进路相关信息向移交 RBC 发送其管辖范围内的取消临时限速命令，移交 RBC 向车载设备发送取消临时限速命令。

若 RBC 检测车载设备 MA 范围内临时限速数量超过限定数量，则 RBC 向列车发送断开通信会话命令。

九、其他功能

1. 自动过分相区

若车载设备 MA 延伸进入分相区，则 RBC 将分相区信息以线路条件的方式发送至车载设备。

2. 调车管理

司机请求调车模式，调车请求随即发送到 RBC。RBC 将判断列车是否满足调车条件，如果 RBC 判断列车处于调车区域内，向列车发送运行调车命令；如果 RBC 判断列车不在调车区域内，则 RBC 将向列车发送拒绝调车命令。

若 RBC 检测到列车转入调车模式，则 RBC 通知 CTC 列车已转为调车模式。

列车进入调车模式后，车载设备和 RBC 将断开连接。

3. 诊断与维护

能实时显示 RBC 的初始化状态、通信接口状态、管辖范围内的站场图形、MA 和临时限速。

RBC 使用 CTC 提供的时间与日期作为日志记录的时间。

RBC 能收集、存储、处理设备内部产生的信息、来自设备外部的信息，以及发送至外部设备的信息。

RBC 维护单元具有基于图形窗口的用户界面，并根据 RBC 状态显示如下信息：

（1）RBC 运行状态；

（2）RBC 接口通信状态；

(3)RBC 管辖范围区间和车站图形；

(4)列车信息，包括列车车次号、位置、速度、车载设备控制等级及控制模式；

(5)MA 信息；

(6)临时限速信息；

(7)所记录的报警和事件。

RBC 维护单元提供工具以支持对日志的分析。

4. 密钥

RBC 在与车载设备或地面设备进行安全通信时，都需要使用密钥。若通信双方的密钥不一致，则无法建立安全连接。

RBC 能安装、删除和更新密钥相关信息，密钥相关信息包括密钥和相关的连接信息。

RBC 采用离线方式更新密钥，密钥信息对操作人员不可见。使用专用的工具对配置列表进行更新，可修改、删除或新增某车载设备的专用密钥。密钥信息以密文形式保存在文件中。

采取安全措施来访问、安装、删除和更新密钥，通过严格的过程管理和权限控制来保证密钥的安全。

RBC 可使用同一个密钥创建不同的连接。与地面设备通信时，RBC 使用一个通用密钥进行安全通信；与车载设备通信时，RBC 使用该车载设备对应的专用密钥进行通信。

第三节　RBC 接口

一、RBC 与信号安全数据网接口

RBC 通过在 RBC 专用机房设置的信号安全数据网交换机，接入信号安全数据网，进而实现与联锁、临时限速服务器(TSRS)、相邻 RBC 等安全设备的连接。

RBC 接入信号安全数据网，物理接口为 RJ-45。连接电缆应采用 6 类及以上屏蔽网线，接口双端屏蔽。

每套 RBC 需要 4 个信号安全数据网 IP，每台信号安全数据网交换机最多连接 4 套 RBC 设备，如图 1-3-1 所示。

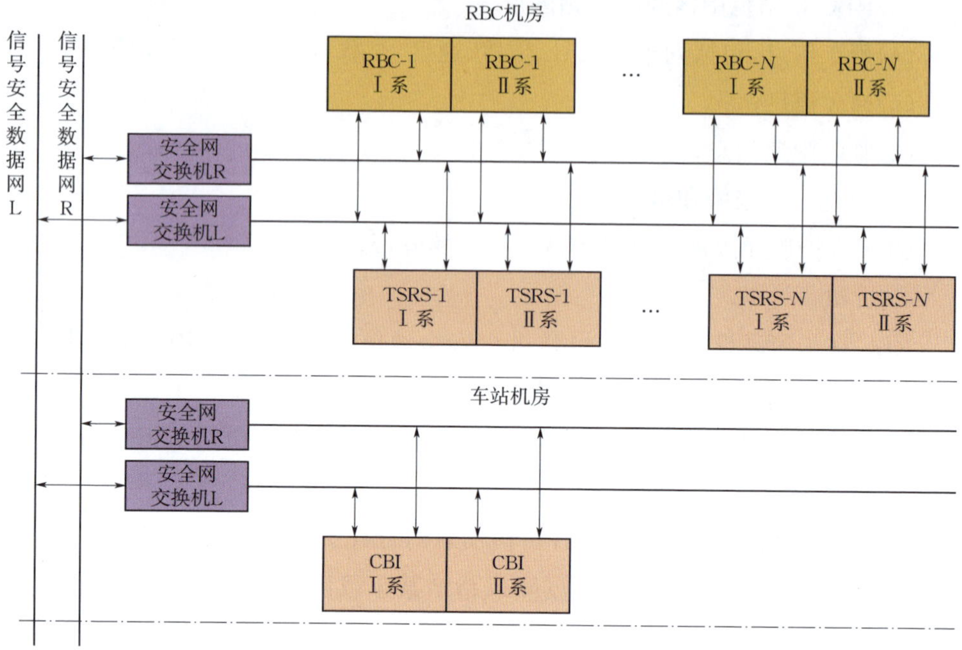

图 1-3-1　RBC 与信号安全数据网的接口示意

二、RBC 与 CBI 接口

1. 接口规范

RBC 与 CBI 通过信号安全数据网进行通信，通信接口采用 RSSP-Ⅱ铁路信号安全通信协议。

2. 连接方式

RBC 通过在 RBC 专用机房设置的信号安全数据网交换机接入信号安全数据网，进而实现与联锁等安全设备的连接。1 个 RBC 可以与多个 CBI 进行信息交换。

3. 接口信息

RBC 的主、备系统通过冗余网络与 CBI 的主、备系统同时建立连接。

RBC 的主、备系统均从 CBI 的主系统接收信息，包括站内轨道电路信息、区间闭塞分区信息、区间闭塞方向信息、列车进路信息、灾害区信息、道岔状态信息、站内列车信号状态信息。

RBC 向 CBI 发送的信息不包含任何应用数据。

4. 通信中断

RBC 如果在规定时间(3 s)内接收消息缺失(未收到或收到无效信息),则认为与 CBI 的通信已中断。RBC 的所有输入将被置为安全状态,RBC 不再向列车发送该 CBI 控制范围内的应用层消息,并向 CBI 发出断开安全连接指令。

三、RBC 与 TSRS 接口

1. 接口规范

RBC 与 TSRS 通过信号安全数据网相连接进行通信,通信接口采用 RSSP-Ⅱ铁路信号安全通信协议。

2. 连接方式

RBC 通过在 RBC 专用机房设置的信号安全数据网交换机接入信号安全数据网,进而实现与 TSRS 安全设备的连接。

3. 接口信息

TSRS 向 RBC 下达的 TSR 设置或取消命令,由 TSRS 保证 TSR 命令的设置顺序:先验证、后执行。RBC 应在 1 000 ms 内向 TSRS 返回相应的结果。

对于 TSR 验证命令,RBC 仅做可执行性检验,不更新列车的临时限速信息。当 TSRS 下发 TSR 执行命令时,RBC 应向 TSRS 返回执行结果。

4. 通信中断

RBC 如果在规定时间(3 s)内接收消息缺失(未收到或收到无效信息),则认为与该设备的通信中断。

通信恢复后 RBC 重新发起连接,TSRS 向 RBC 下发初始化命令。

5. RBC 初始化

只有当 RBC 接收到 TSRS 下发的初始化命令后,方可接收列车注册并向列车发送 MA 和临时限速信息。

四、RBC 与相邻 RBC 接口

1. 接口规范

RBC 与相邻 RBC 通过信号安全数据网相连接进行通信,通信接口采用 RSSP-Ⅱ铁路信号安全通信协议。

2. 连接方式

RBC 通过在 RBC 专用机房设置的信号安全数据网交换机接入信号安全数

据网，进而实现与相邻 RBC 安全设备的连接。

3. 接口信息

移交 RBC 向接收 RBC 发送的消息包括：

(1)预告；

(2)授权相关信息(RRI)请求；

(3)通告；

(4)取消；

(5)应答。

接收 RBC 向移交 RBC 发送的消息包括：

(1)进路授权相关信息；

(2)列车接管信息；

(3)生命信号；

(4)取消；

(5)应答。

4. 通信中断

在移交过程中，若 RBC 在 7 s 内没有接收到来自相邻 RBC 的任何消息，则认为与该相邻 RBC 的通信超时。

在移交过程中，若移交 RBC 认为与接收 RBC 应用通信超时，则移交 RBC 停止向该列车发送消息。

在移交过程中，若接收 RBC 与移交 RBC 应用通信超时，则接收 RBC 停止向移交 RBC 发送任何 RBC 间的移交信息。

若 RBC 与相邻 RBC 的安全连接中断，则 RBC 应报警。

五、RBC 与 GSM-R 接口

1. 接口规范

RBC 与 GSM-R 接口符合《CTCS-3 级列控系统无线通信功能接口规范》(Q/CR 604—2017)的要求。

RBC 通过 GSM-R 接口单元的 ISDN PRI 与 GSM-R 接口。

每套 RBC 至 GSM-R 的 2M 通道需求为 4+1(用于冷备冗余)个。

GSM-R 接口单元是 RBC 系统的组成部分，RBC 主机和 GSM-R 接口单元之间通过内部交换机连接，采用 TCP/IP 通信。

2. 连接方式

RBC 与 GSM-R 接口实物连接按照以下方式进行：

(1)RBC 机房放置通信接口柜，用于安装 75～120 Ω 阻抗转器；

(2)通信专业设置传输设备，用于将同轴电缆传输转成光纤传输；

(3)RBC 主机柜与通信接口柜之间通过 CAT6 及以上网络电缆连接。

通信接口柜与 GSM-R 传输设备之间通过同轴电缆连接，每路通道需要一对同轴电缆，由通信接口柜提供 BNC 阳极接头。

3. 分工界面

信号专业与通信专业的分工在通信接口柜的外方，RBC 与 GSM-R 接口示意如图 1-3-2 所示。

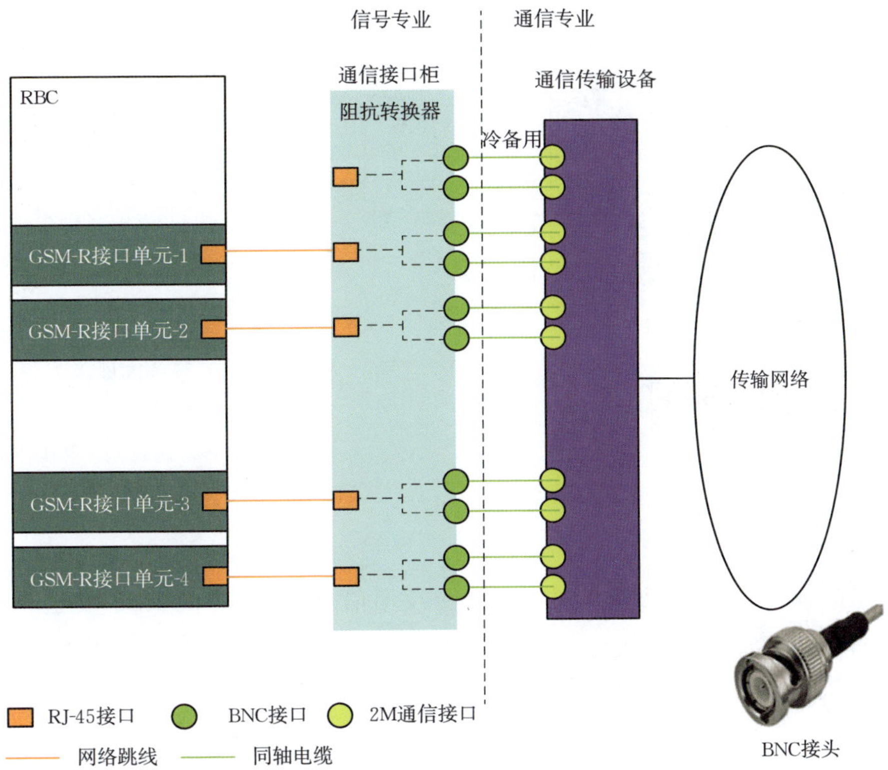

图 1-3-2　RBC 与 GSM-R 接口示意

通信接口柜由 RBC 提供，通信接口柜至通信机房设备间的同轴电缆及 BNC 接头由通信专业提供并负责施工及维护。

六、RBC与CTC系统接口

1. 接口规范

RBC与CTC间采用专用冗余传输通道进行通信，通信接口采用RSSP-Ⅱ铁路信号安全通信协议。

2. 连接方式

RBC系统通过CTC接口单元设备与CTC设备通信。CTC接口单元可以支持多个RBC主机与同一CTC设备进行通信。

RBC系统的CTC接口单元与CTC系统的通信底层采用以太网连接，采用FE/GE光纤的2M通道，物理接口采用LC，RBC与CTC接口示意如图1-3-3所示。

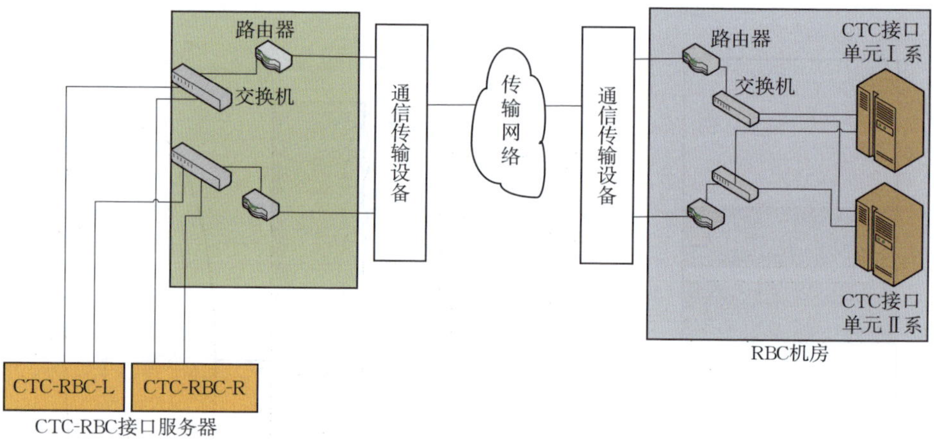

图1-3-3　RBC与CTC接口示意

3. 接口信息

RBC向CTC发送列车信息以及命令反馈信息等，CTC向RBC发送时钟信息。调度员通过CTC与RBC接口服务器向列车发送文本信息及紧急停车命令。

4. 分工界面

信号专业与通信专业的分工在列控通信柜的外方。

(1)通信接口柜由RBC提供；

(2)通信接口柜至通信传输设备间的光纤由通信专业提供，并负责施工及维护。

第四节　RBC 设置原则及环境要求

一、设置原则

1. 车站股道数量超过 16 条或进路数超过 200 条，或需要为将来建设线路做预留的枢纽车站时，应单独设置 1 套 RBC。

2. RBC 的管辖范围不宜大于 200 km。

3. RBC 的控制范围分界点应设计在区间。

4. RBC 的控制范围还应综合考虑枢纽站及大站线路发展、维修、管理等方面的因素。

5. RBC 设备的设置应综合考虑各种限制条件和运行调试、维修维护的便利性，RBC 设备宜集中设置。

二、电磁兼容和防雷

RBC 机柜采用屏蔽式机柜，不仅提高了系统的抗扰性能，同时也降低了系统对外的辐射发射水平。另外，对进出机柜的通信线缆和供电线缆加装防浪涌和防雷器件，提高了系统的抗传导干扰能力。

RBC 的电磁兼容性能应符合 GB/T 24338.5 和 GB/T 9254.1 的规定。

RBC 的防雷性能按照 TB/T 3074 的规定设置。机柜两侧分别设置防雷地和设备地，分别接到外部地线，外部接地电阻不应大于 1 Ω。

在设备适用环境条件下，设备绝缘电阻不应小于 25 MΩ。

在设备适用环境条件下，设备电源和以太网接口绝缘耐压不应小于 AC 1 000 V（输入电压为 AC 220 V）。

三、环境要求

1. 设备要求安装在带空调的 RBC 专用机房内（符合防静电、防尘、防雷要求），地面安装有防静电地板，贯通地线电阻不应大于 1 Ω，工作环境应符合 GB/T 2887 中电子计算机场地通用规范要求。

2. RBC 设备周围无腐蚀性和引起爆炸危险的有害气体及导电尘埃。

3. RBC 机柜的空气温度范围应为 0 ℃～40 ℃，推荐可以长期稳定运行的温度为 18 ℃～28 ℃。

4. RBC 设备的环境湿度为 10%～80%，不得凝露。

5. RBC 机柜的环境海拔为 0～3 000 m。

第五节　无线通信报文

一、从车载设备发送到 RBC 的无线消息

1. 车载设备向 RBC 发送无线消息的标准格式(表 1-5-1)

表 1-5-1　车载设备向 RBC 发送无线消息的标准格式

编号	变　量	备　注
1	NID_MESSAGE	消息的标识号
2	L_MESSAGE	包含所有数据的消息长度(从 NID_MESSAGE 至填充信息结束)，单位为字节
3	T_TRAIN	车载的时间戳
4	NID_ENGINE	列车的标识号
5	不包含在信息包内的一些零散变量	—
6	信息包 0 或信息包 1	车到地信息包:0—位置报告，或信息包 1—基于两个应答器组的位置报告。不包含在消息 146、155、156 和 159 中
7	其他必选信息包	(仅适于消息 129 中的信息包 11)
8	可选信息包	参考表 1-5-2
9	填充信息	填充位，使本消息凑成完整的字节

2. 车载设备向 RBC 发送无线消息可选信息包(表 1-5-2)

表 1-5-2　车载设备向 RBC 发送无线消息可选信息包

车到地消息	消息 ID	可选择的信息包
列车位置报告	136	4
SoM 位置报告	157	4

3. 车载设备向 RBC 发送无线消息列表(表 1-5-3)

表 1-5-3　车载设备向 RBC 发送无线消息列表

消息标识号	消息名称
129	经过确认的列车数据
130	请求调车模式
132	请求 MA
136	列车位置报告
146	消息确认
147	紧急停车确认
149	前方轨道空闲(TAF)确认
150	任务结束
154	版本不兼容
155	通信会话开始
156	通信会话结束
157	SoM 位置报告
159	通信会话已建立

二、从 RBC 发送至车载设备的无线消息

1. RBC 向车载设备发送无线消息的标准格式(表 1-5-4)

表 1-5-4　RBC 向车载设备发送无线消息的标准格式

段编	变量	备注
1	NID_MESSAGE	消息的标识号
2	L_MESSAGE	包含所有数据的消息长度(从 NID_MESSAGE 至填充信息结束),单位为字节
3	T_TRAIN	RBC 的时间戳(注:RBC 以对车载时间的安全估计作为自身时间戳的基准)
4	M_ACK	车载设备是否必须确认该消息(信息包 146)
5	NID_LRBG	LRBG 的标识号
…	不包含在信息包内的一些零散变量	

续上表

段编	变量	备注
…	必选信息包	
	可选信息包	
	填充信息	填充位，使本消息凑成完整的字节

2. RBC向车载设备发送无线消息可选信息包（表1-5-5）

表1-5-5　RBC向车载设备发送无线消息可选信息包

地到车消息	消息ID	可选信息包
MA	3	3、5、21、27、41、65、68、80
通常消息	24	3、5、21、27、41、42、57、58、65、66、72
位置参考点调整后的MA	33	5、21、27、41、65、68、80

3. RBC向车载设备发送无线消息列表（表1-5-6）

表1-5-6　RBC向车载设备发送无线消息列表

消息标识号	消息名称
2	目视授权
3	行车许可
6	确认退出冒进模式
8	列车数据确认
15	有条件紧急停车
16	无条件紧急停车
18	取消紧急停车
24	通用消息
27	拒绝调车模式
28	授权调车模式
32	系统版本
33	位置参照点调整后的MA
34	前方轨道空闲(TAF)请求
39	通信会话结束确认
41	接受列车
45	坐标系分配

第二章　RBC-TH 型 RBC 系统

第一节　系统概述

一、总体结构

RBC-TH 型 RBC 系统是基于故障—安全计算机平台的信号控制系统，适用于 CTCS-3 级线路。

RBC-TH 型 RBC 系统由主机柜(含 RBC 主机、ISDN 服务器和调试终端)、接口柜(含接口服务器和 R-JRU)、维护终端、维护大屏(非标准配置，根据需求配备)组成，通过信号安全数据网与 CBI、相邻 RBC、TSRS 连接，通过接口服务器与 CTC 连接，如图 2-1-1 所示。

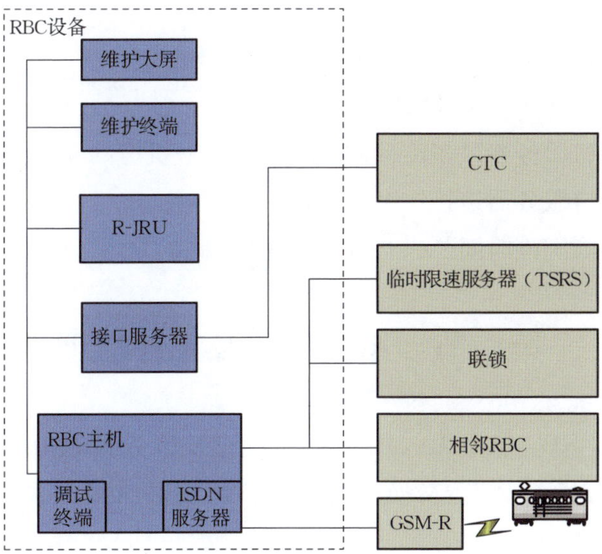

图 2-1-1　RBC-TH 型 RBC 结构

二、系统特点

RBC-TH 型 RBC 系统基于 2×2 取 2 安全计算机平台，遵循安全性原则，实现列车控制。系统具有以下特点。

1. RBC 设备的硬件平台采用商业通用服务器、商用操作系统和以太网搭建组成，利用专业厂商生产的服务器、交换机等设备实现逻辑处理和通信功能，因此可提供优秀的计算处理能力，并且易于通过软件更新满足客户的需求。

2. 安全平台由不同的"故障—安全"处理单元和操作系统构成。应用软件采用 N 版本冗余技术，对运算和表决采用不同的策略。

三、技术指标

1. 每个 RBC 能同时管理 60 列已注册列车。
2. 每个 RBC 能同时管理 480 条已激活的进路。
3. 每个 RBC 能同时管理 250 个已激活的临时限速。
4. 每个 RBC 能同时管理 100 个已激活的紧急区。
5. 每个 RBC 最多能处理 4 路 ISDN PRI 接口。
6. RBC 系统能记录 30 天内发生的事件。
7. 每个 RBC 最多连接 6 个 CBI。
8. 每个 RBC 最多连接 4 个相邻 RBC。
9. 每个 RBC 连接 1 个 TSRS。
10. 每个接口服务器最多连接同一线路在同一机房的 9 个 RBC。
11. 每个接口服务器连接 1 个 CTC。
12. 平均故障间隔时间(MTBF)大于或等于 10^5 h。

第二节　系统构成及工作原理

RBC-TH 型 RBC 包括无线闭塞单元、ISDN 服务器、调试终端、接口服务器、司法记录单元(R-JRU)、交换机、维护终端、RBC 维护大屏(非标配配置)等设备，如图 2-2-1 所示。

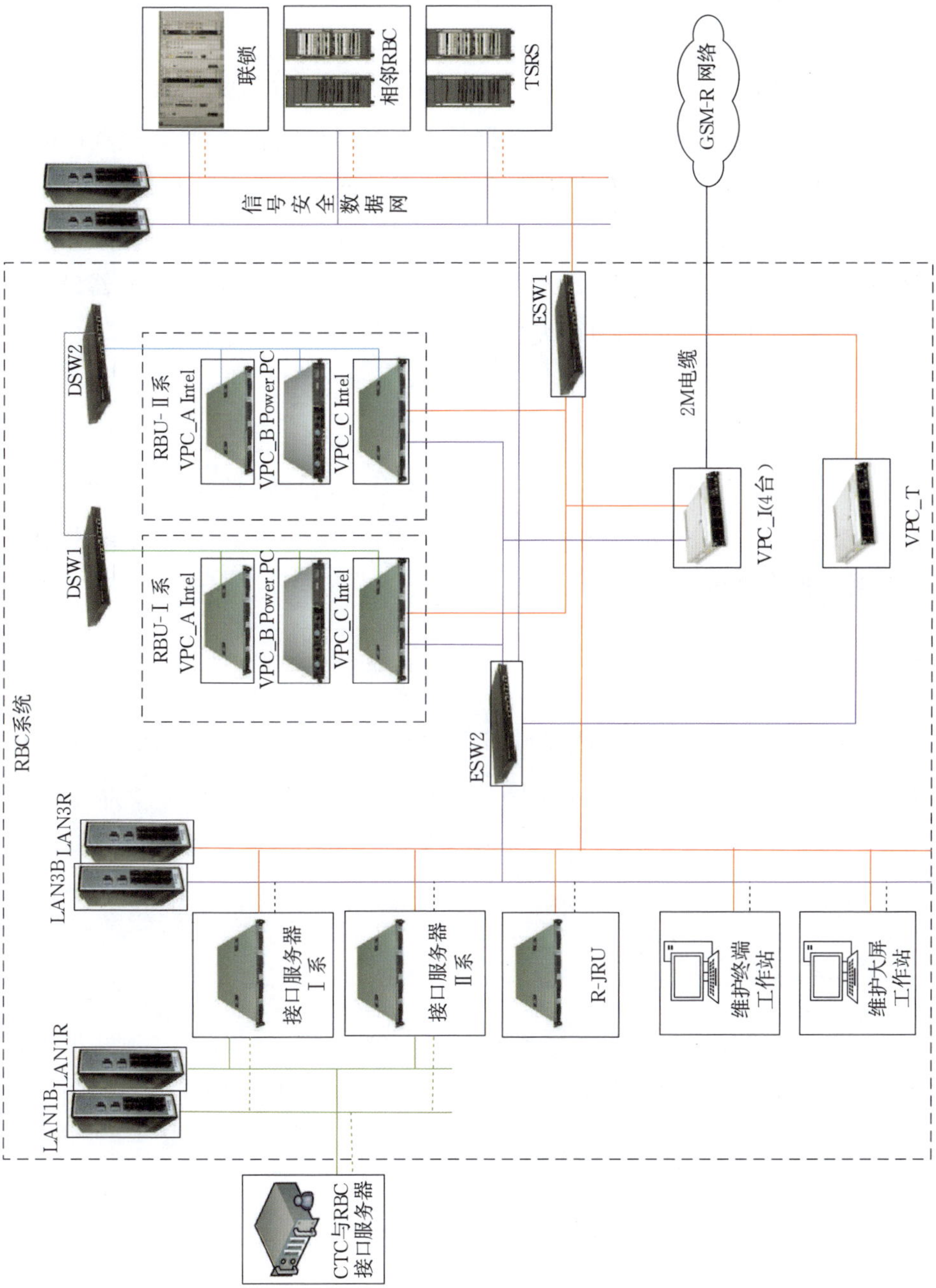

图2-2-1　RBC-TH系统组成及接口示意

RBC主机(无线闭塞单元)是RBC系统的核心,每个系统由A/B/C三台服务器构成2取2的故障—安全系统,双系统构成2×2取2故障—安全冗余系统。A/B服务器是核心逻辑单元,从C服务器获取线路参数及联锁、TSRS、相邻RBC、车载设备和CTC发送的信息,A/B服务器分别进行逻辑运算且比较一致后,将控制信息发送给C服务器;C服务器负责对外通信,通过信号安全数据网接收联锁发送的进路、灾害防护等信息,接收临时限速服务器发送的临时限速命令,接收相邻RBC发送的授权信息等;通过GSM-R网络获取车载设备发送的列车状态信息并向车载设备发送"速度-距离"监控所需的信息;通过接口服务器(VIA)获取调度员下发的信息,并向CTC发送列车运行状态。

一、无线闭塞单元

无线闭塞单元是RBC系统的核心逻辑处理单元,包括网络系统、硬件平台、操作系统、故障—安全处理软件、应用逻辑软件、工程配置数据等,其系统框架为基于通用计算服务器的2×2取2计算机系统。

二、ISDN服务器

ISDN服务器(VPC_I)是无线闭塞单元和GSM-R之间的接口,它和无线闭塞单元通过以太网连接,和GSM-R网络采用PRI接口,ISDN服务器集成了ISDN接口(ISDN-PRI卡),其硬件平台采用安装Linux操作系统的商业通用服务器。

三、调试终端

每台RBC主机设有一个调试终端界面,主要为实施工程师及其他技术人员提供与无线闭塞单元的接口,监视系统及通信状态、告警提示,读取由无线闭塞单元存储的诊断数据,下载系统日志。

四、接口服务器

接口服务器是由接口服务器Ⅰ系和接口服务器Ⅱ系组成的冗余系统,用于实现RBC与CTC设备之间的信息交互功能。

一套接口服务器最多可以连接同一线路在同一机房的 9 个 RBC，并与一套 RBC 维护终端连接。

五、维护终端

维护终端显示 RBC 的系统工作状态，包括 RBC 与 CBI、RBC 与 TSRS、RBC 与相邻 RBC、RBC 与 CTC 系统的通信状态，列车的运行状态。

维护终端由维护终端机模块、RBC_T 机模块、ISDN 服务器监测模块组成，分别运行以维护终端工作站、RBC_T 机、ISDN 服务器，逻辑连接关系如图 2-2-2 所示。其中，每个连接都是双通道。

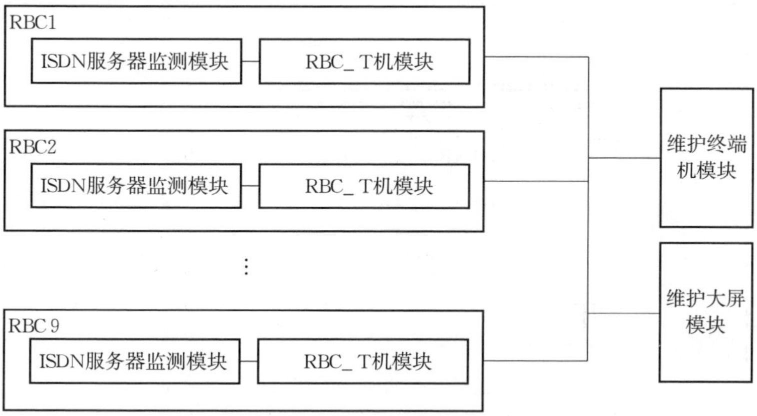

图 2-2-2 RBC-TH 维护系统连接关系

一套维护终端最多可以连接同一线路在同一机房的 9 个 RBC，并与一套接口服务器连接。

六、维护大屏

从维护终端机模块获取信息维护大屏显示 CTCS-3 级列车的运行状态，用于维护人员监视 CTCS-3 级列车的运行状态。

七、R-JRU

R-JRU 用于对 RBC 主机的各种控制、接口等信息进行记录。一套 R-JRU 最多可以连接同一线路在同一机房的 9 个 RBC，并与一套 RBC 维护终端连接。R-JRU 记录的数据在调试终端中均有备份，R-JRU 故障不会导致记录信息丢失。

第三节　设备机柜

RBC 最小配置为 1 台主机柜、1 台接口柜、1 台列控通信柜、1 台维护终端。当同一线路的多台 RBC 安装在一个机房时，接口柜、列控通信柜、维护终端可共用。

RBC 主机柜、接口柜安装在 RBC 机房，RBC 维护终端一般安装在 RBC 维护室。RBC 机房设备常用布置如图 2-3-1 所示。

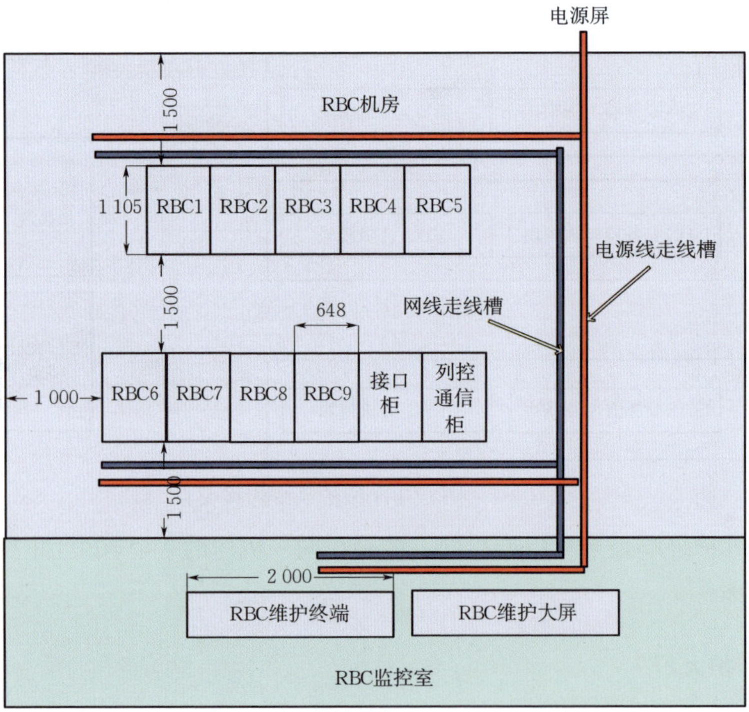

图 2-3-1　RBC-TH 机房设备常用布置(单位:mm)

一、主机柜

1. 设备组成

主机柜布置如图 2-3-2 所示，主要包括以下几个部分。

(1)RBC 主机(无线闭塞单元)，由 VPC_A1、VPC_A2、VPC_B1、VPC_B2、VPC_C1、VPC_C2 共 6 台服务器组成，运行 RBC 应用程序。

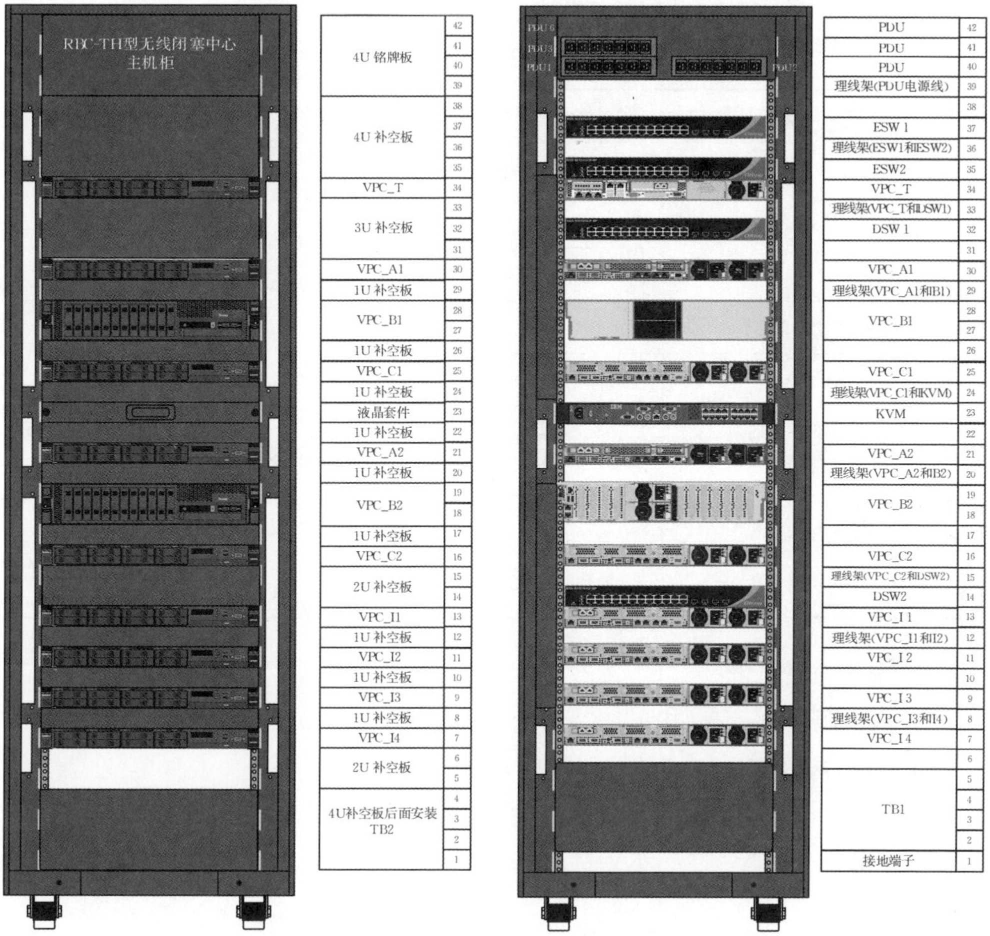

（a）前视图　　　（b）后视图

图 2-3-2　主机柜布置

（2）VPC_T，1 台服务器，运行维护终端的 RBC_T 机模块。

（3）VPC_I，4 台服务器，运行 ISDN 应用程序，与 GSM-R 系统通信。

（4）液晶套件，1 套。

（5）KVM，多电脑切换器，1 套。

（6）DSW，2 台内部交换机，用于 RBC 主机间的通信。

（7）ESW，2 台外部交换机，用于 VPC_C 与 VPC_I、VPC_T、接口服务器、R-JRU、TSRS、联锁、相邻 RBC 间的通信。

（8）PDU，电源分布单元，5 套。

2. 技术要求(表 2-3-1)

表 2-3-1　主机柜技术要求

规　　格	参　　数
环境温度要求	+10 ℃～+35 ℃(服务器运行时),长期稳定运行温度为+18 ℃～+28 ℃
	0～+43 ℃(服务器关闭时)
最大发热量	2 490 W
海拔	最高海拔 3 000 m
湿度	10%～80%,不得凝露
安装位置要求	(1)机柜正面、背面距其他物体距离≥1.5 m; (2)机柜与墙的距离≥1 m; (3)机柜与电源屏的距离≥1.5 m

3. 柜内电源连接

柜内电源入口示意如图 2-3-3 所示,电源分配示意如图 2-3-4 所示。

4. 柜内网络连接

内部网络配线如图 2-3-5 所示,外部网络示意如图 2-3-6 所示。

二、接口柜

1. 设备组成

接口柜布置示意如图 2-3-7 所示,主要包括以下几部分。

(1)R-JRU 服务器,1 台。

(2)液晶套件,1 套。

(3)KVM,多电脑切换器,1 套。

(4)接口服务器(VIA),2 台。

(5)LAN 交换机,4 台,LAN1(B/R)用于与 CTC 通信,LAN3(B/R)用于与 RBC 主机通信。

(6)PDU,电源分布单元,2 套。

(7)阻抗转换器,最多 4 台。

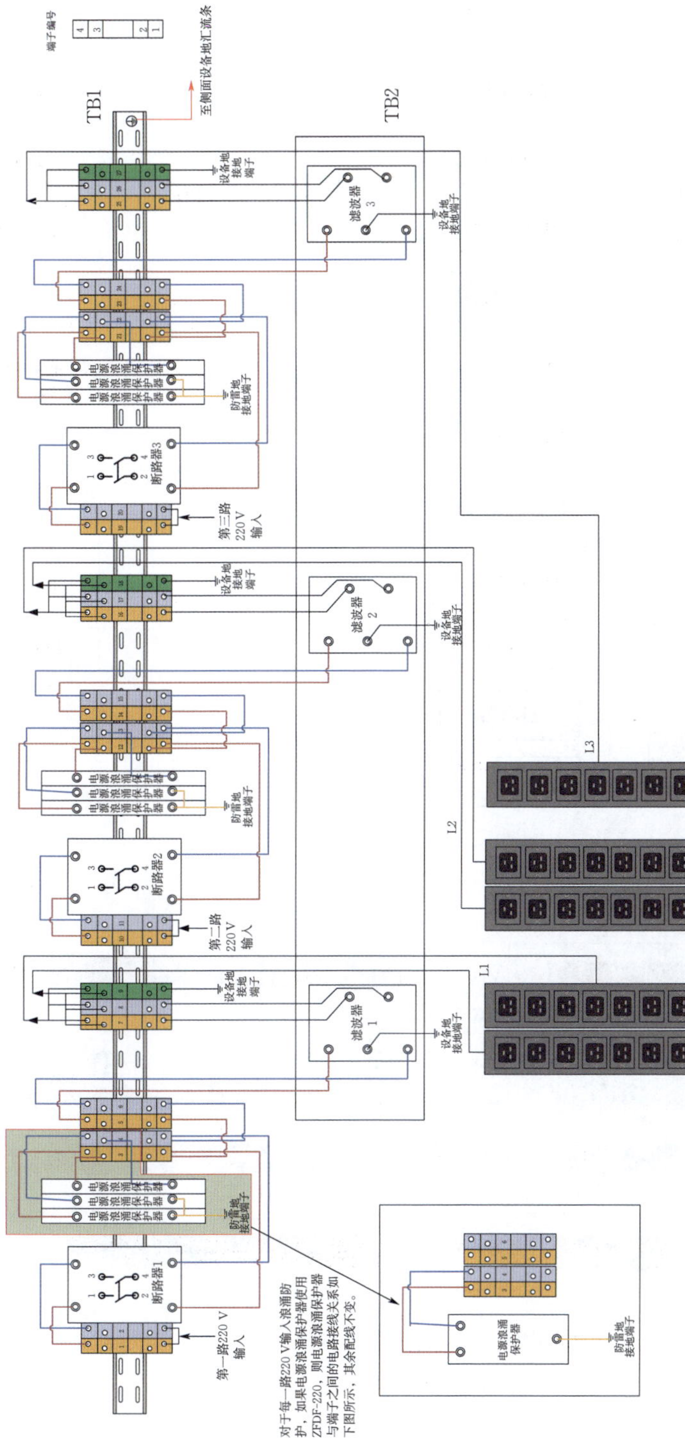
端子编号
至侧面设备地汇流条
TB1
TB2
设备地接地端子
滤波器 1
滤波器 2
滤波器 3
断路器1
断路器2
断路器3
电源浪涌保护器
防雷地接地端子
第一路220 V输入
第二路220 V输入
第三路220 V输入
L1
L2
L3
PDU1
PDU2
PDU3
PDU4
PDU5
对于每一路220 V输入浪涌防护，如果电源浪涌保护器使用ZFDF-220，则电源浪涌保护器与端子之间的电路接线关系如下图所示，其余配线不变。

图2-3-3　电源入口示意

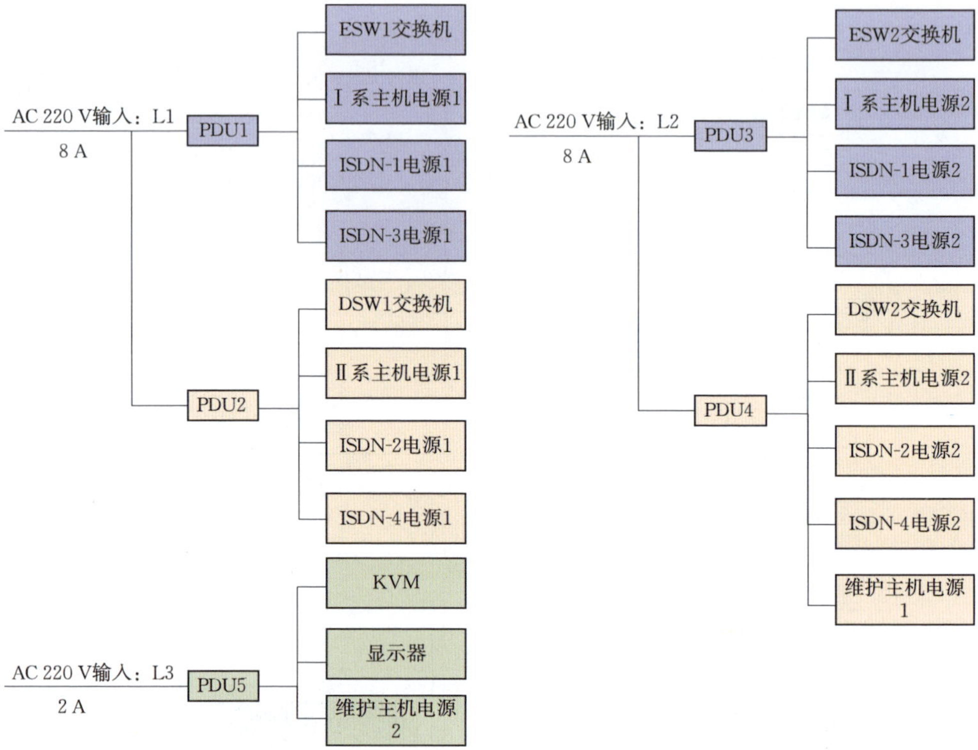

图 2-3-4　电源分配示意

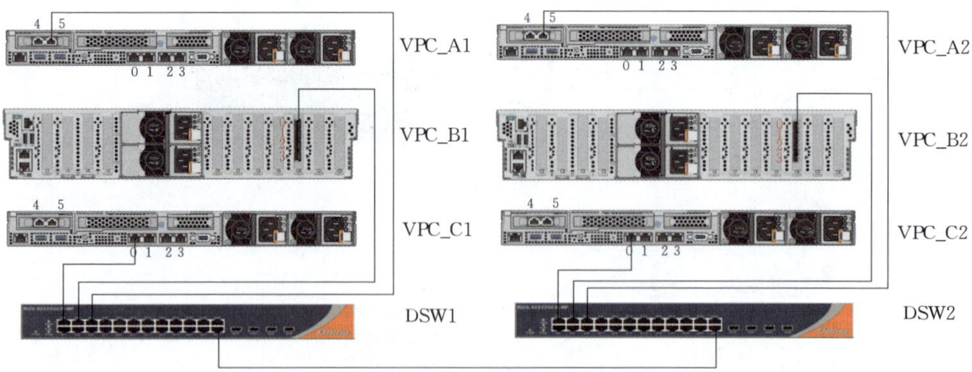

图 2-3-5　内部网络配线

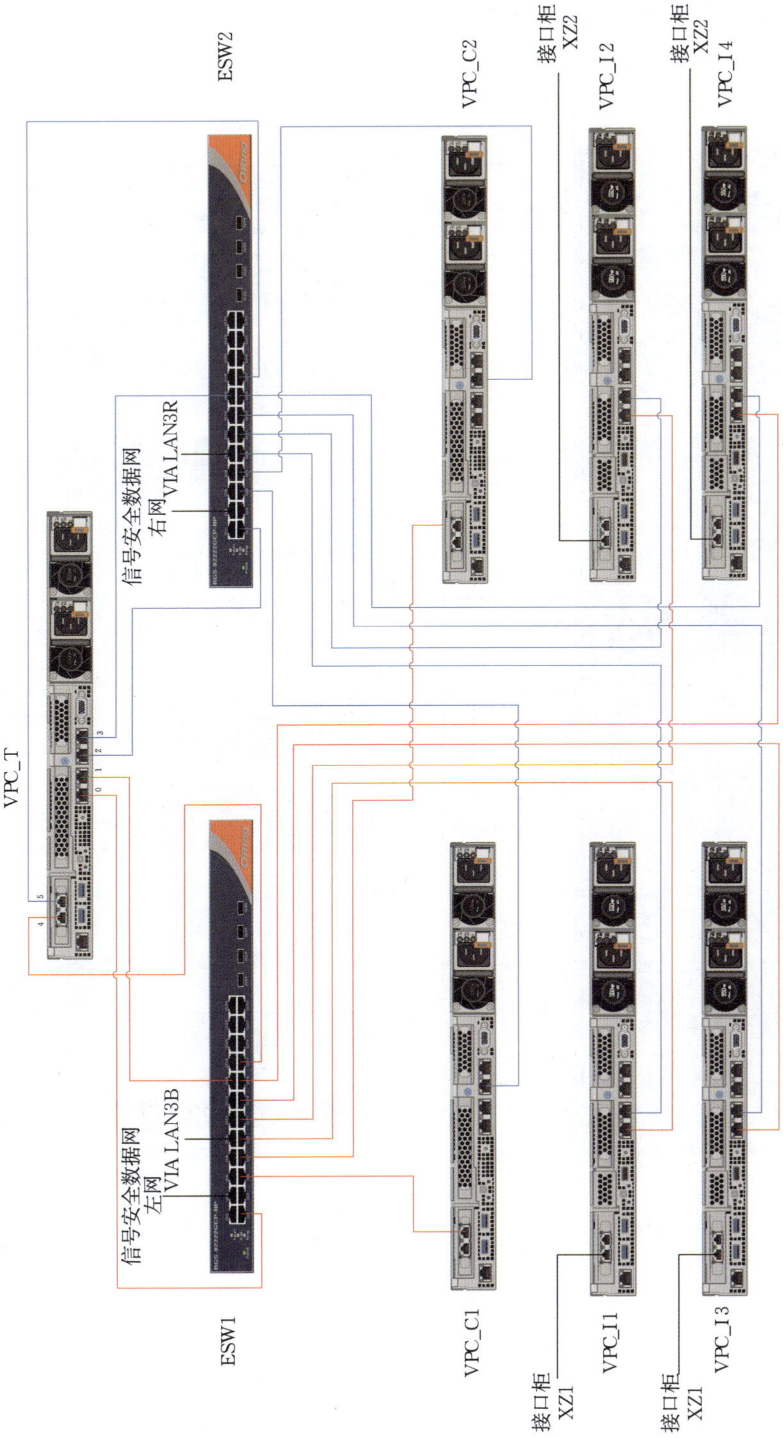
ESW2
VPC_C2
接口柜
XZ2
VPC_I 2
接口柜
XZ2
VPC_I 4
VPC_T
信号安全数据网
右网
VIA LAN3R
ESW1
信号安全数据网
左网
VIA LAN3B
VPC_C1
VPC_I1
VPC_I 3
接口柜
XZ1
接口柜
XZ1

图2-3-6 外部网络配线

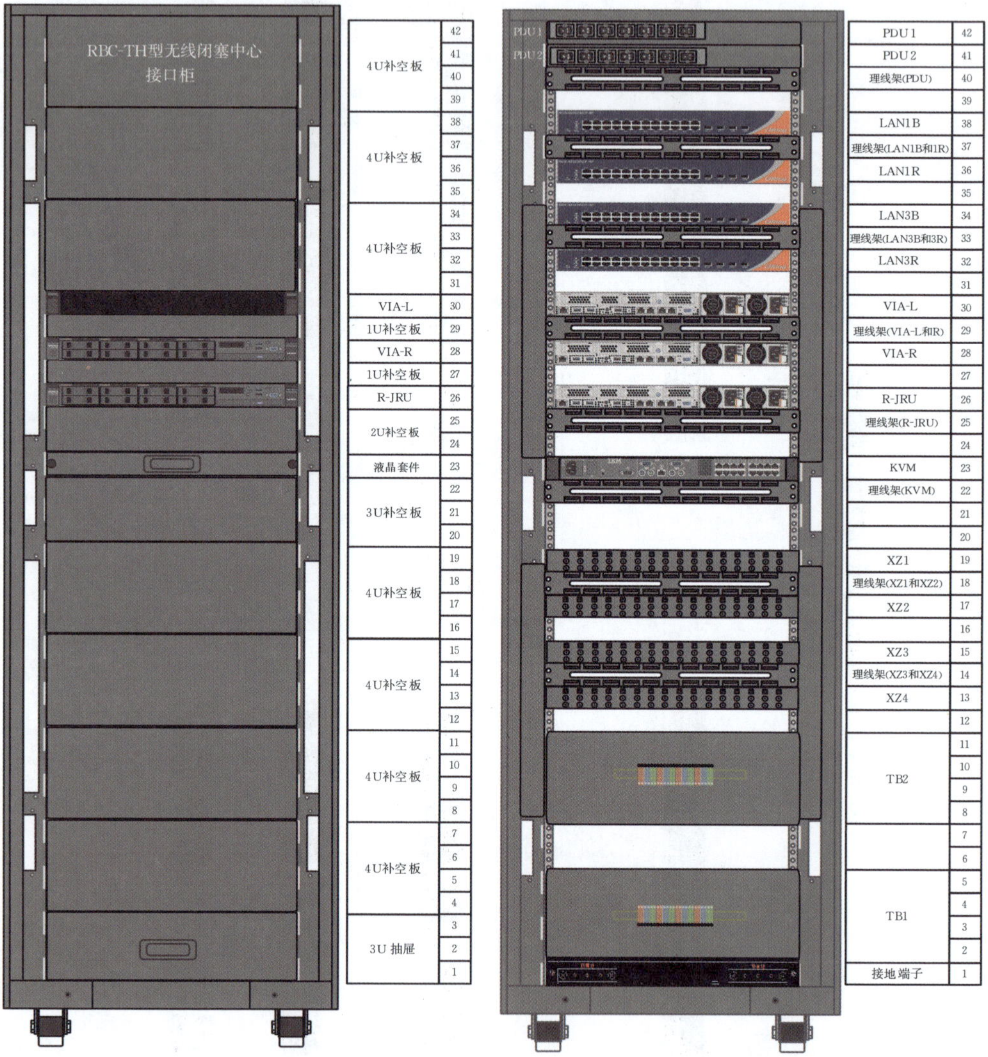

（a）前视图　　　　　（b）后视图

图 2-3-7　接口柜布置示意

2. 接口柜技术要求(表 2-3-2)

表 2-3-2　接口柜技术要求

规格	参数
环境温度要求	+10 ℃～+35 ℃(服务器运行时),长期稳定运行温度为+18 ℃～+28 ℃
	0 ℃～+43 ℃(服务器关闭时)
最大发热量	680 W
海拔	最高海拔 3 000 m
湿度	10%～80%,不得凝露
安装位置要求	同主机柜

3. 柜内电源连接

柜内电源入口示意如图 2-3-8 所示,电源分配示意如图 2-3-9 所示。

4. 柜内网络连接

网络连接示意如图 2-3-10 所示,ISDN 连接示意如图 2-3-11 所示。

三、列控通信柜

列控通信柜用于放置 RBC 与连接 CTC 所需的路由器(RT),同时可以提供 12U 高空间用于安装信号安全数据网的交换机(SW)。

当 RBC 和 TSRS 都采用同一公司设备时,两种设备的列控通信柜可统一考虑,以尽量地减少设备占地。

当 RBC 与 CTC 采用光纤通信时,在列控通信柜配置两台 ODF 架,分别用于信号安全数据网和 CTC 通道。

1. 设备组成

列控通信柜分为两层,上层用于构建信号安全数据网,下层用于构建 CTC 接口专用网络。其中:

(1)上层最多可放置 6 台 1U 的信号安全数据网交换机。

(2)下层最多可放置 4 台 1U 的 CTC 接口路由器。

列控通信柜布置示意如图 2-3-12 所示。

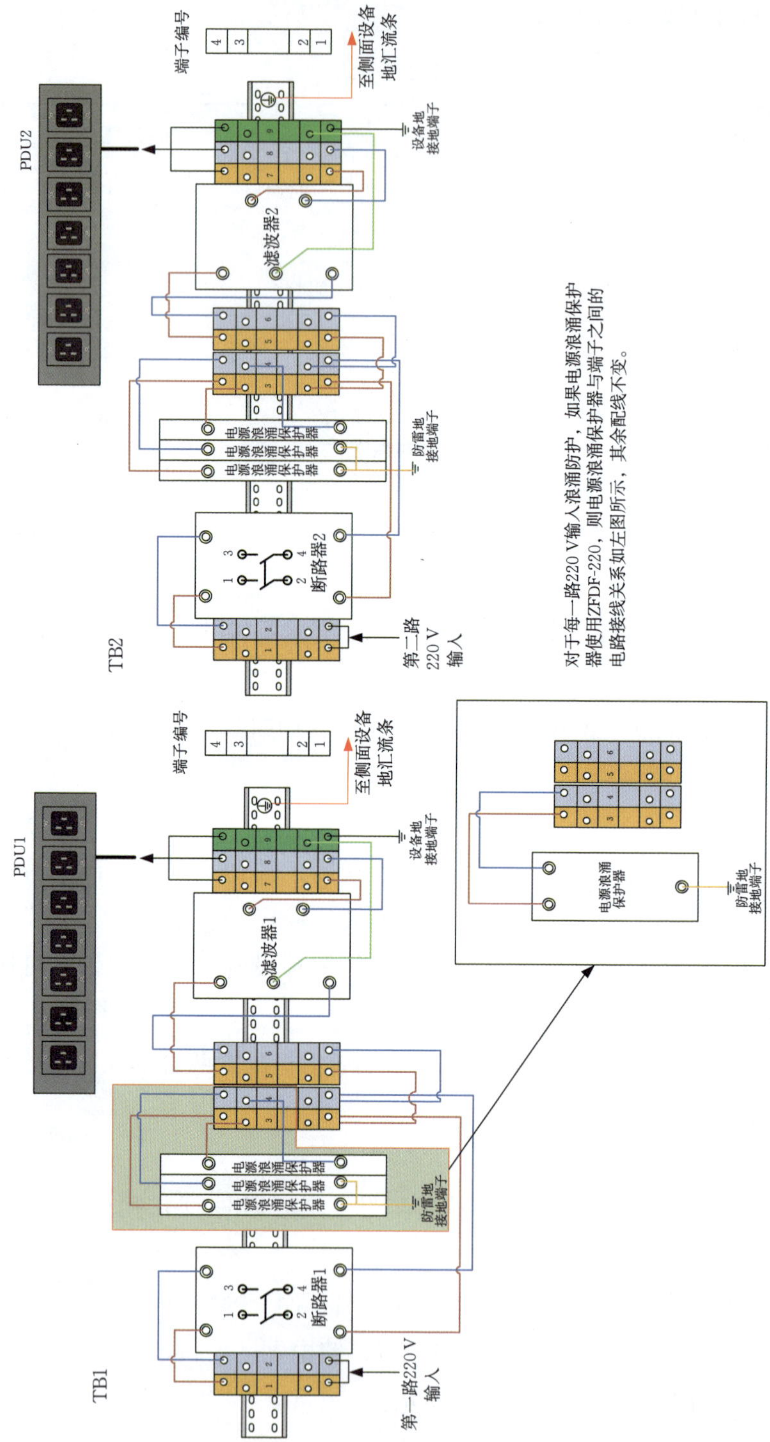

对于每一路220 V输入浪涌防护，如果电源浪涌保护器使用ZFDF-220，则电源浪涌保护器与端子之间的电路接线关系如左图所示，其余配线不变。

图2-3-8　电源人口示意

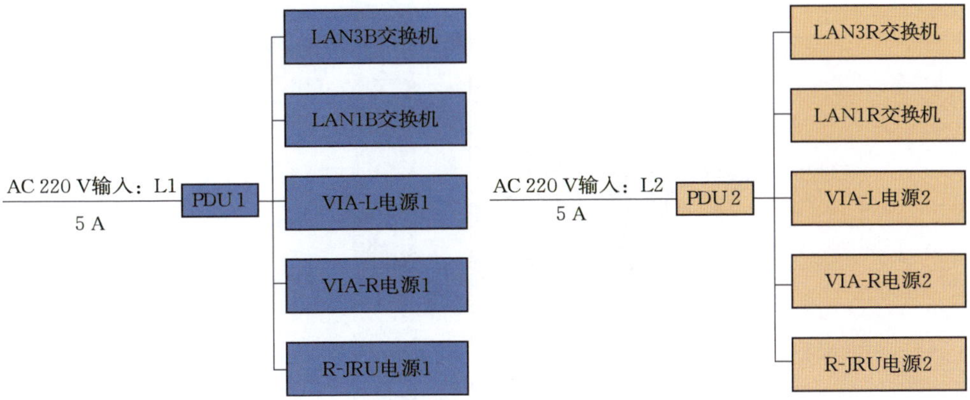

图 2-3-9　电源分配示意

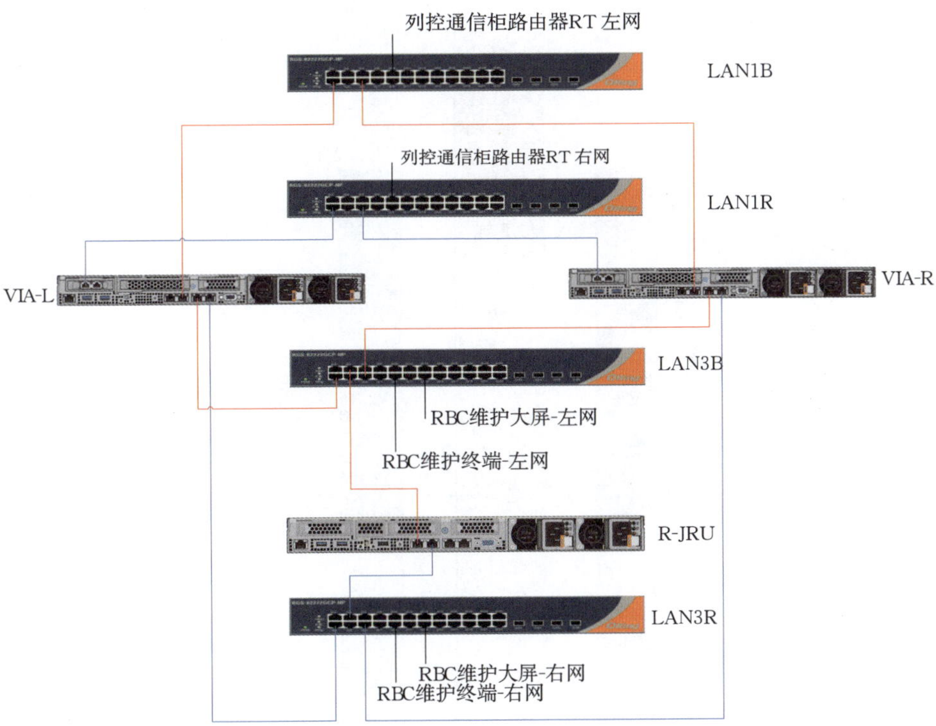

图 2-3-10　网络连接示意

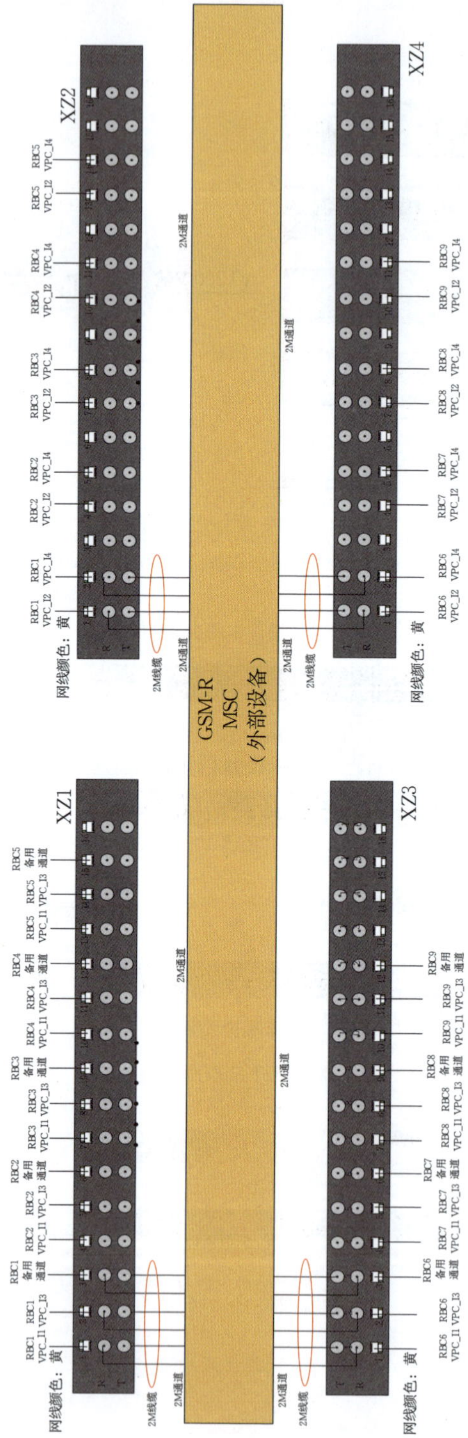

图 2-3-11 ISDN 连接示意

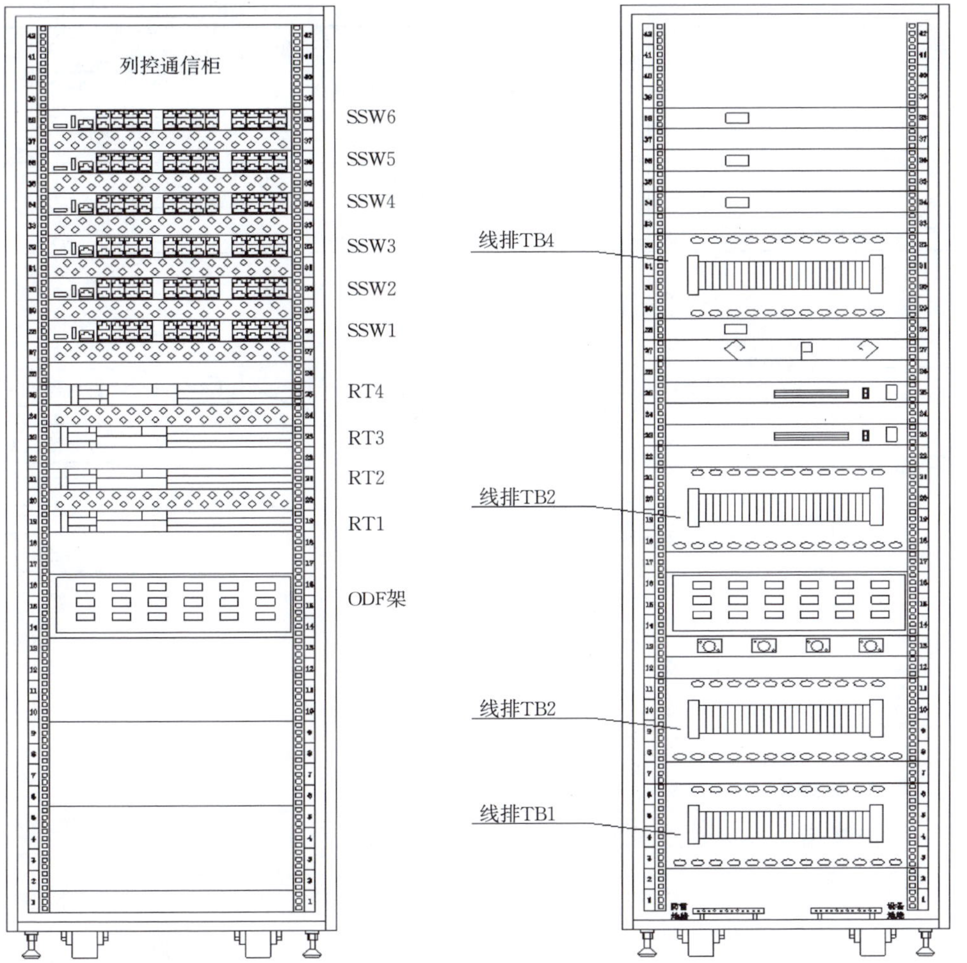

（a）前视图　　　　（b）后视图

图 2-3-12　列控通信柜布置示意（满配）

注：本列控通信柜可根据具体工程配置信号安全数据网设备和 CTC 接口设备的数量。其中，放置在列控通信柜中的信号安全数据网设备及其供电单元或端子条由信号安全数据网厂家提供。

2. 列控通信柜技术要求（表 2-3-3）

表 2-3-3　列控通信柜技术要求

规　　格	参　　数
环境温度要求	+10 ℃～+35 ℃（服务器运行时），长期稳定运行温度为+18 ℃～+28 ℃
	0 ℃～+43 ℃（服务器关闭时）

续上表

规　格	参　数
最大发热量	100 W(仅考虑 RBC 与 CTC 通信设备)
海拔	最高海拔 3 000 m
湿度	10%～80%,不得凝露
安装位置要求	同主机柜

3. 柜内电源连接(图 2-3-13)

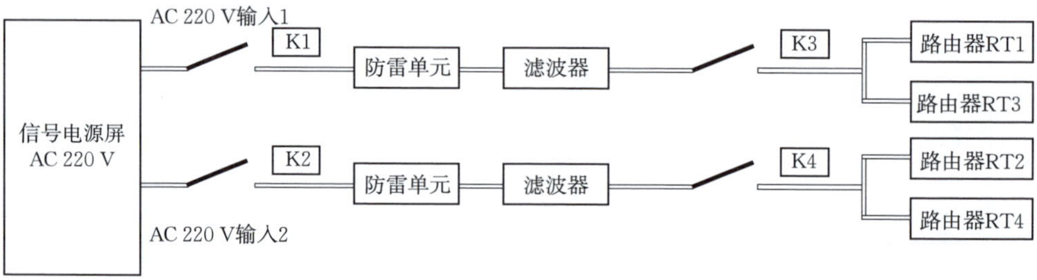

图 2-3-13　电源连接示意

四、维护终端

1. 设备组成

维护终端设备组成如图 2-3-14 所示,主要包括以下几部分。

(1)工作站,PC 工作站或工控机 1 台。

(2)显示器,不小于 20 寸的液晶显示器 4 台。

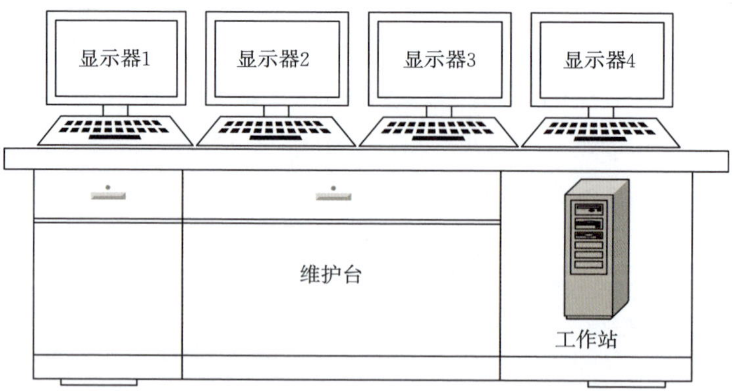

图 2-3-14　维护终端设备组成

(3)键盘与鼠标。

(4)工作台,用于放置工作站和显示器,1 台。

2. 维护终端技术要求(表 2-3-4)

表 2-3-4　维护终端技术要求

规格	参数
环境温度要求	+10 ℃～+35 ℃(服务器运行时),长期稳定运行温度为+18 ℃～+28 ℃
	0 ℃～+43 ℃(服务器关闭时)
最大发热量	410 W
海拔	最高海拔 3 000 m
湿度	10%～80%,不得凝露

3. 柜内电源连接(图 2-3-15)

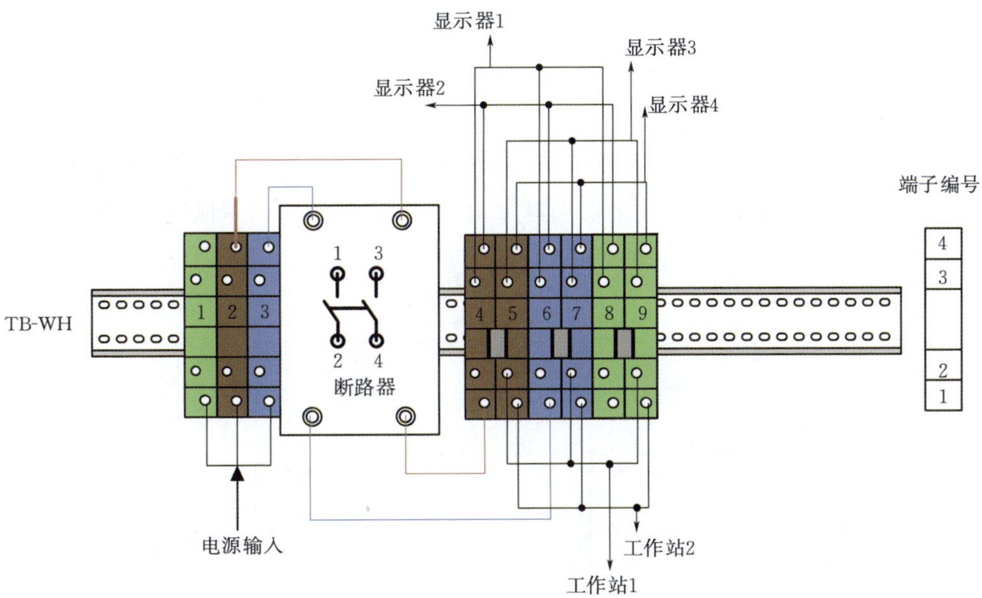

图 2-3-15　电源连接示意

4. 网络连接

维护系统网络连接示意如图 2-3-16 所示,接口柜 LAN3B 交换机端口 9 接工作站板载网卡,接口柜 LAN3R 交换机端口 9 接 PCI-E 网卡。

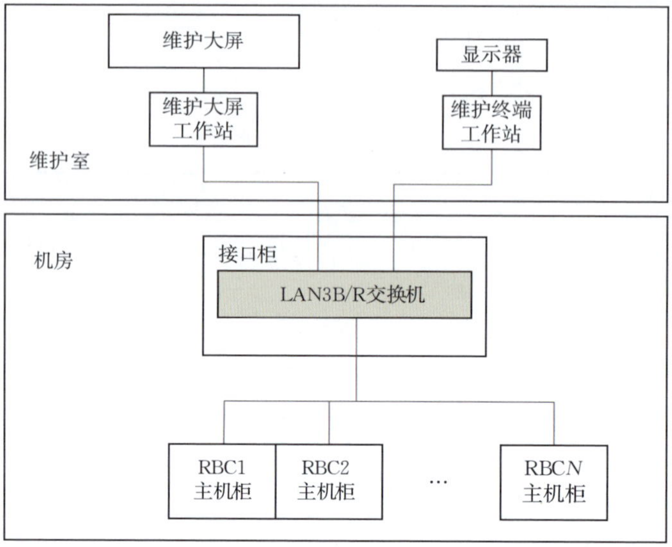

图 2-3-16　RBC 维护系统网络连接示意

五、维护大屏

1. 设备组成

(1)不小于 46 英寸的超窄边(6.7 mm)液晶显示屏及其附件,单屏分辨率不小于 1 920×1 080;显示屏数量根据具体项目确定,默认每台 RBC 设 1 块液晶显示屏,维护大屏示意如图 2-3-17 所示。

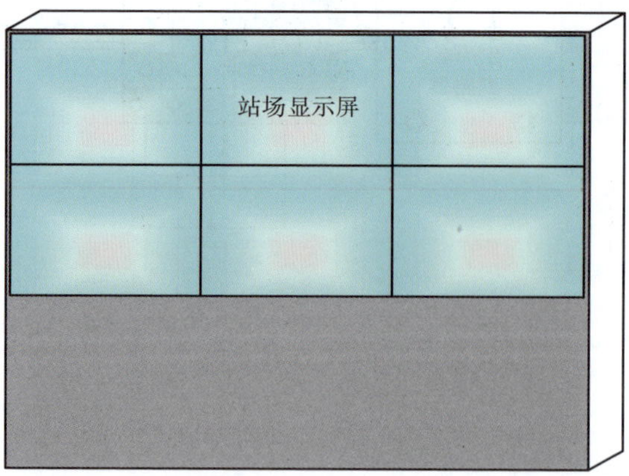

图 2-3-17　维护大屏示意

(2)1 台大屏控制工作站,工作站到显示屏的视频线长度不超过 15 m。

(3)1 台大屏控制器(有多路信号显示时,多客专共设大屏时 RBC 维护系统网络连接示意,如图 2-3-18 所示)。

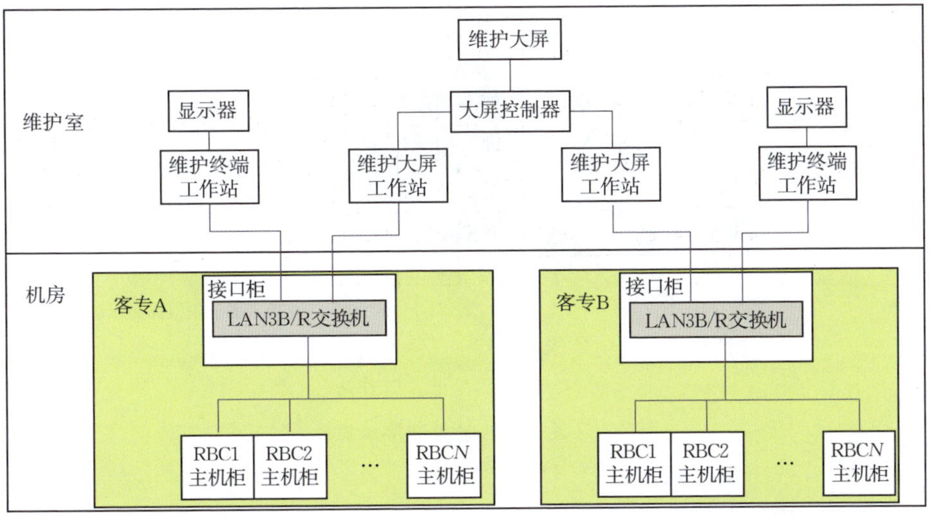

图 2-3-18　多客专共设大屏时 RBC 维护系统网络连接示意

2. 维护大屏技术要求(表 2-3-5)

表 2-3-5　维护大屏技术要求

规　　格	参　　数
环境温度要求	+10 ℃~+35 ℃(服务器运行时),长期稳定运行温度为+18 ℃~+28 ℃
	0 ℃~+43 ℃(服务器关闭时)
最大发热量	(显示屏数量×180+210)W
海拔	最高海拔 3 000 m
湿度	10%~80%,不得凝露

3. 柜内电源连接

柜内电源连接示意如图 2-3-19 所示。

4. 网络连接

维护系统网络连接如图 2-3-10 所示,接口柜 LAN3B 交换机端口 15 接工作站板载网卡,接口柜 LAN3R 交换机端口 15 接 PCI-E 网卡。

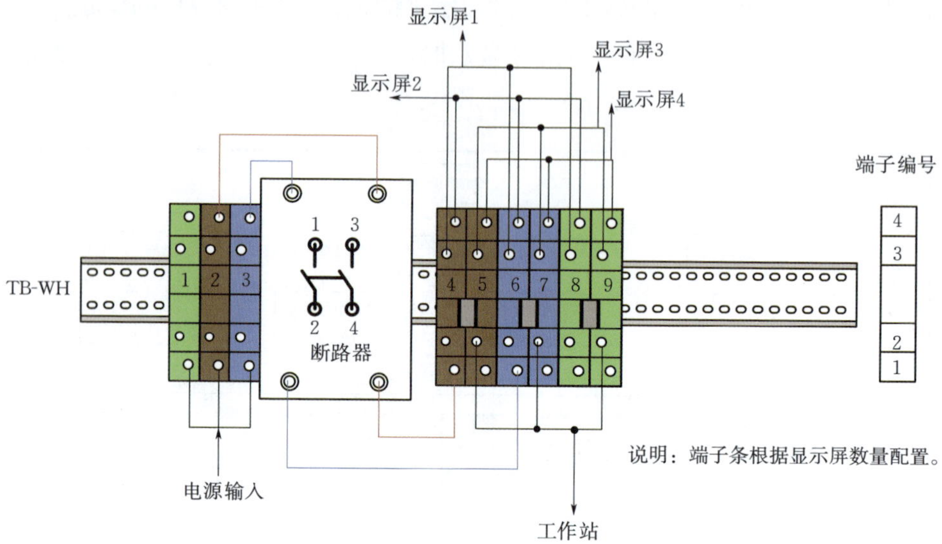

图 2-3-19　电源连接示意

第三章　RBC-TZ 型 RBC 系统

第一节　系统概述

一、总体结构

RBC-TZ 型 RBC 系统结构如图 3-1-1 所示，由以下设备组成。

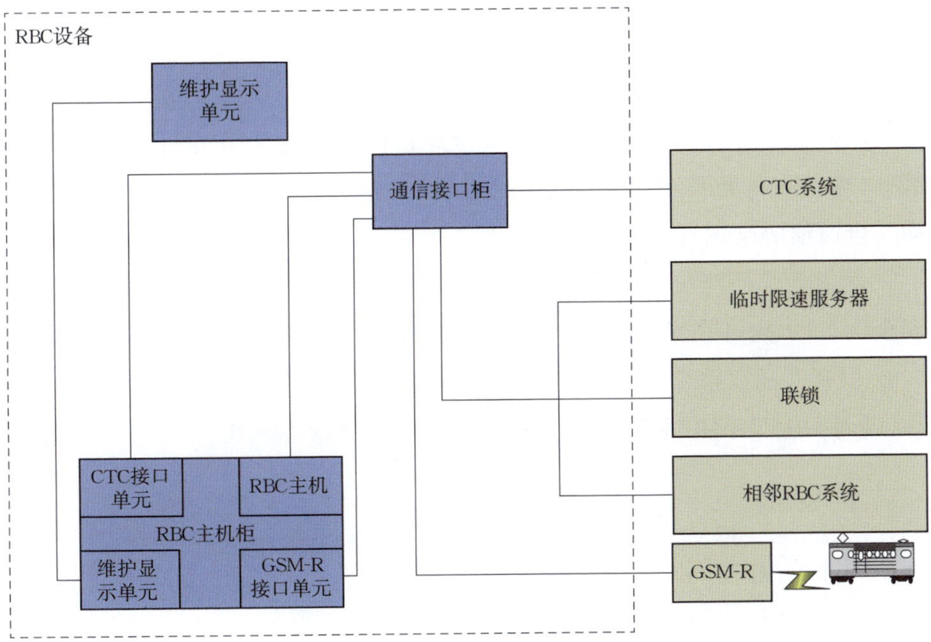

图 3-1-1　RBC-TZ 型 RBC 结构

1. RBC 主机柜：分为两种配置，一种配置由 RBC 主机、GSM-R 接口单元、CTC 接口单元、维护记录单元（柜内终端）组成；另一种配置由 RBC 主机、GSM-R 接口单元、维护记录单元（柜内终端）组成。

2. RBC 通信接口柜。

3. RBC 接口柜(若共用一台通信接口柜的 RBC 数目超过 5 台则有 RBC 接口柜)。

4. 维护显示单元(综合终端)。

RBC 通过信号安全数据网与 CBI、相邻 RBC、TSRS 连接,通过 CTC 接口单元与 CTC 连接。

二、系统特点

1. RBC 主机采用 2×2 取 2 的 SIL4 级安全计算机平台,该计算机平台采用 VxWorks 实时操作系统。

2. 设备具有完备的 2 取 2 逻辑,首先对输入数据进行 2 取 2 比较,确保输入数据一致;其次进行动态数据 2 取 2 比较,确保动态运行过程的数据一致;最后进行输出数据的 2 取 2 比较。

3. RBC 采用冗余结构,并采用热备工作方式。

4. RBC 主机采用安全通信协议,安全通信协议运行于安全计算机平台的安全部分,确保从安全部分输出的数据已经具有安全特性,此后传输环节的错误都会被安全通信协议识别。

5. 系统定义明确的安全状态(死机状态),如果发生严重异常,程序应立即进入安全状态,不允许在发现异常和进入安全状态之间进行其他任务操作。

6. 只有完成双系统同步,才能对外发送数据,以避免在不同状态下对外发送消息,进而发生双系统切换,导致内部状态与外部消息不一致。

三、技术指标

1. 单个 RBC 能同时处理 60 列已注册列车。

2. 单个 RBC 能同时处理 480 条进路。

3. 单个 RBC 能同时处理 50 个已激活的临时限速。

4. 单个 RBC 能同时处理 50 个灾害区域。

5. 单个 RBC 能同时连接 8 个 CBI。

6. 单个 RBC 能同时连接 1 个 TSRS。

7. 单个 RBC 能同时连接 8 个相邻 RBC。

8. 单个 RBC 能同时连接 1 个 CTC。

9. 单个 RBC 与 GSM-R 网络之间能同时连接 4 个 ISDN PRI 线路。

10. RBC 日志记录涵盖 30 天。

第二节　系统构成及工作原理

RBC-TZ 型 RBC 由 RBC 主机、GSM-R 接口单元、CTC 接口单元、RBC 维护单元(包括维护记录单元(柜内终端)和维护显示单元(综合终端))等设备组成，如图 3-2-1 所示。

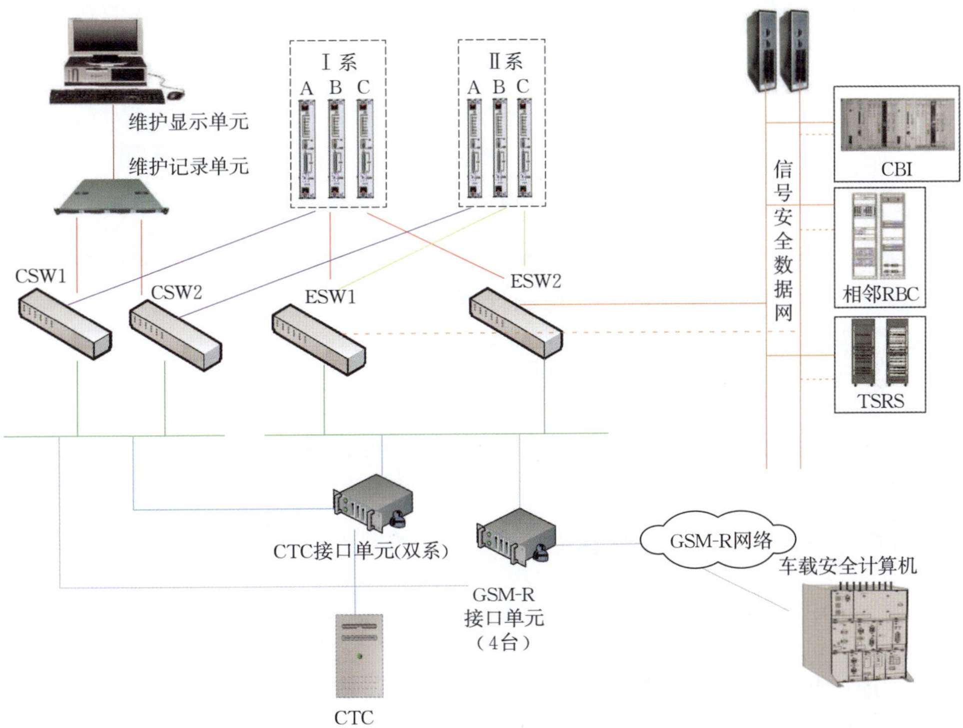

图 3-2-1　RBC-TZ 系统组成及接口示意

一、RBC 主机

RBC 主机是 RBC 系统的核心，采用 VxWorks 实时操作系统，实现所有列车安全控制相关的逻辑处理，以及各安全通信协议中安全子层的处理，采用地面安全计算机平台保障系统的安全性(地面安全计算机平台集成了工业标准以太网)。

每个系统A/B/C三块主控板构成2取2的故障—安全系统,双系统构成2×2取2故障—安全冗余系统。A/B板是核心逻辑单元,从C板获取线路参数及CBI、TSRS、相邻RBC、车载设备和CTC发送的信息,A/B板分别进行逻辑运算且比较一致后,将控制信息发送给C板;C板负责对外通信,通过信号安全数据网接收CBI发送的进路、轨道区段、信号机、区间方向、灾害防护等信息,接收TSRS发送的临时限速命令信息,接收相邻RBC发送的授权信息等;通过GSM-R接口单元获取车载设备发送的列车状态信息并向车载设备发送"速度-距离"监控所需的信息;通过CTC接口单元获取调度员下发的信息、向CTC发送列车运行状态。

二、GSM-R接口单元

GSM-R接口单元是RBC主机和GSM-R之间的接口,采用专用接口设备实现与MSC无线网络设备的连接,并实现车地无线通信非安全层功能。硬件平台采用安装Linux操作系统的工业控制计算机。

三、CTC接口单元

CTC接口单元是RBC主机和CTC系统之间的接口,满足了多台RBC主机与CTC连接的需求。CTC接口单元采用双系统冗余配置,硬件平台采用安装Linux操作系统的工业控制计算机。

四、柜内维护终端

柜内维护终端通过与数据采集单元通信来获取RBC主机、CTC接口单元、GSM-R接口单元等设备状态,实现对RBC系统的实时状态监控及记录,数据采集单元将各通道信息以日志形式存储于柜内维护终端内部,维护、测试人员可通过维护单元下载日志,查看特定时间内RBC系统的状态信息。

柜内维护终端还具备以下显示功能。

1. 设备信息:显示各通道网络状态、机柜状态。

2. 报警信息:实时未恢复报警、实时已恢复报警、报警查询和导出功能。

3. 接口查询：实时接口信息，包括临时限速信息、列车信息、进路信息、移交信息；数据查询可查询RBC与CBI、RBC与TSRS、RBC与RBC、RBC与ATP间通信信息。

4. 辅助功能：系统时间修改、联系电话修改、系统日志下载、主机版本显示、维护版本显示、操作说明书。

五、综合维护终端

综合维护终端设置在RBC监控室，通过与柜内维护终端通信，获得RBC系统运行状态。除柜内维护终端具备功能外，综合维护终端还具备以下显示功能：

1. 站场图信息显示：显示线路的静态信息以及列车信息、行车许可状态、进路状态、调车进路状态、异物侵限/地震和临时限速，特定引导命令等动态信息。

2. 历史回放功能。

3. 具备与集中监测系统接口通信功能。

4. 具备与新型列控系统列控维护中心的区域数据处理中心通信功能。

第三节　设备机柜

一、主机柜

1. 设备组成

RBC主机柜包括所有功能单元设备（图3-3-1）。从正面看，机柜内从上至下分别为安全主机单元、GSM-R接口单元、液晶套件、维护记录单元、CTC接口单元、电源单元；从背面看，仅布置交换机。

如图3-3-1所示为一个满配的RBC机柜，由于每个机械室内配置一套CTC接口单元，所以每个机械室内只有一个RBC主机柜按照如图3-3-1所示配置，其他RBC机柜内无须配置CTC接口单元。

2. 外形尺寸

采用49U标准机柜，外形尺寸：2 350 mm×600 mm×800 mm（高×宽×深）。机柜颜色型号：Pantone GP 1201 Black C或者428C。

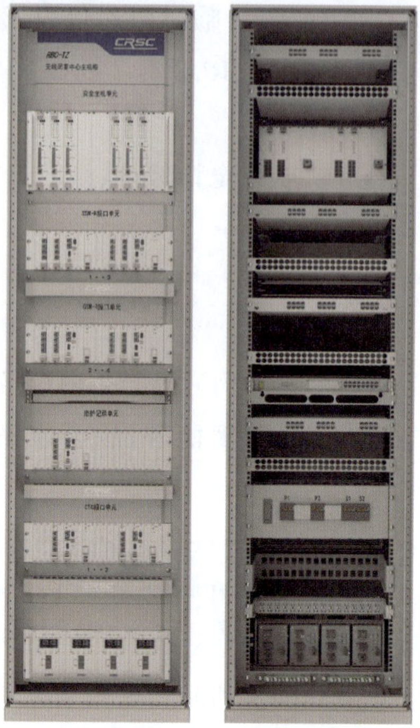

（a）前视图　　（b）后视图

图 3-3-1　主机柜布置

3. 主机柜技术要求(表 3-3-1)

表 3-3-1　主机柜技术要求

规　格	参　数
温度	0 ℃～+40 ℃，长期稳定运行温度为+18 ℃～+28 ℃
最大发热量	1 300 W
海拔	最高海拔 3 000 m
湿度	10%～80%，不得凝露
安装位置	(1)机柜正面、背面距其他物体距离≥1.5 m； (2)机柜与墙的距离≥1 m； (3)机柜与电源屏的距离≥1.5 m

4. 主机柜电源接线

主机柜需要由电源屏两路独立不间断稳压交流电源供电。两路独立交流电源通过电源接口层分别为 GSM-R 接口单元、CTC 接口单元、维护记录单元、液晶套件、交换机和风扇供电。同时，交流电源再给四个电源模块供电，进而向主机单元提供两路独立的 DC 24 V 电源，每一路都由两个独立电源模块冗余后输出，其分配和连接示意如图 3-3-2 所示。

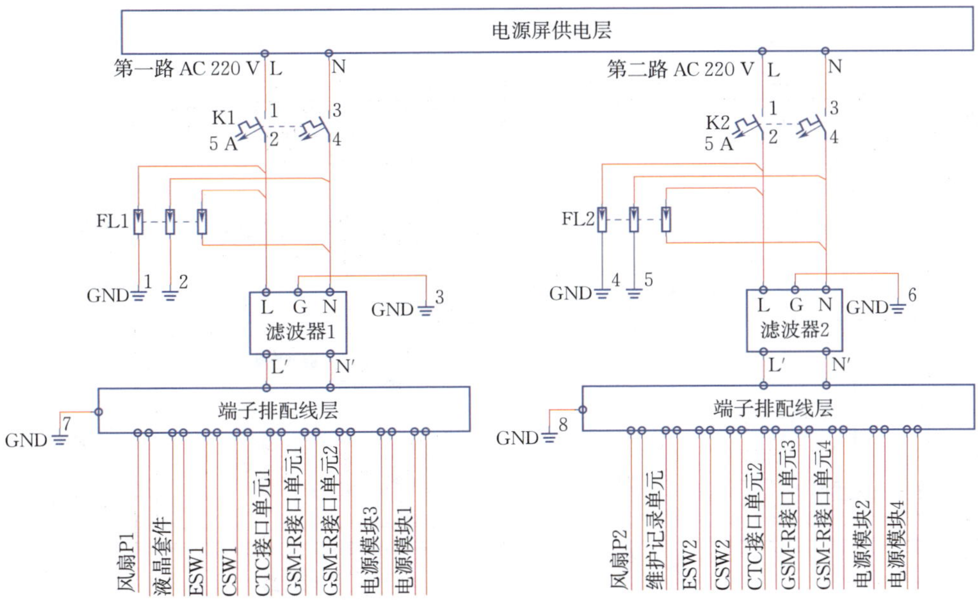

图 3-3-2　电源分配及连接示意

5. 主机柜电源供电

电源单元向主机单元提供两路独立的 DC 24 V 电源，每一路都由两个独立电源模块冗余后输出。电源模块 1 和电源模块 2 冗余输出供电给主机单元 1 系，电源模块 3 和电源模块 4 冗余输出供电给主机单元 2 系，其完整的分配和连接方式如图 3-3-3 所示。

6. 主机柜网络配线（图 3-3-4）

二、通信接口柜

1. 设备组成

RBC 通信接口柜实现与外部安全数据网、CTC 和 GSM-R 无线网络通信的功能。机柜内从上至下分别为阻抗转换器、安全数据网交换机、路由器和 ODF 架。RBC 通过交换机接入安全数据网，通过路由器实现与 CTC 端接口通信，通过阻抗转换器实现与 GSM-R 无线网络的通信（图 3-3-5）。

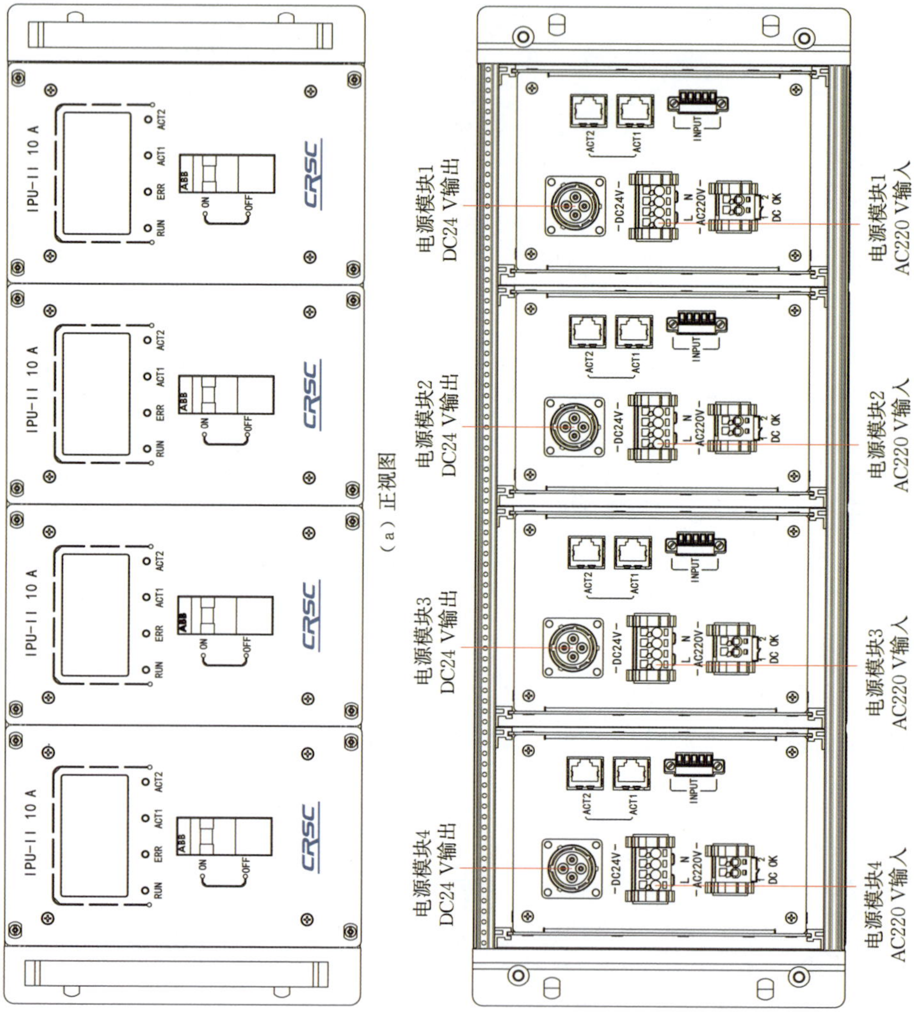

（a）正视图

（b）后视图

图3-3-3 主机柜电源供电

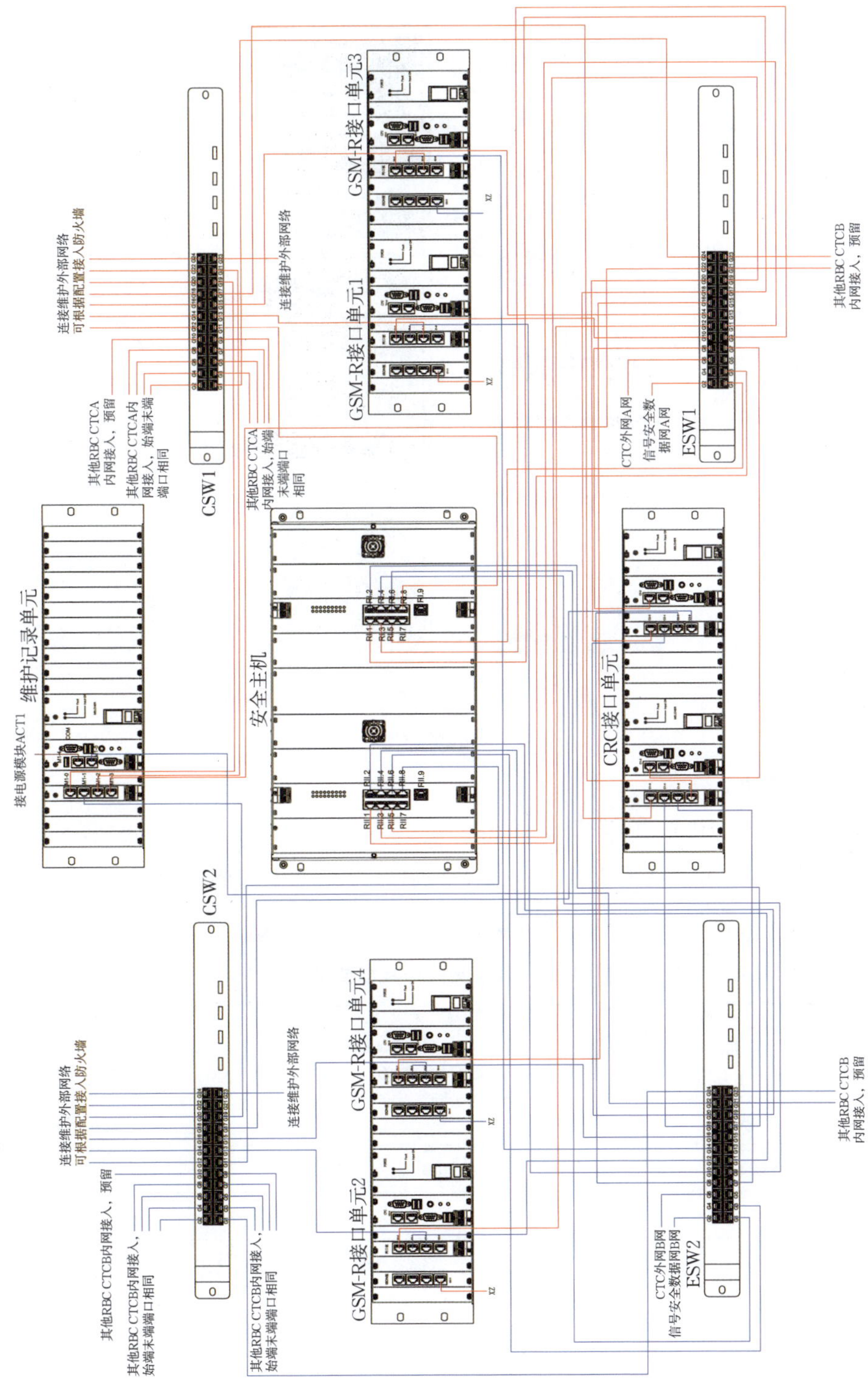
GSM-R接口单元3
GSM-R接口单元1
GSM-R接口单元4
GSM-R接口单元2
CSW1
CSW2
ESW1
ESW2
维护记录单元
安全主机
CRC接口单元
连接维护外部网络
可根据配置接入防火墙
其他RBC CTCA
内网接入，预留
其他RBC CTCA内
网接入，始端末端
端口相同
其他RBC CTCA
内网接入，始端
末端端口
相同
接电源模块ACT1
其他RBC CTCB
内网接入，预留
CTC外网A网
信号安全数
据网A网
CTC外网B网
信号安全数据网B网
其他RBC CTCB内网接入，预留
其他RBC CTCB内网接入，
始端末端端口相同

图3-4　主机柜内连线

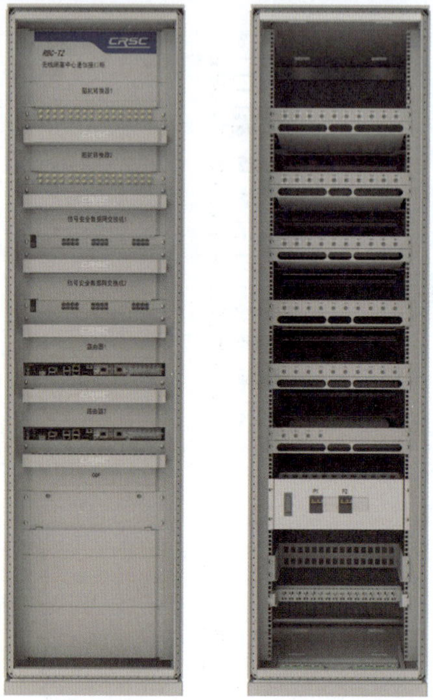

（a）前视图　　（b）后视图

图 3-3-5　通信接口柜布置

2. 外形尺寸

采用 49U 标准机柜，外形尺寸：2 350 mm×600 mm×800 mm(高×宽×深)。机柜颜色型号：Pantone GP 1201 Black C 或者 428C(可根据要求定制)。

3. 通信接口柜技术要求(表 3-3-2)

表 3-3-2　通信接口柜技术要求

规格	参数
温度	0 ℃～+40 ℃，长期稳定运行温度为+18 ℃～+28 ℃
最大发热量	360 W
海拔	最高海拔 3 000 m
湿度	10%～80%，不得凝露
安装位置	(1)机柜正面、背面距其他物体距离≥1.5 m； (2)机柜与墙的距离≥1 m； (3)机柜与电源屏的距离≥1.5 m

4. 通信接口柜供电

通信接口柜需要由电源屏 4 路不间断稳压交流电源供电，电源通过电源接口层给通信接口柜内的交换机和路由器供电(图 3-3-6)。

5. 通信接口柜内连接(图 3-3-7)。

三、接口柜

1. 设备组成

只有共用一台通信接口柜的 RBC 主机数量大于 5 台时，需要配置接口柜。接口柜结构如图 3-3-8 所示。

2. 外形尺寸

采用 49U 标准机柜，外形尺寸：2 350 mm×600 mm×800 mm(高×宽×深)。机柜颜色型号：Pantone GP 1201 Black C 或者 428C(可根据要求定制)。

3. 接口柜技术要求(表 3-3-3)

表 3-3-3 接口柜技术要求

规格	参数
温度	0 ℃～+40 ℃，长期稳定运行温度为+18 ℃～+28 ℃
海拔	最高海拔 3 000 m
湿度	10%～80%，不得凝露
安装位置	(1)机柜正面、背面距其他物体距离≥1.5 m； (2)机柜与墙的距离≥1 m； (3)机柜与电源屏的距离≥1.5 m

接口柜网络接线如图 3-3-9 所示。

四、维护显示单元

1. 设备组成

维护显示单元如图 3-3-10 所示，主要包括以下几部分：

(1)工作站，1 台(若配置大屏需增加 1 台)。

(2)显示器，不小于 20 寸液晶显示器 4 台。

(3)键盘与鼠标。

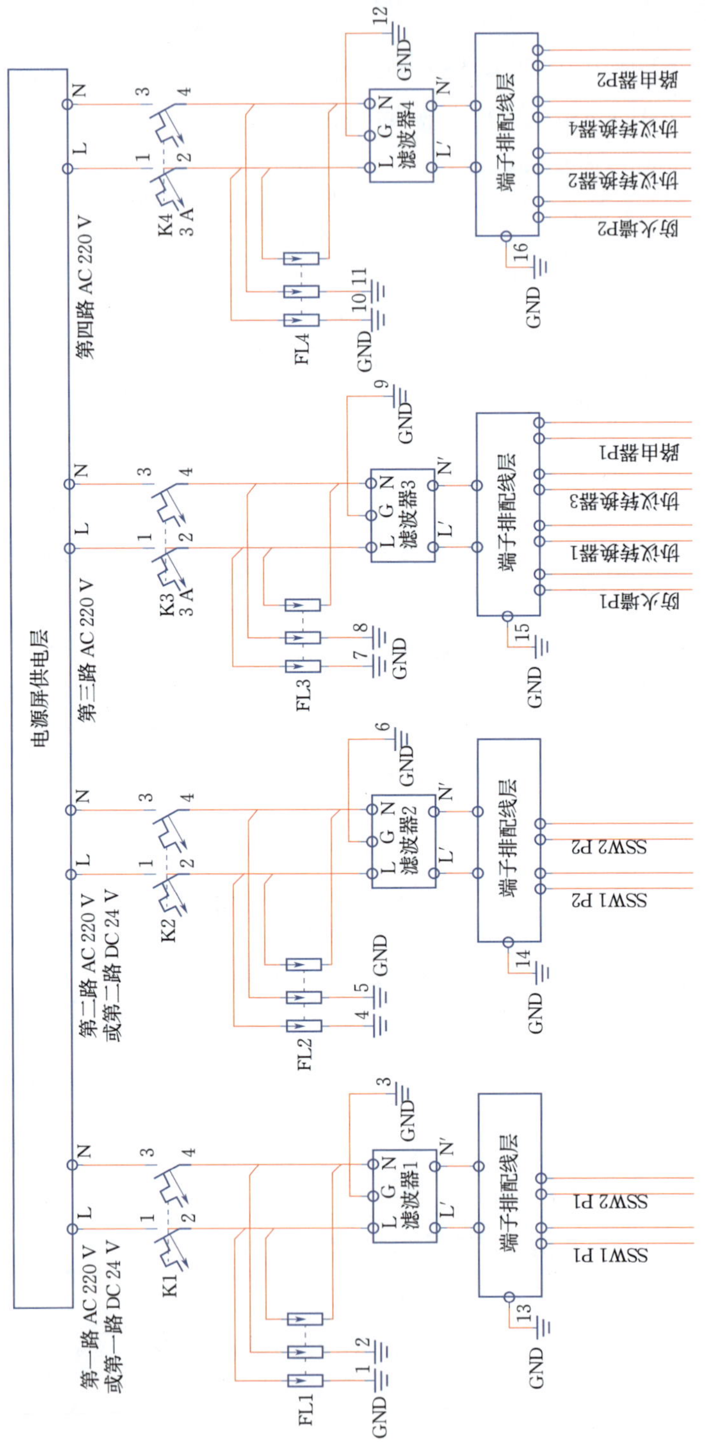

图3-3-6　通信接口柜网络接线

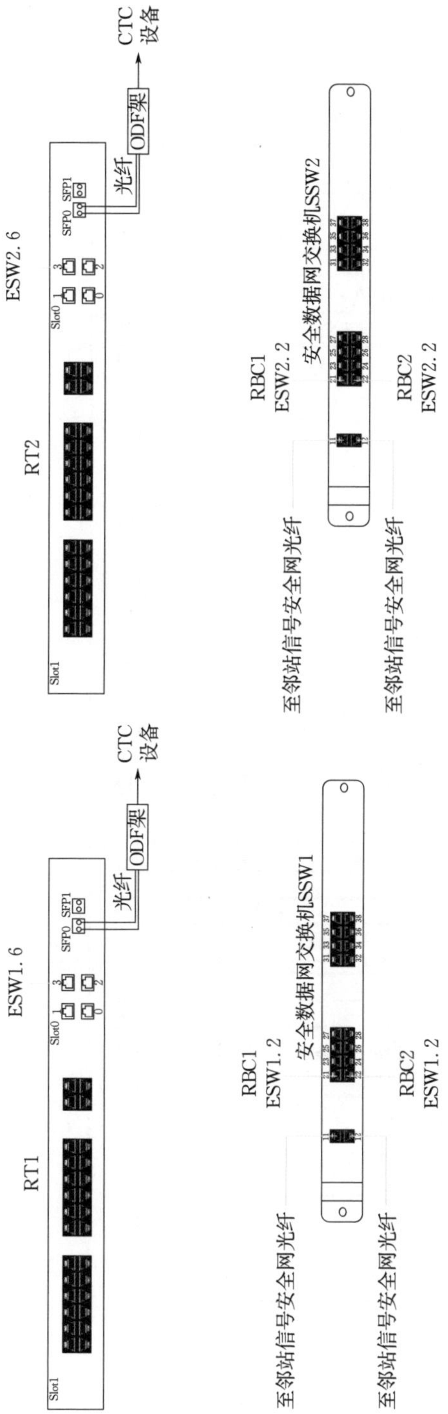

图3-3-7 通信接口柜内连线

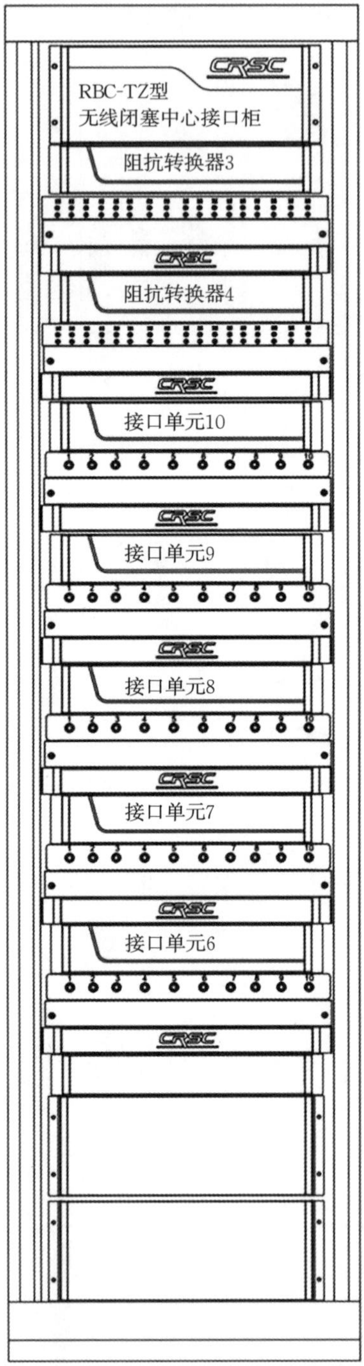

图 3-3-8　接口机柜结构示意

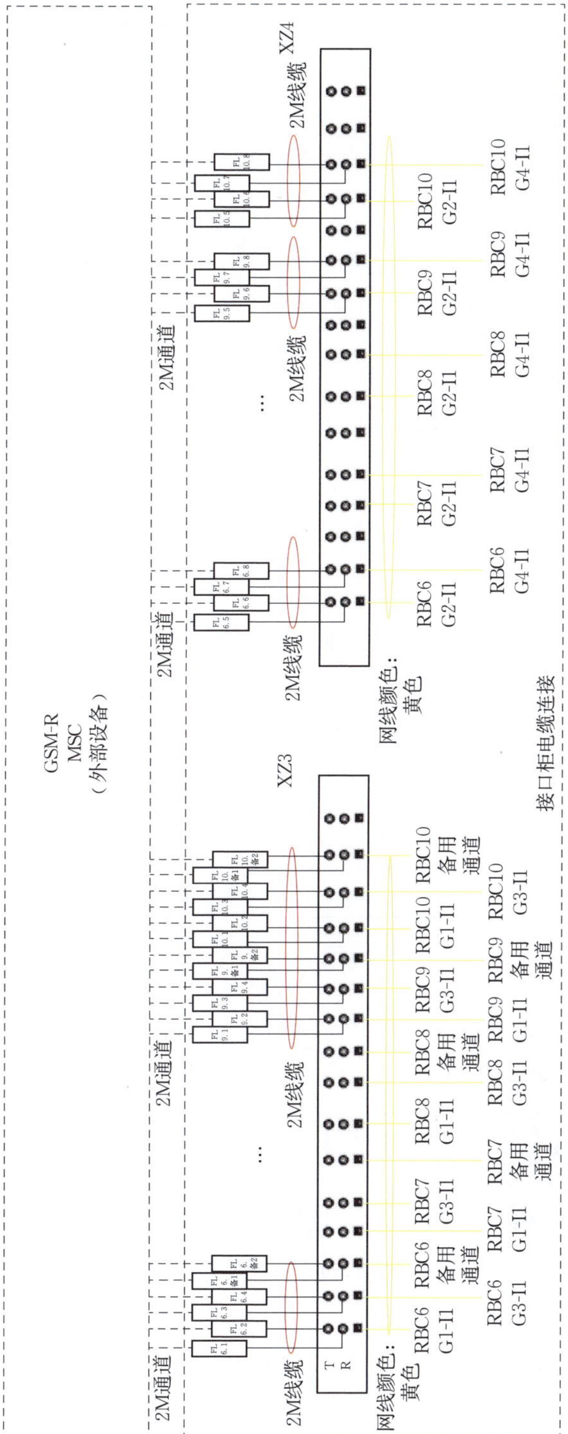

图3-3-9　接口柜网络接线

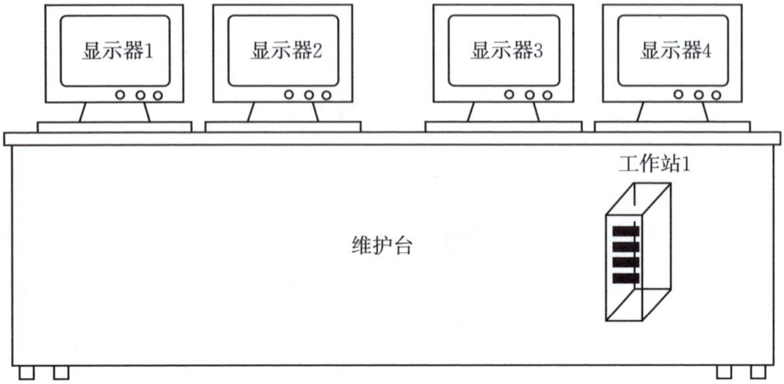

图 3-3-10　维护显示单元示意

(4)维护台,1 台,用于放置工作站和显示器。

(5)大屏(可选)。

2. 维护显示单元技术要求(表 3-3-4)

表 3-3-4　维护显示单元技术要求

规格	参数
温度	0 ℃～+40 ℃,长期稳定运行温度为+18 ℃～+28 ℃
最大发热量	410 W
海拔	最高海拔 3 000 m
湿度	10%～80%,不得凝露

五、电源

1. RBC 与电源屏接口

RBC 供电属于一级负荷,应使用两路独立的专用电源。RBC 的各冗余模块应采取独立电源模块。

图 3-3-11 中通信接口柜的 L1 和 L2 为信号安全数据网交换机电源。根据工程需要,当交换机采用 DC 24 V 供电时使用两路 DC 24 V,每路 10 A 电源。

2. 主机柜与电源屏接口

每个 RBC 主机柜要求两路独立的不间断稳压 AC 220 V 电源,电压范围为 AC 220^{+22}_{-22} V,频率为 50^{+1}_{-1} Hz。各路电源容量需求见表 3-3-5。

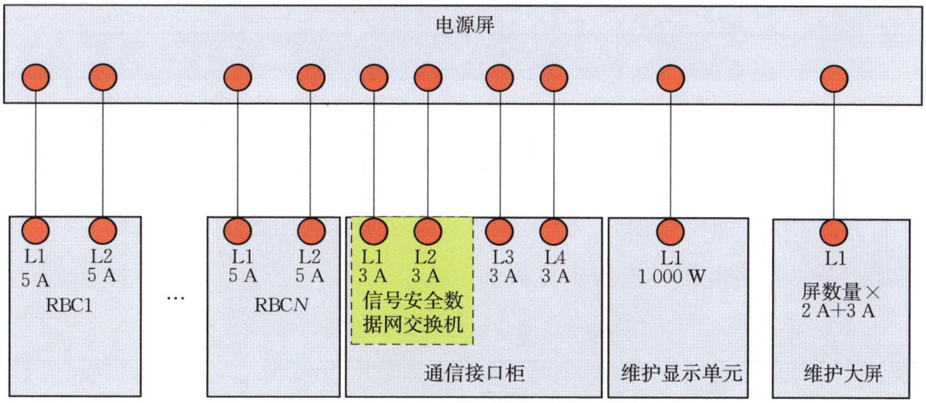

图 3-3-11　RBC 与电源屏接口示意

表 3-3-5　主机柜电源容量需求

线路	电流/A
L1	5
L2	5

主机柜需要由电源屏两路独立不间断稳压交流电源供电。两路独立交流电源首先通过电源接口层分别为 GSM-R 接口单元、CTC 接口单元、维护记录单元、液晶套件、交换机和风扇供电。同时，交流电源给四个电源模块供电，进而向主机单元提供两路独立的 DC 24 V 电源，每一路都由两个独立电源模块冗余后输出。

3. 通信接口柜与电源屏接口

通信接口柜由电源屏四路独立不间断稳压交流电源供电(图 3-3-6)。

(1)L1 和 L2 路供信号安全数据网交换机使用，当信号安全数据网交换机采用 AC 220 V 供电时，电压范围 AC 220^{+22}_{-22} V，频率为 50^{+1}_{-1} Hz。各路电源容量需求见表 3-3-6。

表 3-3-6　信号安全数据网电源容量需求(AC 220 V)

线路	电流/A
L3	3
L4	3

当信号安全数据网交换机采用 DC 24 V 供电时，电压范围 DC 24 V。各路电源容量需求见表 3-3-7。

表 3-3-7　信号安全数据网电源容量需求(DC 24 V)

线路	电流/A
L3	10
L4	10

(2)L3 和 L4 路供路由器、防火墙等设备使用,电压范围 AC 220 $^{+22}_{-22}$ V,频率为 50$^{+1}_{-1}$ Hz。各路电源容量需求见表 3-3-8。

表 3-3-8　通信接口柜电源容量需求

线路	电流/A
L1	3
L2	3

4. 维护终端电源接口

每个维护终端要求 1 路独立不间断稳压交流电源供电,电压范围为 AC 220$^{+22}_{-22}$ V,频率为 50$^{+1}_{-1}$ Hz,实际用电量 1 000 W。

第四章　RBC-2-YH 型 RBC 系统

第一节　系统概述

一、总体结构

RBC-2-YH 型 RBC 系统由无线闭塞中心（RBC）、无线通信控制设备（RCC）、接口转换部设备（IFC）、ISDN 接口服务器、数据服务器、维护终端、网络设备、电源系统组成。设备分别安装在 RBC 柜、IFC 柜、综合柜、通信柜 4 个机柜中。系统布置如图 4-1-1 所示。

二、系统特点

RBC-2-YH 型无线闭塞中心系统是 CTCS-3 级列控系统的地面核心设备，它根据地面设备信息和车载位置信息生成列车行车许可，并通过 GSM-R 网络发给车载设备实现安全控车。系统采用 2×2 取 2 安全冗余结构，具有高安全性和高可靠性的特点。系统有主备两系，每系均有两个独立的运算单元，运算比较一致后输出，比较不一致停止输出。若系统主系发生故障，备系可自动升主系继续运行。

三、技术指标

1. 单个 RBC 能同时处理 60 列已注册列车。
2. 单个 RBC 能同时处理 480 条进路。
3. 单个 RBC 能同时处理 50 个已激活的临时限速。
4. 单个 RBC 能同时连接 6 个 CBI。
5. 单个 RBC 能同时连接 1 个 TSRS。
6. 单个 RBC 能同时连接 4 个相邻 RBC。

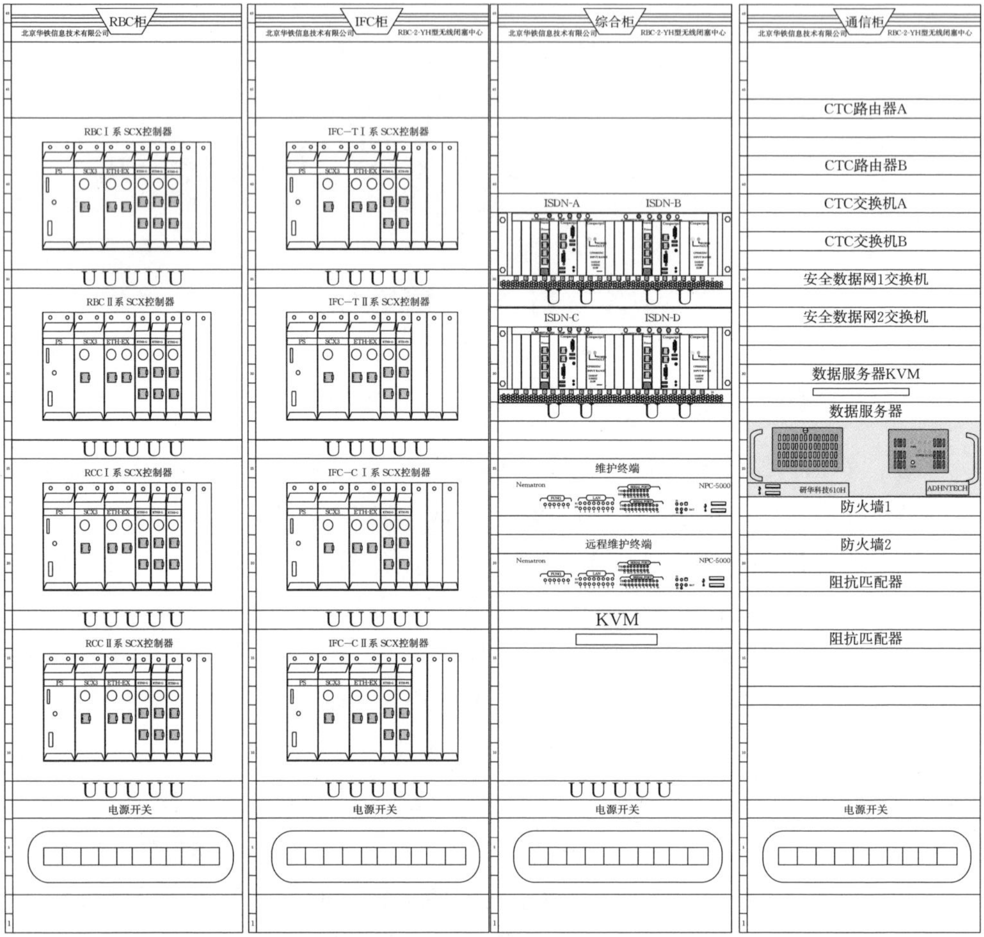

图 4-1-1　RBC-2-YH 系统布置(正面)

7. 单个 RBC 能同时连接 1 个 CTC。

8. 单个 RBC 与 GSM-R 网络之间能同时连接 4 个 ISDN PRI 线路。

9. RBC 日志记录涵盖 30 天。

第二节　系统构成及工作原理

RBC-2-YH 型 RBC 由 RBC 子系统、RCC 子系统、IFC-C 子系统、IFC-T 子系统、ISDN 子系统、维护终端子系统组成。

RBC 子系统是整个系统的核心逻辑运算单元，负责接收车载设备和地面设备（联锁设备、临时限速服务器、相邻 RBC 设备）信息，实现安全控车逻辑。RCC 子系统设置在 ISDN 服务器和 RBC 之间，将从 RBC 接收到的、向车载设备发送的“地面消息”发送给 ISDN 服务器，并通过 ISDN 服务器，将从车载设备接收到的“车载消息”发送给 RBC。

IFC-T 子系统被设置在 RBC 与 TSRS 之间，将来自 TSRS 的、根据相对于参照点 BG 的距离来设定的临时限速区段，转换为与 SA（闭塞分区）和该 SA 终端的相对距离。对于从 TSRS 接收到的 TSR 验证命令、TSR 执行命令，进行能否执行的验证，并响应 TSRS。

IFC-C 子系统被设置在 RBC 与 CTC 之间，将来自 CTC 的报文格式转换之后，发送给 RBC；或者将来自 RBC 的报文格式转换之后发送给 CTC。

ISDN 接口服务器是连接 RCC 与 GSM-R 系统的接口设备，负责接入 GSM-R 网络，并管理车载设备的呼叫和车地数据的转发。

一、主要构成模块及功能介绍（表 4-2-1）

表 4-2-1　主要构成模块及功能

<table>
<tr><th>序号</th><th colspan="2">设备名称</th><th>主要功能</th></tr>
<tr><td>1</td><td colspan="2">无线闭塞中心子系统
（RBC）</td><td>（1）接收车载设备和地面设备（联锁设备、临时限速服务器、相邻 RBC 设备）信息，实现安全控车逻辑；
（2）RSSP-Ⅱ 协议的处理；
（3）2×2 取 2 逻辑处理；
（4）与系统内部 IFC、RCC、维护终端通信</td></tr>
<tr><td>2</td><td colspan="2">无线通信控制子系统
（RCC）</td><td>（1）实现 Subset-037 通信协议中的 MASL 层功能；
（2）2×2 取 2 逻辑处理；
（3）与系统内 RBC、ISDN、维护终端通信</td></tr>
<tr><td>3</td><td>接口转换子系统
（IFC）</td><td>IFC-C
（对 CTC）</td><td>（1）RBC 与 CTC 的应用交互处理；
（2）RSSP-Ⅱ 协议的处理；
（3）2×2 取 2 逻辑处理；
（4）与系统内部 RBC、维护终端通信</td></tr>
</table>

续上表

<table>
<tr><th>序号</th><th colspan="2">设备名称</th><th>主要功能</th></tr>
<tr><td>3</td><td>接口转换子系统
(IFC)</td><td>IFC-T
(对TSRS)</td><td>(1)RBC 与 TSRS 的应用交互处理;
(2)RSSP-Ⅱ协议的处理;
(3)2×2 取 2 逻辑处理;
(4)与系统内部 RBC、维护终端通信</td></tr>
<tr><td rowspan="3">4</td><td rowspan="3">综合柜</td><td>ISDN 接口服务器</td><td>(1)RBC 与车载交互接口;
(2)实现 Subset-037 通信协议中数据链路层、网络层、传输层和 PRI 底层协议的处理;
(3)与系统内部 RCC 通信</td></tr>
<tr><td>维护终端</td><td>(1)对 RBC、RCC、IFC-T、ITC-C 设备与外界交互信息进行记录,内部系统日志进行记录存储;
(2)站场、列车、报警信息显示和人机查询</td></tr>
<tr><td>数据服务器</td><td>抓包存储安全数据网数据</td></tr>
<tr><td>5</td><td colspan="2">电源系统</td><td>为系统各设备提供电源</td></tr>
</table>

二、网络结构

RBC-2-YH 型 RBC 系统网络可分解为内部环网、安全数据网、CTC 接口网、GSM-R 接口网,组网示意如图 4-2-1 至图 4-2-3 所示。

三、SCX 控制器功能及结构

1. SCX 控制器板卡

SCX 控制器的外观如图 4-2-4 所示,结构如图 4-2-5 所示。

(1)电源板(PS)

PS 是 SCX 控制器的电源管理模块,可处理 AC 100 V/AC 220 V 两种输入电压。

(2)CPU 板(SCX)

SCX 是实现 SCX 控制器的“故障—安全”控制的逻辑处理模块。SCX 各部分名称及功能见表 4-2-2,LED 灯位状态见表 4-2-3。

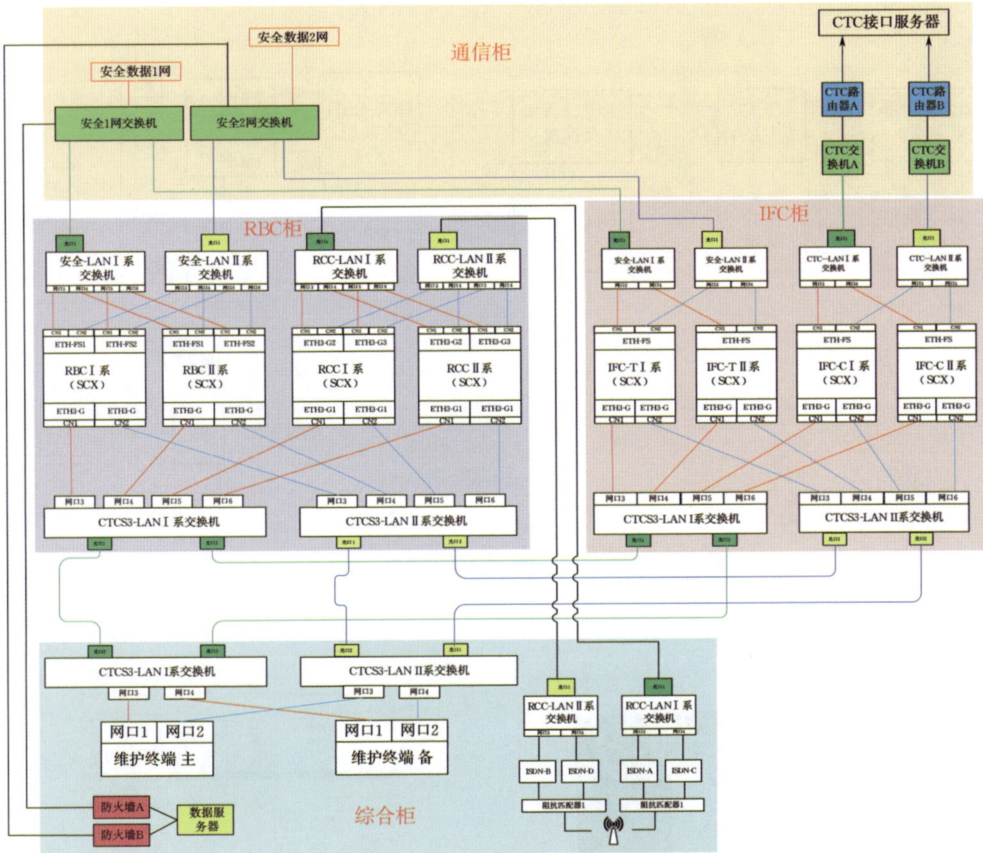

图 4-2-1　RBC 总体网络结构

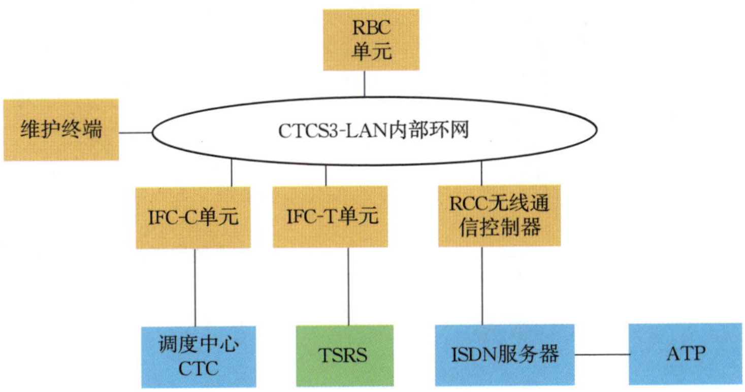

图 4-2-2　内部环网连接示意

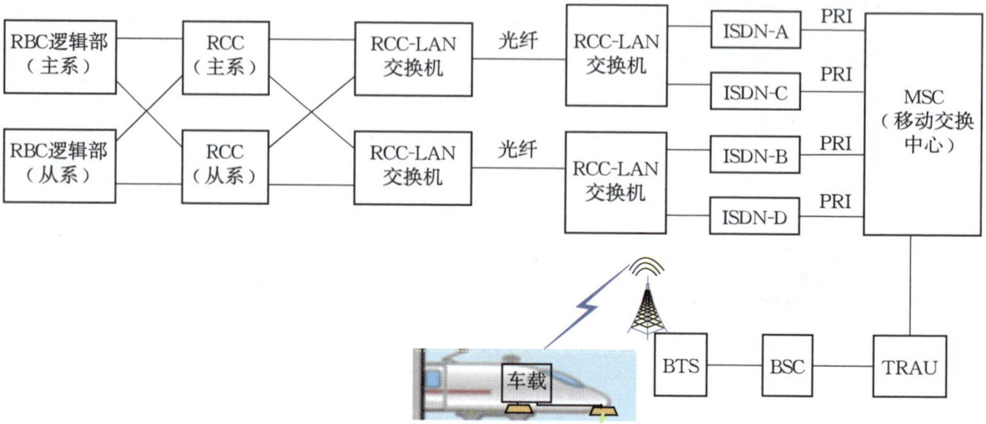

图 4-2-3　GSM-R 接口网络连接示意

图 4-2-4　SCX 控制器外观

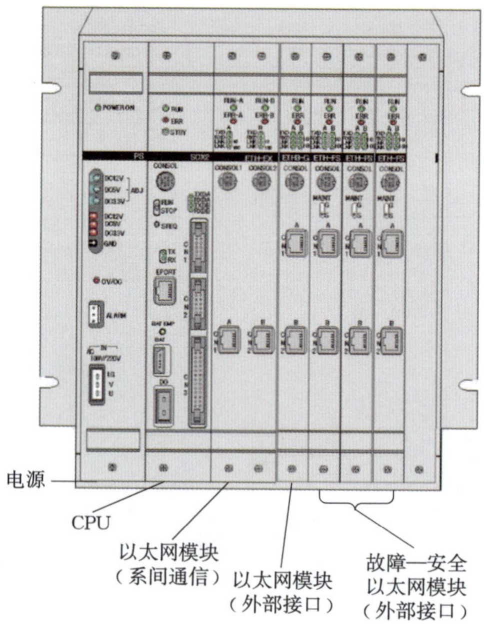

图 4-2-5　SCX 控制器结构

表 4-2-2　SCX2 各部分名称及功能

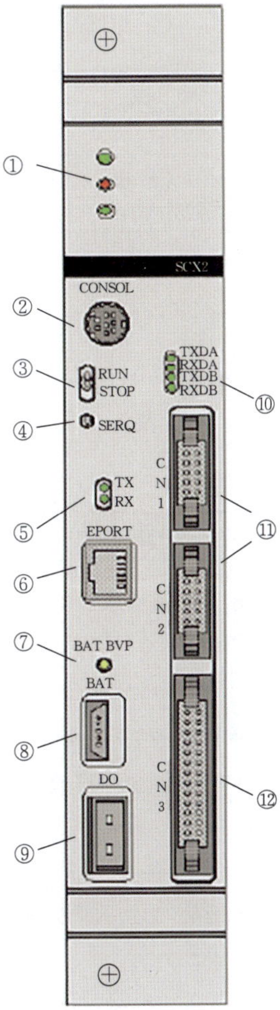

板件	No.	名称	功能
	①	LED【RUN/ERR/STBY】	显示 CPU：SCX2 的动作状态
	②	维护端口【CONSOL】	维护用的端口（RS-232C）
	③	RUN/STOP 开关	运行/停止 CPU：SCX2 用的开关
	④	请求待机开关	不可用
	⑤	LED【TX/RX】	显示维护端口（EPORT）的通信状态
	⑥	维护端口【EPORT】	维护用的端口（10Base-T）
	⑦	LED【BAT EMP】	不使用
	⑧	电池连接插孔【BAT】	不使用
	⑨	DO 接口插孔【DO】	不使用
	⑩	LED【TXD(A/B)/RXD(A/B)】	不使用
	⑪	串行通信端口【CN1，CN2】	不使用
	⑫	串行通信端口【CN3】	系间通信用的串行通信端口（RS-485）

表 4-2-3　LED 灯位状态

运转状态	LED 状态		
	RUN	ERR	STBY
通常运转时	● 绿灯亮	○ 熄灯	○ 熄灯
运转停止时	○ 熄灯	○ 熄灯	○ 熄灯

续上表

运转状态	LED 状态		
	RUN	ERR	STBY
错误时	熄灯	红灯亮	熄灯
初始化中	绿灯闪烁	熄灯	绿灯闪烁
待机中	黄灯闪烁	熄灯	熄灯
主系运转中	绿灯亮	熄灯	熄灯
从系运转中	黄灯亮	熄灯	熄灯

(3)系间通信板(ETH-EX)

ETH-EX 是负责系间通信的串行通信模块,符合 IEEE 802.3 通信标准要求。ETH-EX 各部分的名称及功能见表 4-2-4,板卡上的 LED 灯位显示见表 4-2-5。

表 4-2-4　ETH-EX 各部的名称及功能

板件	No.	名称	功能
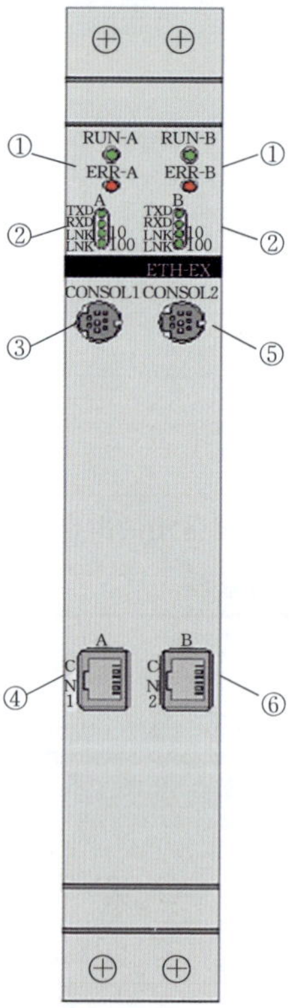	①	LED 【RUN(A/B)/ERR(A/B)】	显示系间通信板:ETH-EX的动作状态
	②	LED 【TXD(A/B)/RXD(A/B)/LNK10(A/B)/LNK100(A/B)】	显示相对应的系间通信(A/B)用的串行通信端口的通信状态
	③	维护端口 A 【CONSOL1】	系间通信(A)用的维护用端口(RS-282C)
	④	系间通信端口 A 【CN1】	系间通信(A)用的串行通信端口(100Base-TX)
	⑤	维护端口 B 【CONSOL2】	系间通信(B)用的维护用端口(RS-232C)
	⑥	系间通信端口 B 【CN2】	系间通信(B)用的串行通信端口(100Base-TX)

表 4-2-5　LED 灯位状态

运转状态	LED 状态				
	TXD(A/B)	RXD(A/B)	LNK-100	RUN	ERR
数据发送中	绿灯闪烁	熄灯	绿灯亮	—	—
数据接收中	熄灯	绿灯闪烁	绿灯亮	—	—
未连接状态	熄灯	熄灯	熄灯	—	—
通常运转时	—	—	—	绿灯亮	熄灯
运转停止时	—	—	—	熄灯	熄灯
错误时	—	—	—	熄灯	红灯亮

(4)以太网通信板(ETH3-G)

ETH3-G 是负责系统内部子系统通信的串行通信模块,符合 IEEE 802.3 通信标准要求。ETH3-G 各部的名称及功能见表 4-2-6,板卡上的 LED 灯位显示见表 4-2-7。

表 4-2-6　ETH3-G 各部的名称及功能

板件	No.	名称	功能
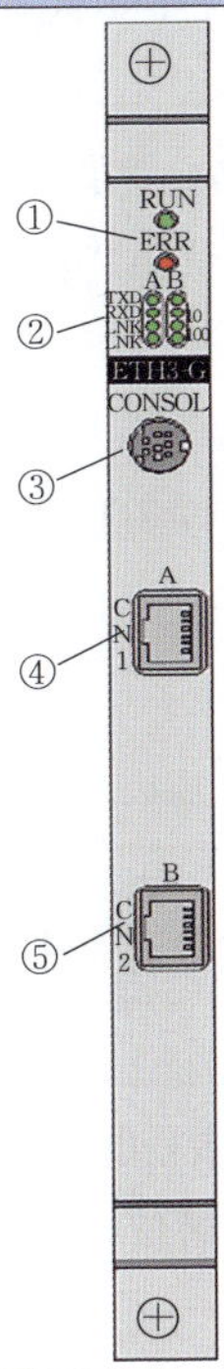	①	LED【RUN/ERR】	显示以太网通信板:ETH3-G 的动作状态
	②	LED【TXD(A/B)/RXD(A/B)/LNK10(A/B)/LNK100(A/B)】	显示相对应的以太网通信(A/B)用端口的通信状态
	③	维护端口【CONSOL】	维护用的端口(RS-232C)
	④	以太网通信端口 A【CN1】	以太网通信(A)用的串行通信端口(100Base-TX)
	⑤	以太网通信端口 B【CN2】	以太网通信(B)用的串行通信端口(100Base-TX)

表 4-2-7　LED 灯位状态

运转状态	LED 状态				
	TXD(A/B)	RXD(A/B)	LNK-100	RUN	ERR
数据发送中	绿灯闪烁	熄灯	绿灯亮	—	—
数据接收中	熄灯	绿灯闪烁	绿灯亮	—	—
未连接状态	熄灯	熄灯	熄灯	—	—
通常运转时	—	—	—	绿灯亮	熄灯
运转停止时	—	—	—	熄灯	熄灯
错误时	—	—	—	熄灯	红灯亮

(5)故障—安全以太网板(ETH-FS)

ETH-FS 是负责系统对外通信的串行通信模块，符合 IEEE 802.3 通信标准要求。ETH-FS 各部的名称及功能见表 4-2-8，LED 灯位状态见表 4-2-9。

表 4-2-8　ETH-FS 各部的名称及功能

板件	No.	名称	功能
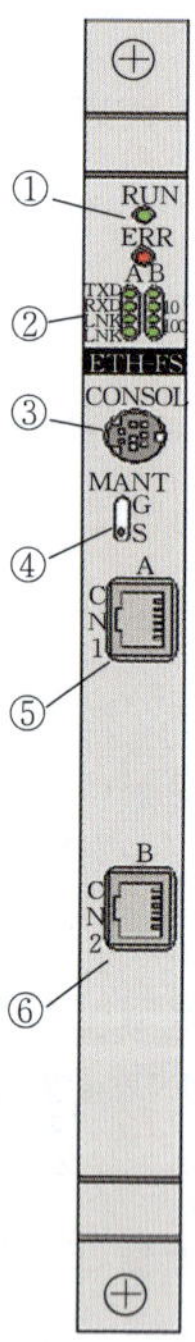	①	LED【RUN/ERR】	显示 ETH-FS 的动作状态
	②	LED【TXD(A/B)/RXD(A/B)/LNK10(A/B)/LNK100(A/B)】	显示相对应的故障—安全以太网通信(A/B)用端口的通信状态
	③	维护端口【CONSOL】	维护用的端口(RS-232C)
	④	Maintenance Switch【MAINT】	不使用
	⑤	以太网通信端口 A【CN1】	故障—安全以太网通信(A)用的串行通信端口(100Base-Tx)
	⑥	以太网通信端口 B【CN2】	故障—安全以太网通信(B)用的串行通信端口(100Base-TX)

表 4-2-9　LED 灯位状态

运转状态	LED 状态				
	TXD(A/B)	RXD(A/B)	LNK-100	RUN	ERR
数据发送中	绿灯闪烁	熄灯	绿灯亮	—	—
数据接收中	熄灯	绿灯闪烁	绿灯亮	—	—
未连接状态	熄灯	熄灯	熄灯	—	—
通常运转时	—	—	—	绿灯亮	熄灯
运转停止时	—	—	—	熄灯	熄灯
错误时	—	—	—	熄灯	红灯亮

2. SCX 控制器双系统同步原理

(1)主备同步

SCX 控制器采用自动待机方式在双系的结构下动作，具有结构控制功能，主备系统之间通过系间相互监视的方式实现主备切换。

(2)主备切换

对系停止判定：SCX 控制器为了不使两系统同时向主系转换，通过判断对系停止(断电、停止)来防止两系错误地向主系转换。

对各相互监视条件的处理：SCX 控制器在从系判断主系停止的情况下向主系转换。同时，主系判断从系停止的情况下，不执行主备系的切换控制。

(3)状态转换

SCX 控制器的运转模式种类见表 4-2-10。

表 4-2-10　运转模式种类

序号	运转模式名称	SCX 控制器状态
1	电源断电	SCX 控制器的电源未上电的状态
2	停止	检测出 SCX 控制器异常，并且控制停止的状态
3	待机	通信板(ETH-EX，ETH3-G，ETH-FS)线路异常的恢复状态，或者 SCX 控制器的启动处理状态，或者与对系 SCX 控制器同步中

续上表

序号	运转模式名称	SCX 控制器状态
4	主系	拥有主控制权，对备系的控制状态进行监视，作为 SCX 控制器做主导处理的状态
5	备系	将对系的 SCX 控制器识别为主系，对主系的控制状态进行监视，做附属处理的状态

第三节　设备机柜

单套 RBC 系统机柜由 RBC 柜、IFC 柜、综合柜、通信柜组成。系统包含 RBC Ⅰ系 SCX 控制器、RBCⅡ系 SCX 控制器、RCCⅠ系 SCX 控制器、RCCⅡ系 SCX 控制器、IFC-TⅠ系 SCX 控制器、IFC-TⅡ系 SCX 控制器、IFC-CⅠ系 SCX 控制器、IFC-CⅡ系 SCX 控制器，CTCS3-LAN 交换机、安全-LAN 交换机、RCC-LAN 交换机、CTC-LAN 交换机、ISDN 服务器、维护终端、CTC 路由器、CTC 交换机、安全数据网交换机、电源箱等。

一、主控单元

1. RBC 主控单元(SCX 控制器)

RBC 主控单元由两个相互冗余的 SCX 控制器组成。每套控制器由电源板、CPU 板、以太网通信板、故障—安全以太网通信板构成。RBC 的 SCX 控制器组装构成见表 4-3-1，两系通用。

表 4-3-1　RBC 的 SCX 控制器组装构成

实装插槽	S-1	S-2，S-3	S-4，S-5	S-6	S-7	S-8	S-9	S-10
印制基板名称	PS	SCX2	ETH-EX	ETH3-G	ETH-FS	ETH-FS	无实装	无实装

印制基板名称的含义及功能如下：

(1)PS：电源板，电源供给。

(2)SCX：CPU 板，逻辑运算。

(3)ETH-EX：系间通信以太网板，与另一系统 SCX 之间的通信。

(4)ETH3-G：以太网通信板，接入 CTCS3-LAN，与系统内其他设备的通信。

(5)ETH-FS:故障—安全以太网通信板,安装在 S-7 槽位负责与联锁设备通信,安装在 S-8 槽位负责与相邻 RBC 设备通信。

2. RCC 主控单元(SCX 控制器)

RCC 主控单元由两个相互冗余的 SCX 控制器组成。每套控制器由电源板、CPU 板、以太网通信板构成。RCC 的 SCX 控制器组装构成见表 4-3-2,两系通用。

表 4-3-2　RCC 的 SCX 控制器组装构成

实装插槽	S-1	S-2,S-3	S-4,S-5	S-6	S-7	S-8	S-9	S-10
印制基板名称	PS	SCX2	ETH-EX	ETH3-G	ETH3-G	ETH3-G	无实装	无实装

印制基板名称的含义及功能如下:

(1)PS:电源板,电源供给。

(2)SCX:CPU 板,逻辑运算。

(3)ETH-EX:系间通信以太网板,与另一系统 SCX 之间的通信。

(4)ETH3-G:以太网通信板,安装在 S-6 槽位负责接入 CTCS3-LAN,与系统内其他设备的通信;安装在 S-7 槽位,负责与 ISDN-A、ISDN-B 接口服务器通信;安装在 S-8 槽位,负责与 ISDN-C、ISDN-D 接口服务器通信。

3. IFC-T 主控单元(SCX 控制器)

IFC-T 主控单元由两个相互冗余的 SCX 控制器组成。每套控制器由电源板、CPU 板、以太网通信板、故障—安全以太网通信板构成。IFC-T 的 SCX 控制器组装构成见表 4-3-3,两系通用。

表 4-3-3　IFC-T 的 SCX 控制器组装构成

实装插槽	S-1	S-2,S-3	S-4,S-5	S-6	S-7	S-8	S-9	S-10
印制基板名称	PS	SCX2	ETH-EX	ETH3-G	ETH-FS	无实装	无实装	无实装

印制基板名称的含义及功能如下。

(1)PS:电源板,电源供给。

(2)SCX:CPU 板,逻辑运算。

(3)ETH-EX:系间通信以太网板,与另一系 SCX 之间的通信。

(4)ETH3-G:以太网通信板,安装在 S-6 槽位,负责接入 CTCS3-LAN。

(5)ETH-FS:故障—安全以太网通信板,安装在 S-7 槽位,负责与 TSRS 通信。

4. IFC-C 主控单元(SCX 控制器)

IFC-C 的主控单元由两个相互冗余的 SCX 控制器组成。每套控制器由电源板、CPU 板、以太网通信板、故障—安全以太网通信板构成。IFC-C 的 SCX 控制器组装构成见表 4-3-4,两系通用。

表 4-3-4 IFC-C 的 SCX 控制器组装构成

实装插槽	S-1	S-2,S-3	S-4,S-5	S-6	S-7	S-8	S-9	S-10
印制基板名称	PS	SCX2	ETH-EX	ETH3-G	ETH-FS	无实装	无实装	无实装

印制基板名称的含义及功能如下:

(1)PS:电源板,电源供给。

(2)SCX:CPU 板,负责逻辑运算。

(3)ETH-EX:系间通信以太网板,负责与另一系 SCX 之间的通信。

(4)ETH3-G:以太网通信板,安装在 S-6 槽位,负责接入 CTCS3-LAN。

(5)ETH-FS:故障—安全以太网通信板,安装在 S-7 槽位,负责与 CTC 通信。

二、ISDN 子系统

1. ISDN 工控机

综合柜设置两套 3U 凌华 CPCI 工控机笼,每个机笼装有两台 ISDN 接口服务器,分别为 ISDN-A、ISDN-B、ISDN-C、ISDN-D。ISDN 接口服务器负责接入 GSM-R 网络,并管理车载设备的呼叫和车地数据的转发。每套 ISDN 支持 30 路通话,可根据控车容量进行配置,每套 RBC 最多支持配置 4 套 ISDN。

每套 ISDN 接口服务器机笼由两块电源板、两块 PRI 卡、两块 CPCI 处理器板卡及其后接板组成。每套机笼带 5 块散热风扇,风扇安装在机笼底部。当风扇故障时,机笼发出报警声,同时 ALARM 灯开始闪烁(此时按下“Alarm Reset”按钮可消音)。ISDN 接口服务器机笼结构如图 4-3-1 所示。

每台 ISDN 接口服务器均有两种接口,一种是 100M 以太网卡,另一种是 E1/ISDN PRI 接口。以太网接口与 RCC-LAN 交换机连接,通过 RCC-LAN 交换机与 RCC 进行通信。通过 1 个 E1/ISDN PRI 接口(机笼前面安装的 PRI 卡),实现与 GSM-R 网络连接。ISDN 接口服务器机笼指示灯及按钮的含义如图 4-3-2 所示,PRI 卡示意如图 4-3-3 所示。

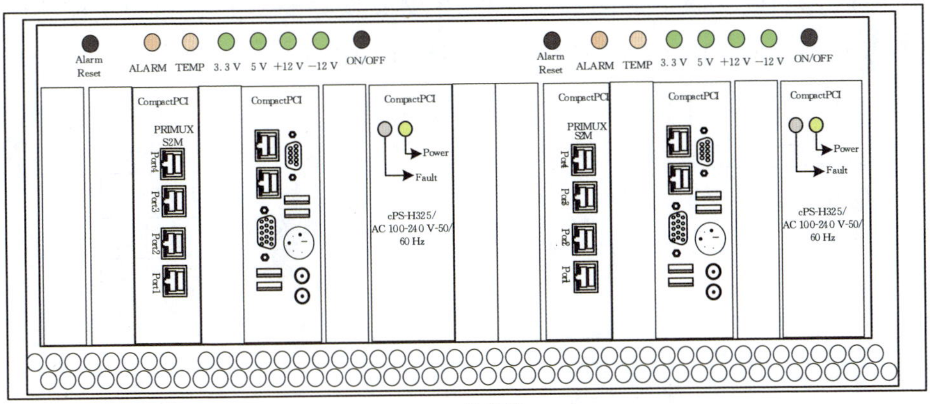

（a）前视图

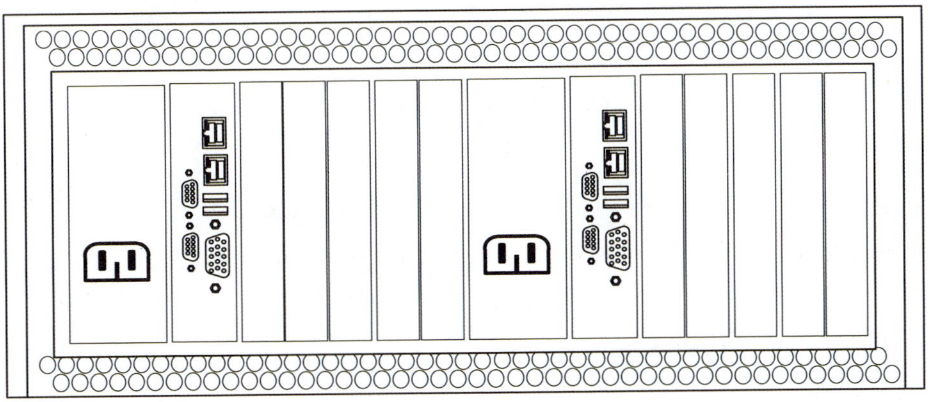

（b）后视图

图 4-3-1　ISDN 接口服务器机笼结构

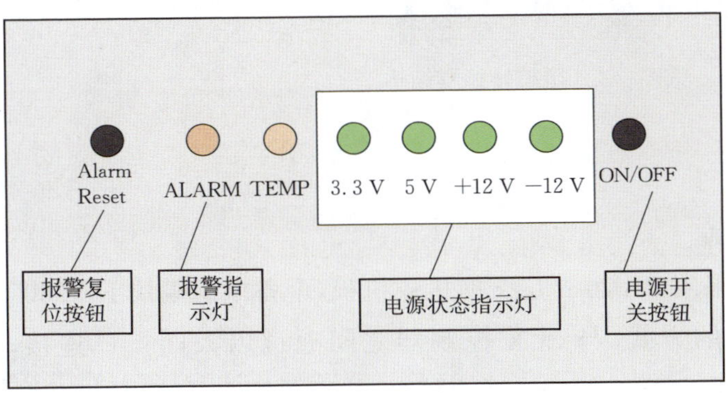

图 4-3-2　机笼指示灯及按钮含义

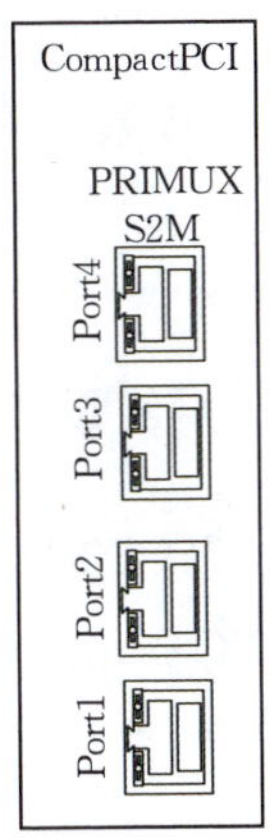

图 4-3-3　PRI 卡示意

ISDN接口服务器完成RBC系统与GSM-R网络的连接,实现以太网协议到ISDN协议的转换。ISDN接口服务器在系统中的连接示意如图4-3-4所示。

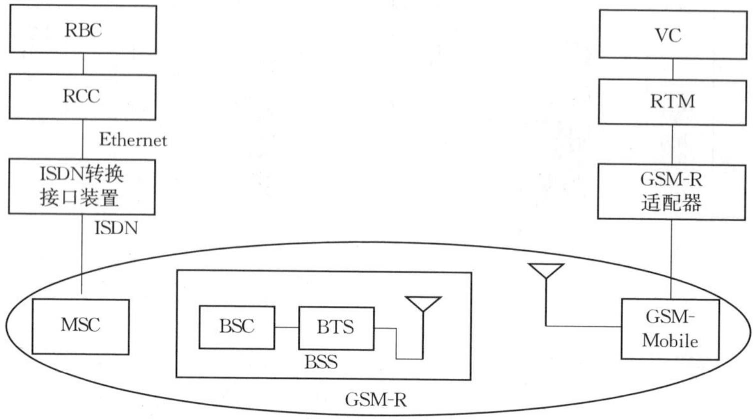

图4-3-4　ISDN接口服务器在系统中的连接示意

2. ISDN阻抗转换器

通信柜设置两台ISDN阻抗转换器,采用1U的JaRa 2106S型阻抗转换器。阻抗转换器输入接口为同轴电缆,输出接口为RJ-45。阻抗转换器A连接ISDN-A、ISDN-C与G网同轴,阻抗转换器B连接ISDN-B、ISDN-D与G网同轴。阻抗转换器结构如图4-3-5所示。

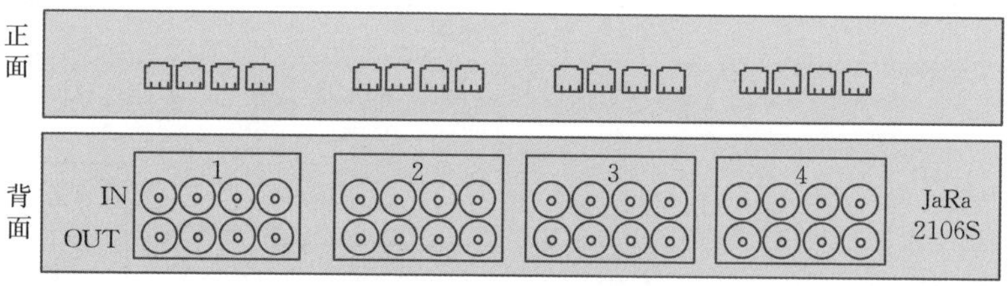

图4-3-5　阻抗转换器结构

三、网络设备

1. CTCS3-LAN交换机

CTCS3-LAN交换机采用RS 20二层交换机主机板,配备电源模块RPS 30。冗余配置,采用交叉互连的方式,与SCX控制器之间通过以太网接口连接。RBC、RCC、IFC-T、IFC-C通过交换机的光通道接口,使用单模光纤接入CTCS3-LAN,与RBC系统内其他设备通信(图4-3-6)。

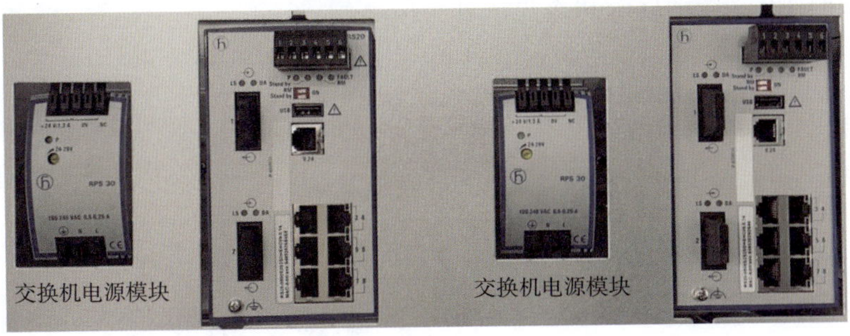

图 4-3-6　CTCS3-LAN 交换机

(1)RPS 30 交换机电源模块

RPS 30 交换机电源模块如图 4-3-7 所示。

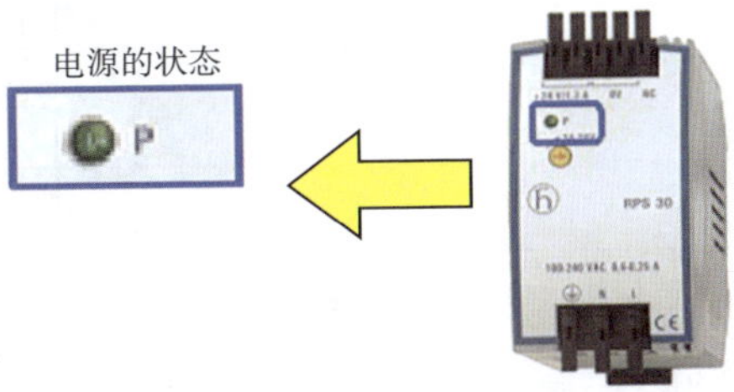

图 4-3-7　RPS 30 交换机电源模块

正常时 LED 指示灯状态见表 4-3-5。

表 4-3-5　LED 指示灯状态

LED 名称	功　能	正常时 LED 状态
P	显示电源的动作状态	● 亮绿灯

(2)RS20 二层交换机

RS20 二层交换机如图 4-3-8 所示。

图 4-3-8　RS20 二层交换机

正常时 LED 指示灯的状态见表 4-3-6。

表 4-3-6　LED 指示灯的状态

LED 名称	功能	正常时 LED 状态	备注
P	显示 L2-SW 的动作状态	亮黄灯	
Stand by	显示 L2-SW 的待机状态	熄灯	
RM	显示 L2-SW 冗余功能状态	亮绿灯	仅 CTCS3-LAN 接口用主控设备
		熄灯	CTCS3-LAN 接口备用设备，安全-LAN 接口，ISDN 接口，CTC-LAN 接口用 L2-SW 的状态
FAULT	不使用	熄灯	电源不良、通信不良时灯亮
LS	显示光端口为链接建立中	亮绿灯	未连接网线的端口为熄灯
DA	显示光端口的接收状态	黄灯闪烁	未连接网线的端口为熄灯

2. 安全-LAN 交换机

安全-LAN 交换机与 CTCS3-LAN 交换机的配置和型号相同。冗余配置，采用交叉互连的方式，与 SCX 控制器之间通过以太网接口连接。

RBC 通过交换机的光通道接口，使用单模光纤接入信号安全数据网，与联锁、相邻 RBC 进行安全通信。

IFC-T 通过交换机的光通道接口与 TSRS 进行安全通信。

3. RCC-LAN 交换机

RCC-LAN 交换机与 CTCS3-LAN 交换机的配置和型号相同。冗余配置，采用交叉互连的方式，与 SCX 控制器之间通过以太网接口连接。

RCC 通过交换机的光通道接口，与综合柜 RCC-LAN 交换机互联，实现 RCC 与 ISDN 服务器间通信。

4. CTC-LAN 交换机

CTC-LAN 交换机与 CTCS3-LAN 交换机的配置和型号相同。冗余配置，采用交叉互连的方式，与 SCX 控制器之间通过以太网接口连接。

IFC-C 通过交换机的光通道接口，与通信柜 CTC 交换机互联，实现 CTC 设备通信。

5. 安全数据网交换机

通信柜设置两台安全数据网交换机，分别是安全数据网交换机 A、安全数据网交换机 B。交换机选用赫兹曼 MAR1140 交换机，采用双路 220 V 交流电源供电。交换机的背部接口示意如图 4-3-9 所示，前面板示意如图 4-3-10 所示，前面板指示灯含义见表 4-3-7。

图 4-3-9　安全数据网交换机背部接口示意

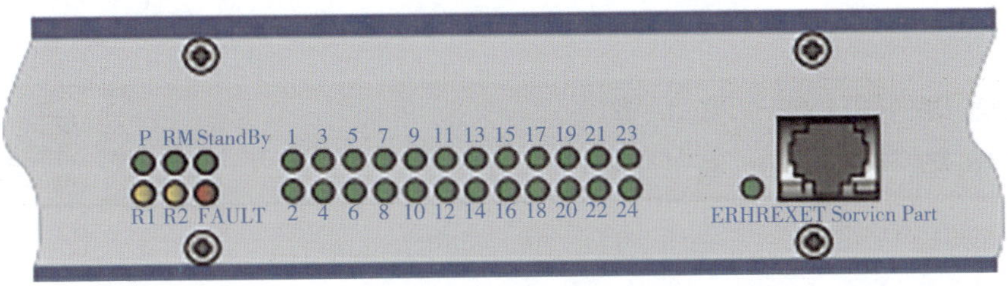

图 4-3-10　安全数据网交换机前面板示意

表 4-3-7　安全数据网交换机前面板指示灯含义

面板标识	描　述	含　义
P	运行指示灯	绿色：供电正常； 黄色：单路电源供电； 熄灭：电压过低
FAULT	故障指示灯	红色：信号触点有输出； 熄灭：信号触点无输出
RM	冗余状态指示灯	绿色：环网管理生效，环网无断点； 黄色：环网管理生效，环网断开； 熄灭：环网管理关闭； 闪烁：错误的环网配置

续上表

面板标识	描　述	含　义
StandBy	耦合状态 指示灯	绿色：耦合冗余状态； 熄灭：非耦合冗余状态
R1/R2	信号触点 指示灯	红色：故障信号触点输出，故障报警； 黄色：故障信号触点输出，人工定义； 熄灭：故障信号触点关闭

6. CTC 交换机

通信柜设置两台 CTC 交换机，分别是 CTC 交换机 A、CTC 交换机 B。CTC 交换机 A 与路由器 A 连接、CTC 交换机 B 与路由器 B 连接。CTC 交换机选用赫斯曼 MAR1130 交换机。CTC 交换机背部接口如图 4-3-11 所示。

图 4-3-11　CTC 交换机背部接口

7. 路由器

通信柜设置两台 CTC 路由器，分别是 CTC 路由器 A、CTC 路由器 B。路由器采用思科公司提供的 4000 系列路由器，路由器通过不同的模块接口卡，以专用 2M 同轴电缆或者 FE 光纤通道与 CTC 中心通信。路由器正面和 LED 面板指示灯如图 4-3-12、图 4-3-13 所示。

图 4-3-12　路由器正面

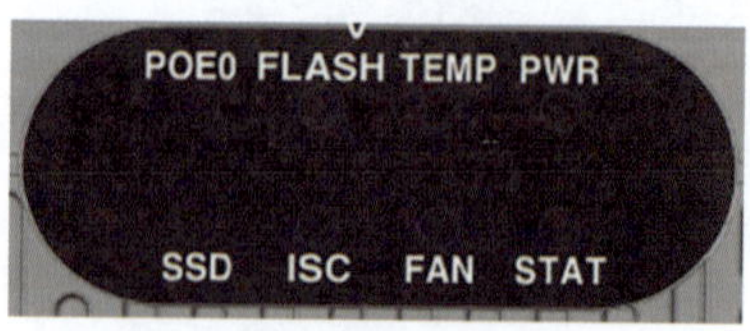

图 4-3-13　LED 指示灯

路由器 LED 指示灯含义见表 4-3-8。

表 4-3-8　路由器 LED 指示灯含义

面板标识	描　述	含　义
PWR	电源指示灯	绿色：系统电源已打开，系统功能正常； 闪烁绿色：系统电源正在关闭中； 琥珀色：系统已通电，但低级别初始化失败； 闪烁的琥珀色：系统已通电，但系统无法复位； 熄灭：系统电源关闭
STAT	系统状态灯	绿色：系统运行正常； 闪烁的琥珀色：BIOS/Rommon 正在启动； 琥珀色：BIOS/Rommon 已完成引导，系统处于 Rommon 提示符或引导平台软件； 熄灭：系统未复位或无法加载 BIOS 映像
TEMP	温度状态灯	绿色：系统中所有温度传感器都在可接受的范围内； 琥珀色：系统中的一个或多个温度传感器超出可接受范围； 熄灭：温度未被监控
FAN	风扇状态灯	绿色：所有风扇都在运转； 琥珀：一台风扇停止工作； 闪烁的琥珀色：多个风扇已停止工作，或风扇托盘已卸下； 熄灭：风扇未被监控
SSD	mSATA/M 插槽状态灯	绿色：SSD mSATA/M 存在并已启用； 琥珀：初始化时出错； 熄灭：不存在
FLASH	系统闪存状态灯	闪烁绿色：存在紧凑型闪存/eUSB 闪存，当前正在访问； 注意：请勿在系统通电时卸下闪存设备

续上表

面板标识	描　述	含　义
PoE0	PoE 供电单元	绿色:PoE 开启并提供电源; 琥珀:PoE 处于故障状态; 熄灭:PoE 电源不存在
ISC	ISC 插槽状态	绿色:PVDM4 存在且已启用; 琥珀:初始化时出错; 熄灭:不存在

四、维护终端及数据服务器

1. 维护终端

维护终端是 RBC 的维护平台,是一个包含站场信息显示、通信状态监测、数据记录、软硬件报警提示等功能的综合维护平台。维护终端能够监控并记录 RBC 系统各设备的工作状态、网络连接状态,记录系统内外部的通信数据、错误信息等重要数据,并记录一个月的数据以备查询。

维护终端采用研华公司生产的高可靠性 610H 型工业控制计算机,包括 PC 系列的工控机(图 4-3-14)、屏幕显示器、鼠标等设备。维护终端工控机采用双硬盘互为备份的模式运行,任意一块硬盘发生故障,不影响系统正常工作。

图 4-3-14　工控机正面

2. 数据服务器

数据服务器采集安全数据网上的数据为故障分析提供依据，并采用研华公司生产的高可靠性 610H 型工业控制计算机。

五、电源

电源单元位于机柜的底部，包括电源滤波模块、防雷模块、端子排和空气开关。机柜的输入电源经过滤波、防雷处理后，通过端子排和空气开关分配到机柜的各个模块。

1. RBC 柜电源

(1)RBC SCX 控制器，1 系/2 系。

(2)RCC SCX 控制器，1 系/2 系。

(3)CTCS3-LAN，1 系/2 系。

(4)安全-LAN，1 系/2 系。

(5)RCC-LAN，1 系/2 系。

2. IFC 柜电源

(1)IFC-T SCX 控制器，1 系/2 系。

(2)IFC-C SCX 控制器，1 系/2 系。

(3)CTCS3-LAN，1 系/2 系。

(4)安全-LAN，1 系/2 系。

(5)CTC-LAN，1 系/2 系。

3. 综合柜电源

综合柜电源单元向 ISDN 服务器、维护终端、机顶风扇提供 AC 220 V 电源，同时，将电源屏提供的两路电源经过隔离变压器后，分别供给 RBC 机柜和 IFC 机柜内设备使用。

隔离变压器的主要作用：使Ⅰ次侧与Ⅱ次侧的电气完全绝缘，同时使该回路隔离；另外，利用其铁芯高频损耗大的特点，抑制高频杂波传入控制回路，用隔离变压器使其二次对地悬浮。

开关包括 5 组：

(1)220 V，A/B。

(2)ISDN，A/B。

(3)CTCS3-LAN,1 系/2 系。

(4)RCC-LAN,1 系/2 系。

(5)维护终端,A/B。

4. 通信柜电源

电源屏直接向通信柜提供两路电源,通过通信柜电源单元向安全数据网交换机、CTC 交换机、CTC 路由器、数据服务器等设备供电。

第五章　RBC-YH 型 RBC 系统

第一节　系统概述

一、总体结构

RBC-YH 型 RBC 系统由逻辑处理主机、通信机、维护终端、电源子系统、ISDN 服务器和网络设备等组成，这些设备分别安装在主机柜、综合柜、通信柜内。RBC-YH 型 RBC 系统结构如图 5-1-1 所示。

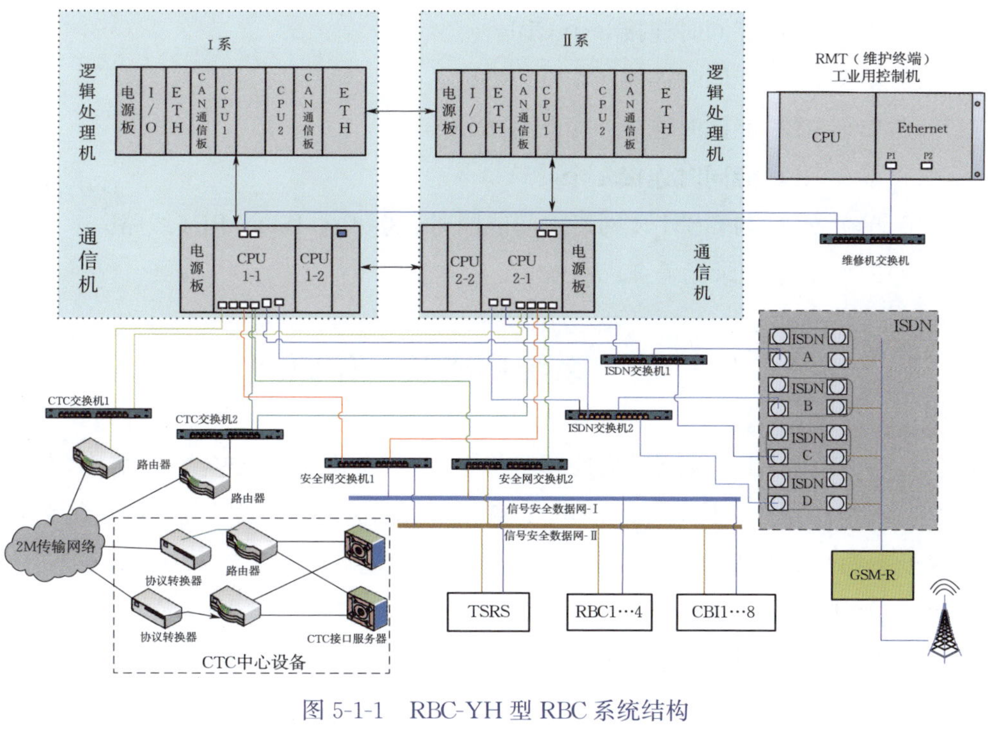

图 5-1-1　RBC-YH 型 RBC 系统结构

二、系统特点

RBC-YH 型 RBC 系统采用 2×2 取 2 安全冗余结构，具有完全自主知识产权，满足 CTCS-3 级列控系统总体列车控制要求。

RBC-YH 型 RBC 系统的逻辑处理机采用独立一致性校验和拒绝机制的 2 取 2 安全冗余技术。A、B 双机对等、互为主备、无扰切换、手动优先，结构上采用独立和分离的整体可靠性冗余设计策略。软件与配置数据分离便于工程实施的数据变更和维护，维护终端可实现监测和记录功能，便于系统的维护和故障诊断。

三、技术指标

(1)单个 RBC 能同时处理 60 列已注册列车。

(2)单个 RBC 能同时处理 480 条进路。

(3)单个 RBC 能同时处理 50 个已激活的临时限速。

(4)单个 RBC 能同时连接 8 个 CBI。

(5)单个 RBC 能同时连接 1 个 TSRS。

(6)单个 RBC 能同时连接 8 个相邻 RBC。

(7)单个 RBC 能同时连接 1 个 CTC。

(8)单个 RBC 与 GSM-R 网络之间能同时连接 4 个 ISDN PRI 线路。

(9)RBC 日志记录涵盖 30 天。

第二节　系统构成及工作原理

RBC-YH 型 RBC 系统逻辑处理主机采用 2×2 取 2 的安全冗余结构，主机 A、B 两系结构完全相同，互为备用，主备之间采用 ARCNET 网线连接。每系采用双子系的 2 取 2 安全冗余结构，由专用的高性能计算机系统构成，双 CPU 独立运算，使用各自独立的两个双口 RAM 实现大容量信息快速交换、同步运行。采用软件比较相结合的方式提高系统的安全性，两个 CPU 分别对运算结果进行软件比对，只有当比较一致时才对外输出控制命令，以确保系统安全。

RBC 两系开机后，在两系都没有故障的前提下，自动发生通信呼叫与应答。待两系运行状态一致后，两系进入同步运行状态。

如果有人工倒机命令，则备用系转变成工作系，原工作系先脱机，当切换手柄转至"自动"位置后再转成备用系。当两系处于同步状态时，如果工作系统发生故障，则工作系应立即脱机，将备用系转变为工作系；故障修复后，方可以重新进入双系统同步的状态。图 5-2-1 为两系统状态转换示意。

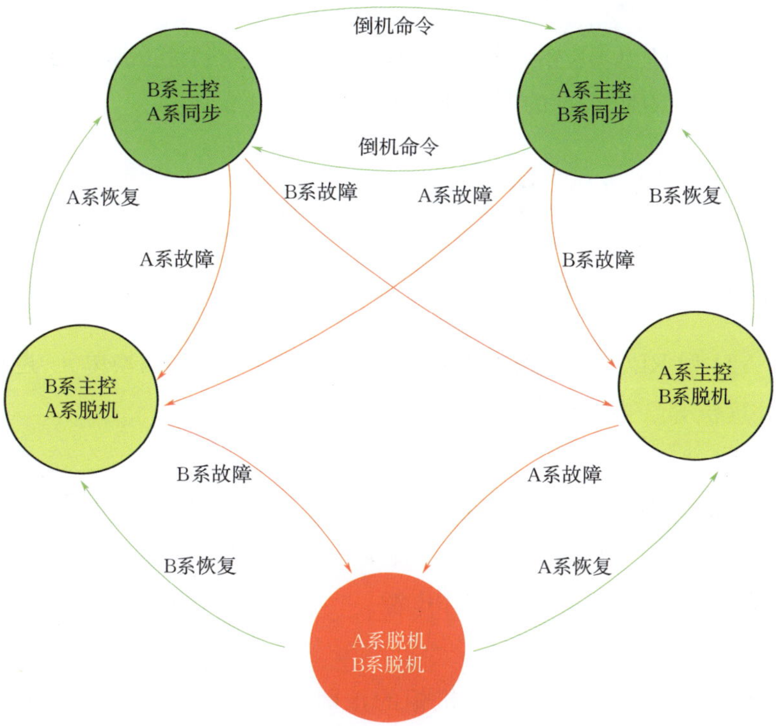

图 5-2-1　两系统状态转换示意

一、电源部分

由电源屏供电，电源屏提供 4 路 2 kW 电源，其中两路接入综合柜，再由综合柜分配给主机柜；另外两路直接供给通信柜。柜内 24 V 电源均由两路 220 V 电源分别供电。柜内风扇由 Ⅰ 路 220 V 电源供电，通信机 2 个散热风扇，分别由 Ⅰ 路、Ⅱ 路电源供电，以防止其中一路断电后，通信机因温度过高而重启。风扇电路与系统电路间由滤波器进行隔离。

二、切换单元

RBC双系工作状态（主控、备用、离线）通过切换单元的工作状态继电器（GZJ）及切换手柄来确定和实现。切换手柄用于工作状态的人工强制转换，当手柄置于“A”位置时，RBC的A系主控、B系离线；当手柄置于“B”位置时，RBC的B系主控、A系离线；当手柄置于“自动”位置时，系统自动决定由A系或B系主控。

RBC应与CTC、CBI、相邻RBC、TSRS、GSM-R设备建立通信连接。

RBC-YH型RBC系统的网络连接示意如图5-2-2所示。

第三节　设备机柜

一、主机柜

RBC-YH型RBC主机柜内的设备主要包括逻辑电源、切换单元、逻辑处理主机、通信处理机等。主机柜布置如图5-3-1所示。

1. 逻辑电源

逻辑电源采用组匣式24 V电源，内有24 V电源转换模块，其输入为交流220 V，输出为直流24 V；每套RBC设置两台逻辑电源，分别为A机逻辑处理主机和B机逻辑处理主机，以提供工作电源。

2. 切换单元

切换单元面板安装在RBC主机柜的正面，每系均设置有主控（绿色）、备用（黄色）、离线（红色）三个工作状态指示灯及一个切换手柄。切换单元通过航空插头与逻辑部驱采板连接。A、B系切换单元面板布置如图5-3-2所示。

3. 逻辑处理主机

RBC的逻辑处理主机由A、B两系组成，安装在一个6U的机笼内（深度280 mm）。机笼采用前后插板的安装方式，各工作板卡均安装在机笼正面，通信接口（以太网通信板）及对外连线（采集/驱动板）均通过后接板的方式在机笼背面引出。

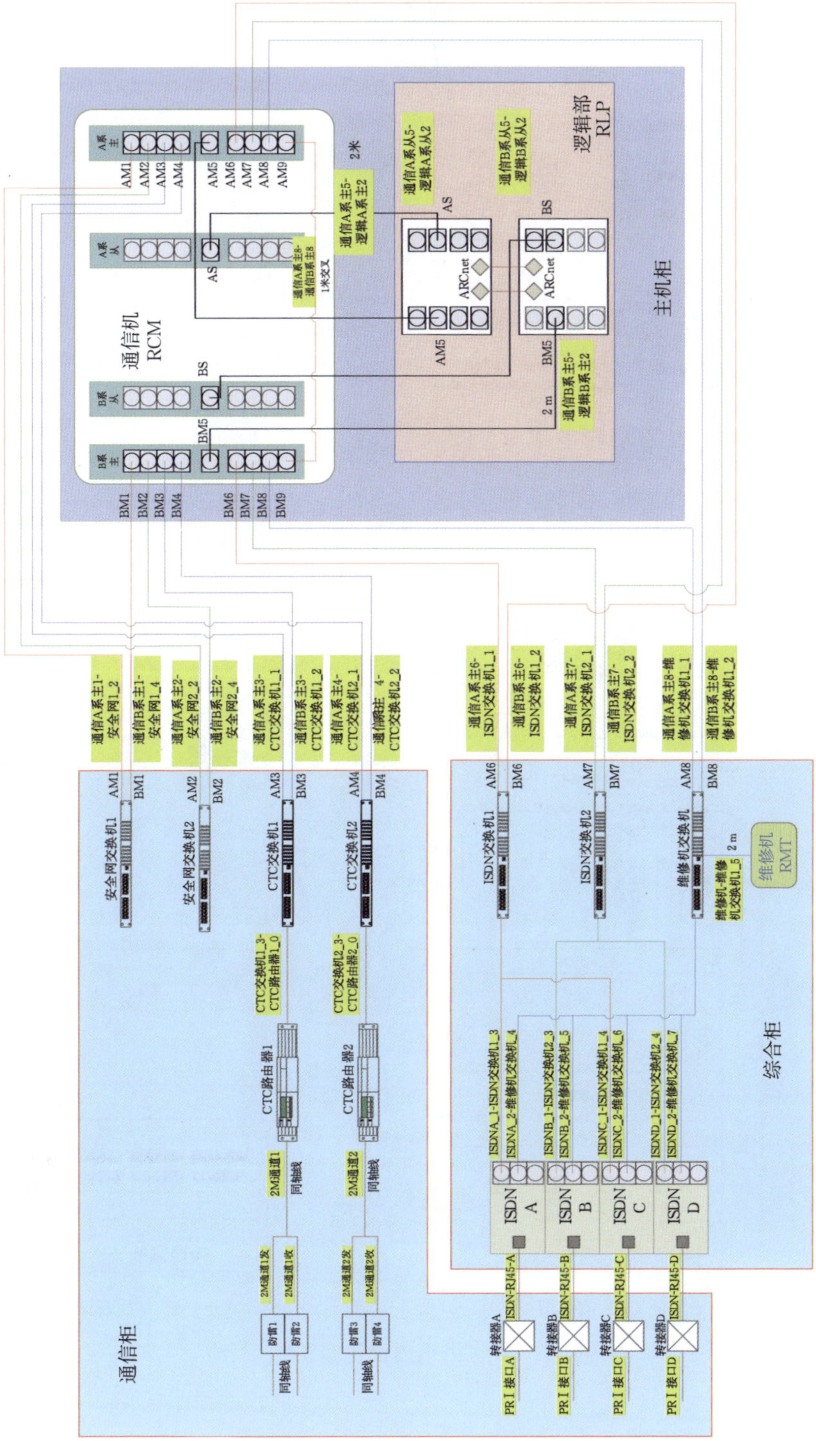

图5-2-2 RBC-YH型RBC系统的网络连接示意

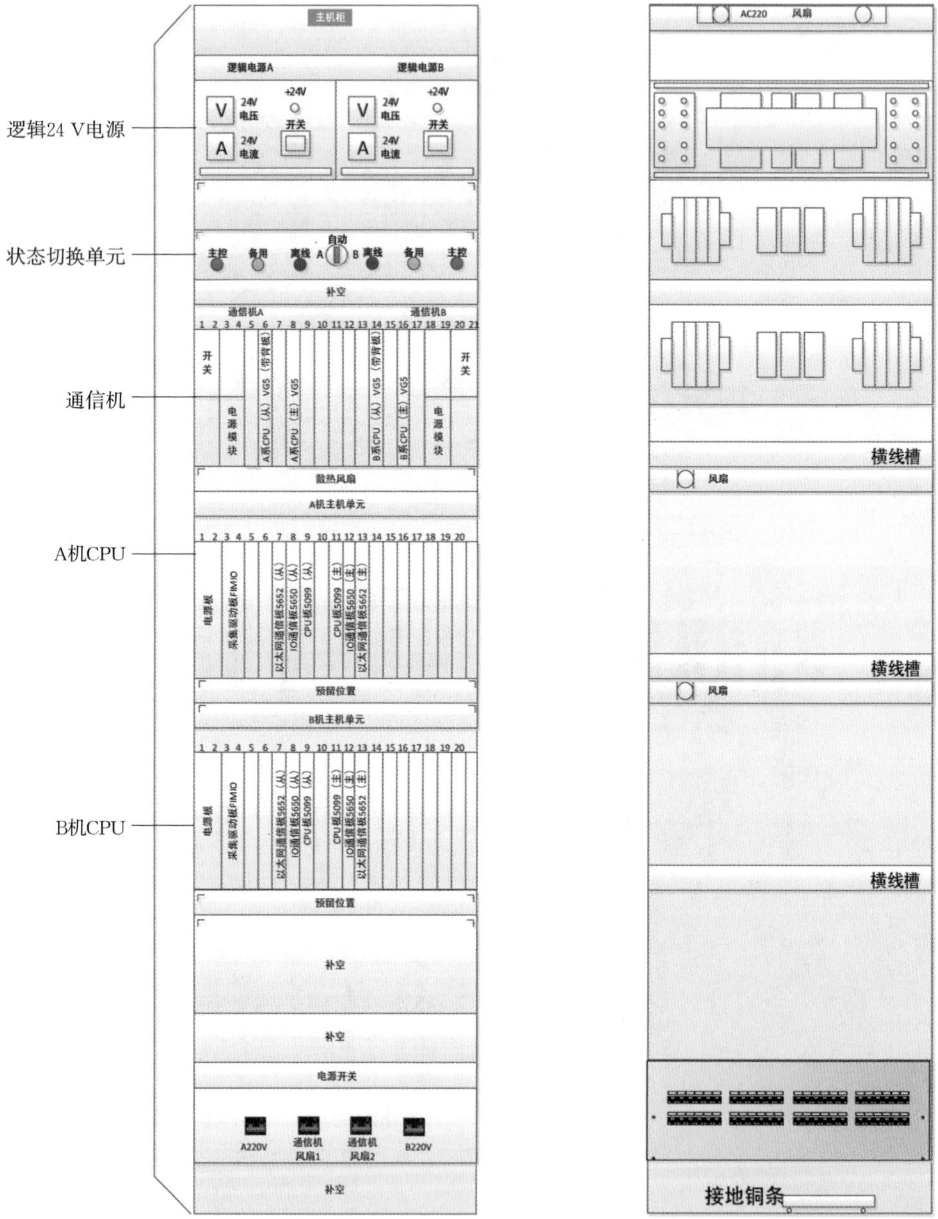

(a) 前视图　　　　(b) 后视图

图 5-3-1　主机柜内设备布置

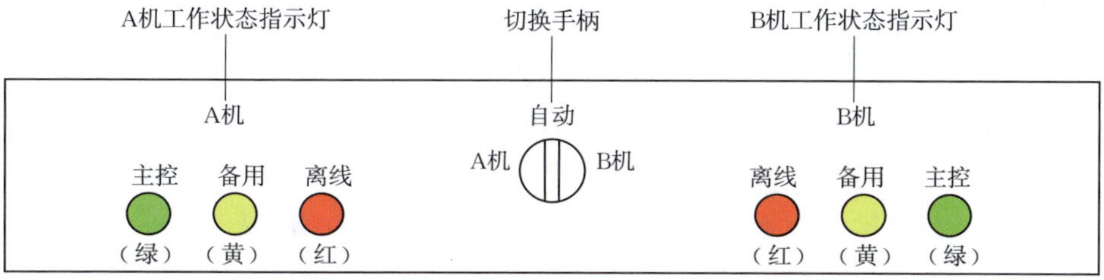

图 5-3-2　A、B系切换单元面板布置

每一系的逻辑处理主机均由CPU板(2块)、CAN通信板(2块)、以太网通信板(2块)、采集/驱动板(1块)、电源板(1块)组成,配置如图5-3-3所示。

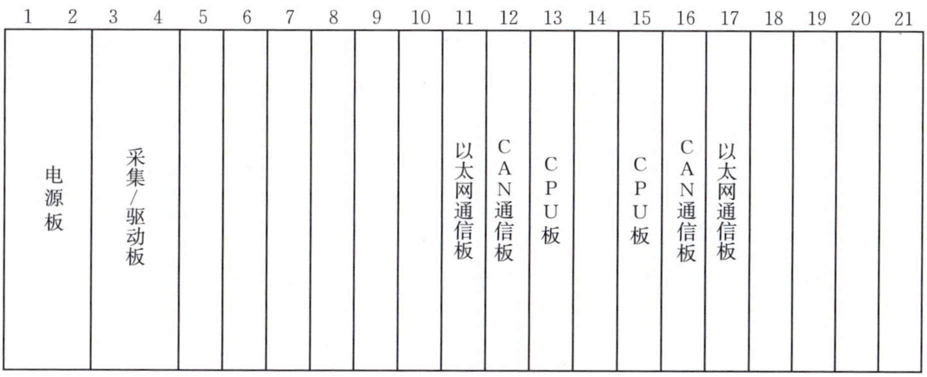

图 5-3-3　逻辑处理主机配置

逻辑处理主机机箱对外接线通过母板接插件实现,机箱母板后视图如图5-3-4所示。

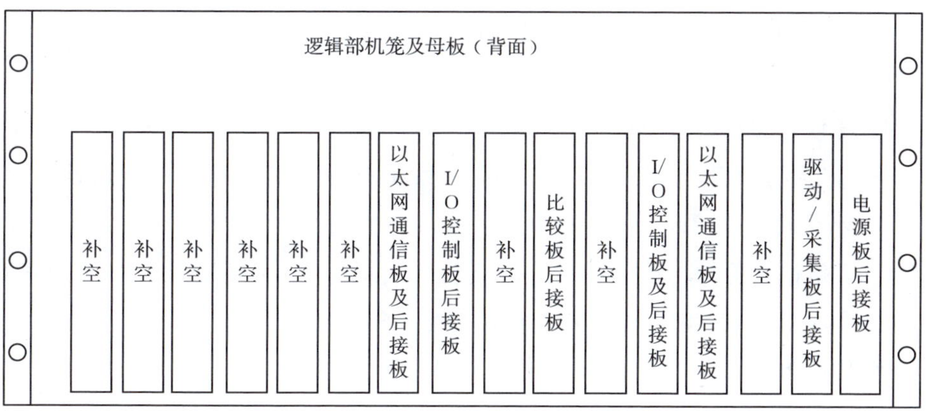

图 5-3-4　逻辑处理主机机箱母板后视图

(1)电源板

每系逻辑处理主机配置一块电源板,负责为其提供直流 5 V(75 W)的工作电源(输入电压为直流 24 V,由本系对应的逻辑电源提供)。

(2)驱动/采集板

驱动/采集板负责采集切换单元的手柄状态、本系统和另一系统工作状态继电器的前后接点,并驱动切换单元工作状态灯的显示,其后接板用于与切换单元的继电器连接。

(3)CPU 板

每系的主机部分配置两块 CPU 板(1 主 1 从,面对逻辑处理主机右边的为主 CPU)负责逻辑运算工作,这两块 CPU 板逻辑运算的过程相互独立,并通过相互比较运算结果来检查各自的工作状态,是 2 取 2 安全计算平台的核心组成部分。CPU 板设有 8 个指示灯,在系统正常时运行。

(4)以太网通信板及后接板

RBC-YH 型 RBC 系统每系设置两块以太网板,主要用于实现通信机与逻辑处理主机之间数据的透明传输。系统使用以太网板后接板的 ETH2 口与通信机通信。

(5)CAN 通信板及后接板

RBC-YH 型 RBC 系统设置两块 CAN 通信板,主要用于与驱动/采集板通信,采集工作状态继电器和切换手柄位置,并驱动状态指示灯继电器。在 CAN 总线通信板后接板上有一组跳线,CPU 板根据该组跳线的状态来判断本 CPU 所处的位置。在更换 CAN 通信板后接板时,一定要确认该跳线处于正确状态。

4. 通信处理机(RCM)

通信机用于实现与 CTC、TCC、ISDN、维护终端系统的通信。通信处理机由双系组成,硬件采用 2×2 取 2 结构。每一系的组成如下:1 个 659 总线母板以及安装在母板上的板卡,包括 1 块 SCU 板及其后插板(SCU-EX,无源)、2 块 ETH 板及其后插板(ETH-EX,无源)、1 个电源板(PS)。

通用安全通信单元硬件结构如图 5-3-5 所示。

SCU(安全计算单元)是安全功能板卡,是双 CPU 板,二者协同完成 2 取 2 的表决系统功能。系统的安全层及其之上的应用层功能都由 SCU 实现。

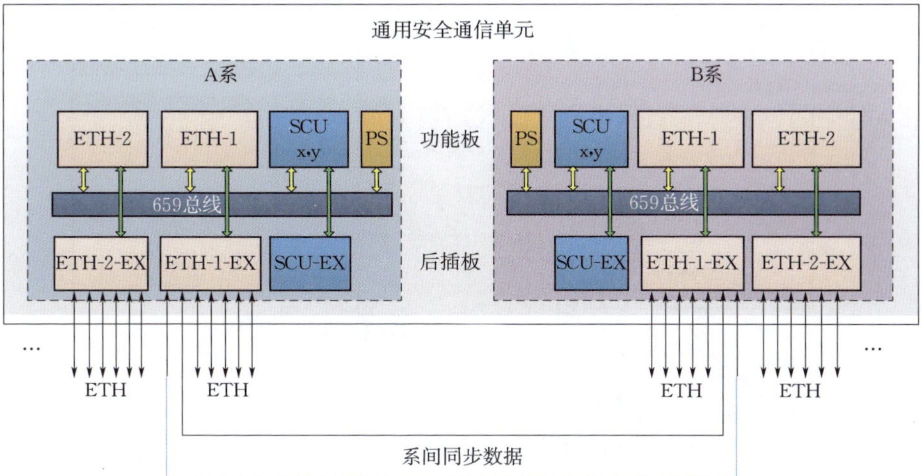

图 5-3-5　通用安全通信单元硬件结构示意

以太网通信板（ETH）是非安全功能板卡，板卡提供 ETH 接口功能。系统 ETH 接口的传输层与物理层由 ETH 板实现，ETH 的功能故障不产生安全风险，安全防护功能由 SCU 提供。

SCU-EX 是 SCU 板后插板，为无源板卡，提供通过跳线区分通信机的 A/B 系的功能。

ETH-EX 是 ETH 板后插板，为无源板卡，为 ETH 板的 ETH 接口功能提供 RJ-45 接口。

正常工作时，通信机跟随逻辑部状态，一系作为主系统，对外输出运算结果；另一系作为备系统，不对外输出自身运算结果。对于要求备系转发的数据，备系透明传输主系统运算结果；主系自身软硬件故障时，转为离线并停止对外输出，由备系升为主系统对外输出；主系对外连接异常且备系连接正常时，主系向逻辑部申请倒机。通信机双系之间相互独立工作，故障系的器件更换应不影响另一系的正常使用。

二、综合柜

RBC-YH 型 RBC 系统的综合柜内配置有维护终端工控机、维护终端 KVM、维护终端交换机、ISDN、ISDN 交换机等设备。综合柜机柜内设备布置如图 5-3-6 所示。

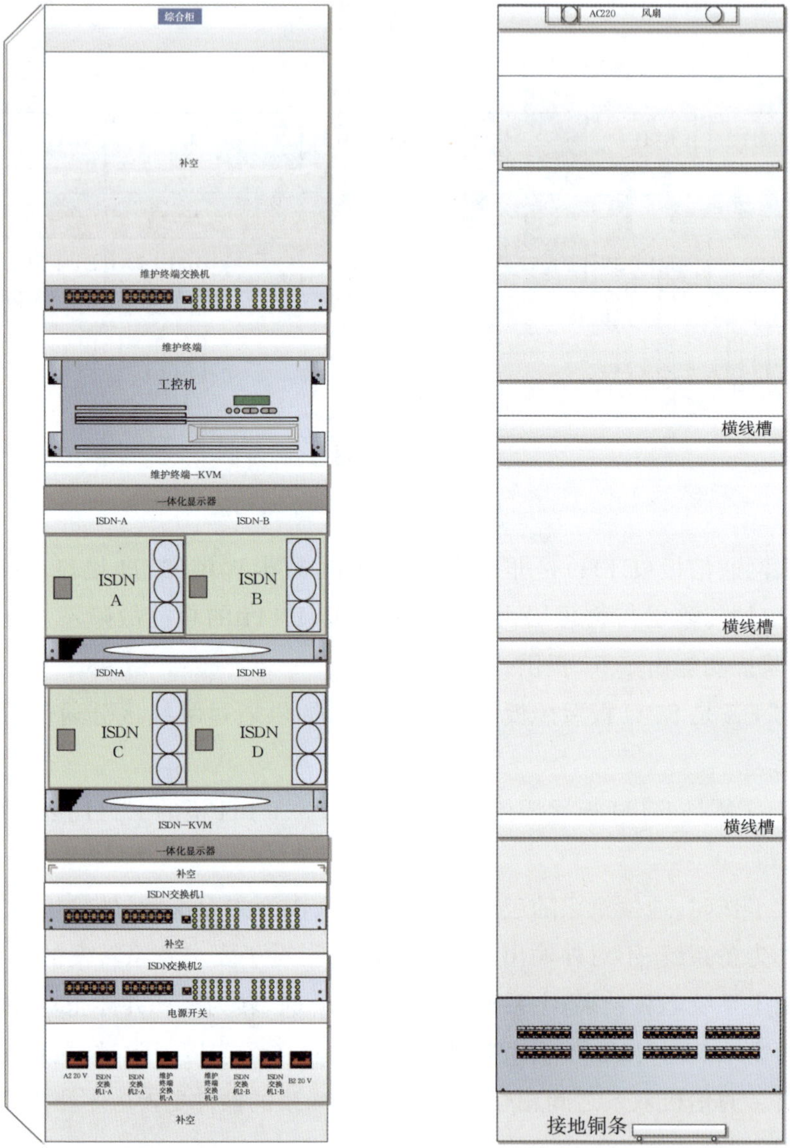

（a）正视图　　（b）后视图

图 5-3-6　综合柜机柜内设备布置

三、通信柜

RBC-YH 型 RBC 系统的通信柜内配置有安全数据网交换机、CTC 交换机、CTC 路由器。通信柜机布置如图 5-3-7 所示。

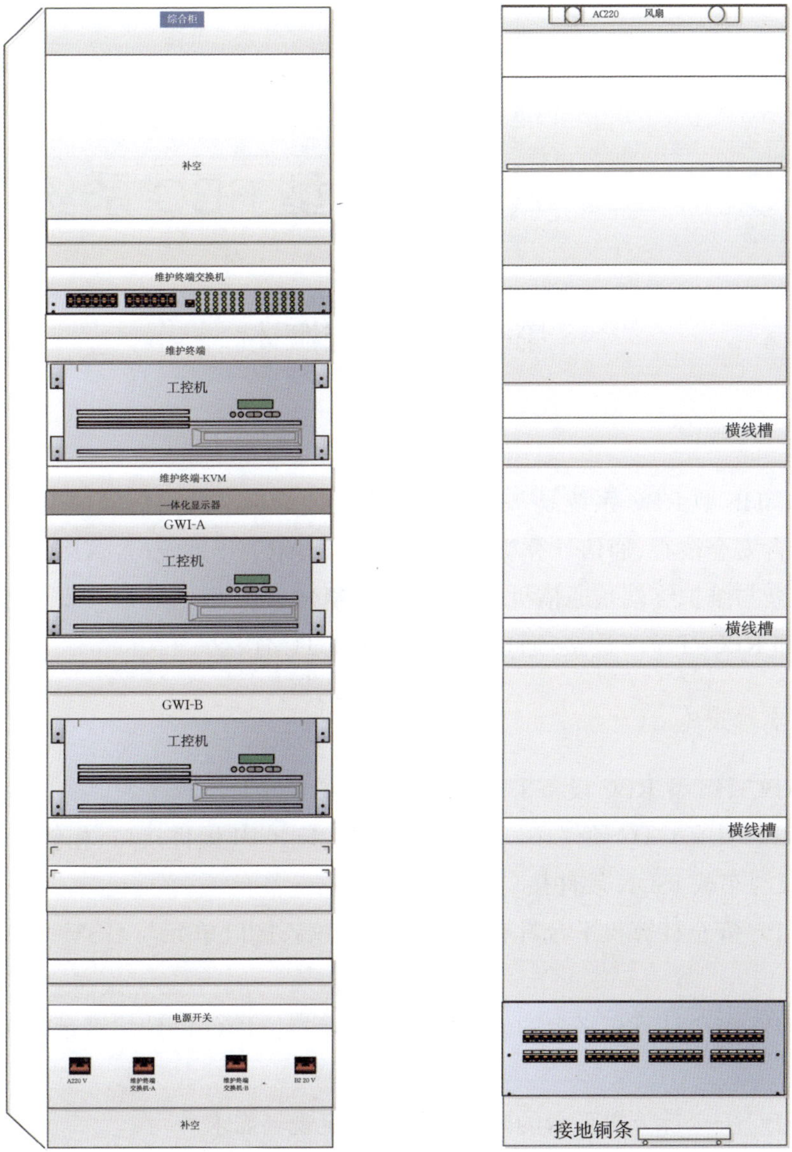

（a）正视图　　　　（b）后视图

图 5-3-7　通信柜机柜内设备布置

第六章　RBC-HS 型 RBC 系统

第一节　系统概述

一、总体结构

RBC-HS 型 RBC 系统是基于故障—安全计算机平台的信号控制系统，由主控机柜(含安全核心、通信计算机、“看门狗”等)、ART 子系统(含 ART 机柜、显示终端、诊断与维护终端)、通信机柜、电源机柜组成。RBC 通过信号安全数据网与 CBI、相邻 RBC、TSRS 连接，通过专用通道与 CTC 连接。

二、系统特点

1. RBC-HS 型 RBC 设备采用 3 取 2 结构的安全计算机平台。

2. RBC 具有 CTC 硬件接口、TSRS 硬件接口、CBI 硬件接口、相邻 RBC 硬件接口以及与车载 ISDN 硬件接口。

3. RBC 安全计算机平台具有主机、维护终端、接口单元与 GSM-R 接口单元等部分。

4. RBC 安全计算机平台的体系架构、板卡设计、固件设计均满足故障—安全要求。

5. RBC 安全计算机平台的硬件性能应满足现场需求。

三、技术指标

1. 单个 RBC 能同时处理 30 列已注册列车。

2. 单个 RBC 能同时处理 480 条进路。

3. 单个 RBC 能同时处理 50 个已激活的临时限速。

4. 单个 RBC 能同时连接 6 个 CBI。

5. 单个 RBC 能同时连接 1 个 TSRS。

6. 单个 RBC 能同时连接 4 个相邻 RBC。

7. 单个 RBC 能同时连接 1 个 CTC。

8. 单个 RBC 与 GSM-R 网络之间能同时连接 2 个 ISDN PRI 线路。

9. RBC 日志记录涵盖 30 天。

第二节　系统构成及工作原理

RBC-HS 型 RBC 结构如图 6-2-1 所示，其组成如下。

一、NS2G 机柜（主控机柜）

RBC 的核心控制单元，由安全核心（NS）、通信计算机（CC）及其他辅助系统（风扇控制、光电接口和电源模块）构成，用于执行控制逻辑和与其他外部系统通信。

二、ART 子系统

ART 子系统包括 ART 机柜、显示终端（OT）和诊断和维护操作台（D&M）。从功能角度来看，ART 子系统可以分为报警远程控制机柜（ART 机柜）、RBC 显示终端、诊断和维护操作台（D&M）三个部分。

ART 机柜主要负责对报警、事件日志记录进行管理；显示终端用于显示站场图和列车信息等；诊断和维护操作台用于日志下载和报警信息处理，以实现对 RBC 的诊断与维护。

三、通信机柜

机柜内放置连接安全数据网的交换机以及与 CTC 通信的专用路由器等。

四、电源子系统

电源子系统为系统供电。

五、安全核心

安全核心（主控单元）是 RBC 系统的关键部分，包含三系统独立运行的单元，构成 3 取 2 故障—安全冗余系统。安全核心的每一系都有各自的数据配置文件，

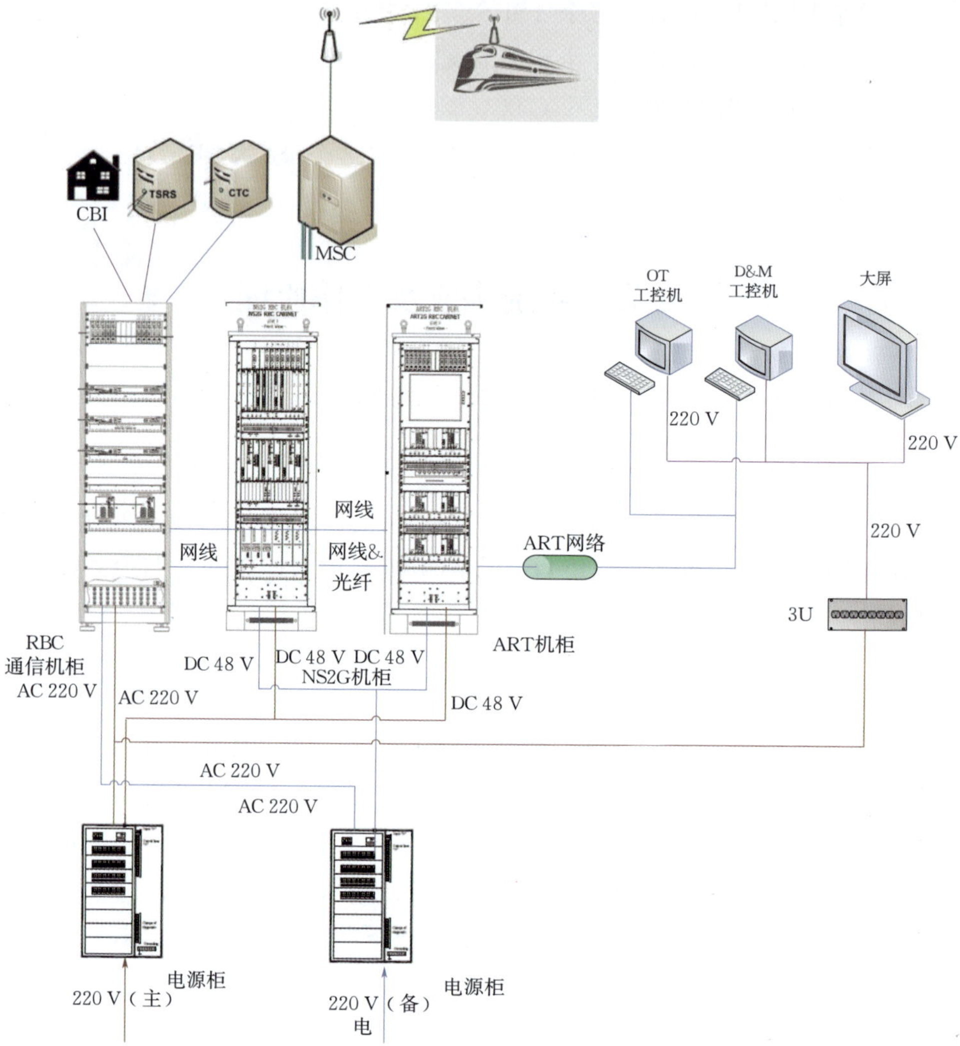

图 6-2-1　RBC-HS 型 RBC 结构

包含了相应的线路数据和报文消息等，并从通信计算机获取外部其他设备（CBI、TSRS、相邻 RBC、车载设备和 CTC）的消息。三系统分别进行逻辑运算且比较一致后，将控制信息发送给通信计算机，进行外部设备通信。通信计算机负责对外通信，通过信号安全数据网接收联锁发送的进路、轨道区段等信息，接收 TSRS 发送的临时限速命令信息，接收相邻 RBC 发送的授权信息等；通过 NICC 板获取车载设备发送的列车状态信息并向车载设备发送“速度-距离”监控所需的信息；通过专用接口获取时钟信息、向 CTC 发送列车运行状态。

第三节　设备机柜

RBC-HS 型 RBC 系统硬件总体布局为一套 RBC 设置一个 NS2G 机柜，三套 RBC 共用一个 ART 机柜、显示终端和诊断维护台。典型的 NS2G 机柜和 ART 机柜布置示意如图 6-3-1 所示。

当在一个机械室中安装一套以上的 RBC 系统时，每个 RBC 需要配置一个主控机柜，包括安全核心、通信计算机和相关辅助设备。最多三个 RBC 可以共用一个 ART 机柜、一个显示终端和一个诊断维护台。

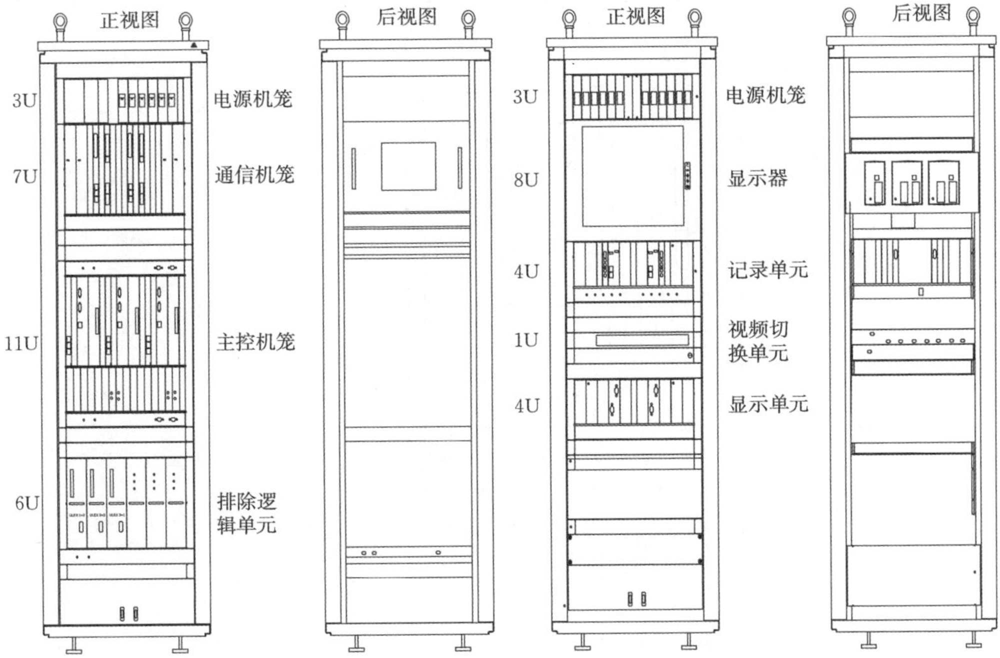

（a）NS2G机柜　　（b）ART机柜

图 6-3-1　NS2G 机柜和 ART 机柜布置示意

一、NS2G 机柜硬件构成

NS2G 机柜外形尺寸：600 mm×600 mm×2 000 mm（长×宽×高），主要包括电源机笼、通信计算机、安全核心、光电接口和“看门狗”机笼等，如图 6-3-2 所示。

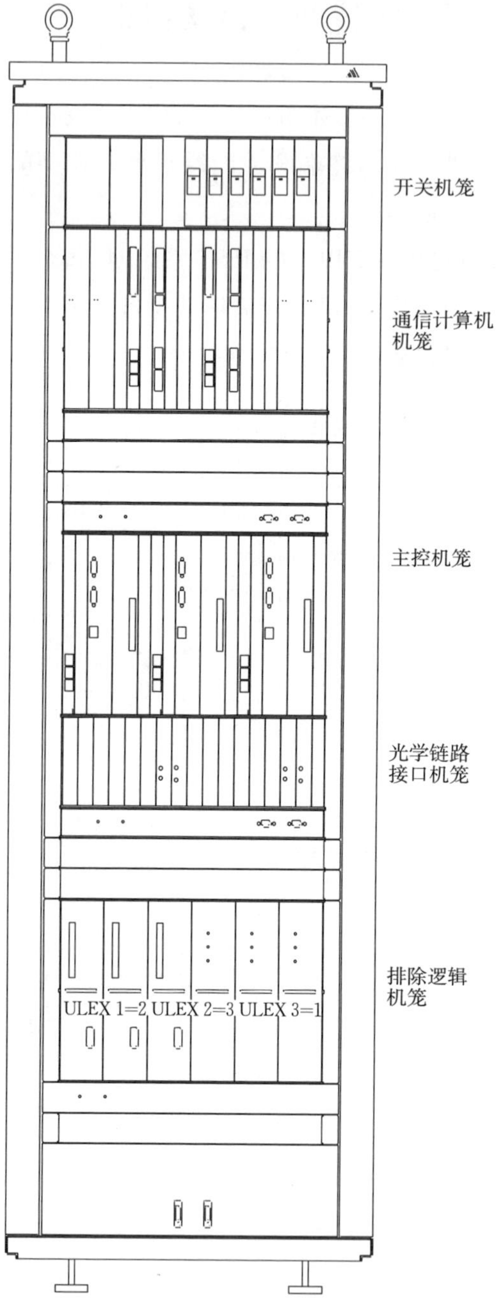

图 6-3-2　NS2G 机柜布置示意

1. 电源机笼

电源机笼为 NS2G 机柜中的各设备分配 48 V 直流电源，电源机笼由 8 个开关模块组成，如图 6-3-3 所示。

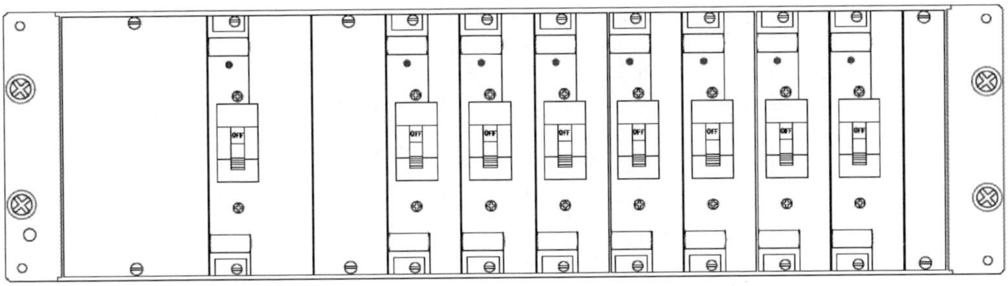

图 6-3-3 电源机笼

8 个开关模块可实现如下功能，从左至右依次如下：

位置 1：风扇开关。

位置 2：主用交换机电源开关。

位置 3：备用交换机电源开关。

位置 4：主用通信计算机电源开关。

位置 5：备用通信计算机电源开关。

位置 6：安全核心计算机 1 系电源开关。

位置 7：安全核心计算机 2 系电源开关。

位置 8：安全核心计算机 3 系电源开关。

2. 通信计算机

通信计算机内部两系冗余配置，每一系通信计算机包含一个通信计算机模块(MVME6100)和一个网络通信接口模块(NICC)。通信计算机实现了 RBC 与外部其他子系统通信。其中，网络通信接口模块实现与 GSM-R 网络的连接。

通信计算机组成如下(图 6-3-4)：

通信计算机模块：单板计算机，型号 MVME6100，执行与外部设备连接的安全层以下通信协议层。

网络通信接口模块：与 GSM-R 网络的接口模块。

3. 安全核心

安全核心采用 3 取 2 安全冗余结构的安全计算机和冗余光电接口，其组成如图 6-3-5 所示。

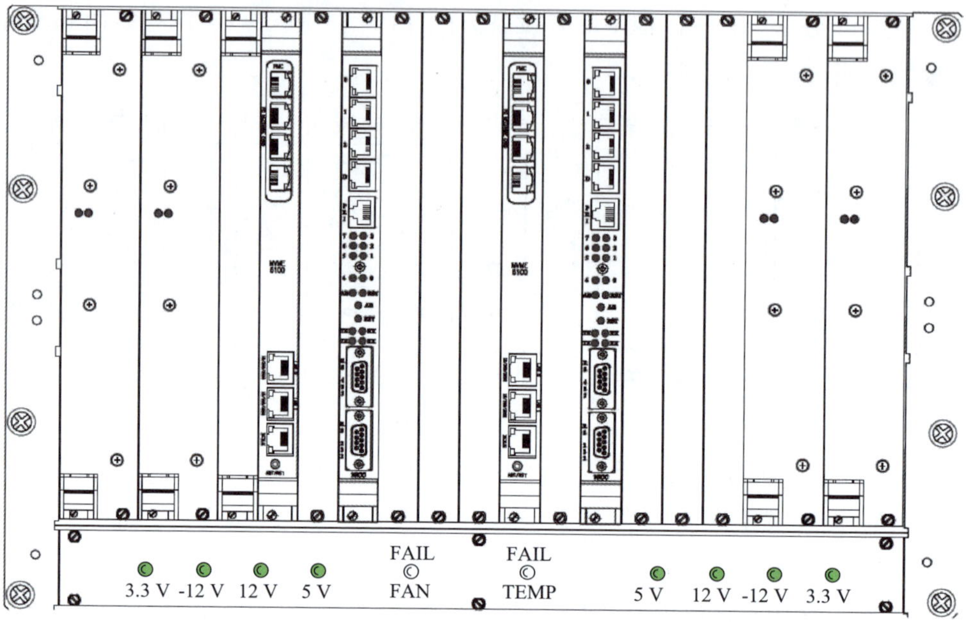

图 6-3-4　通信计算机组成

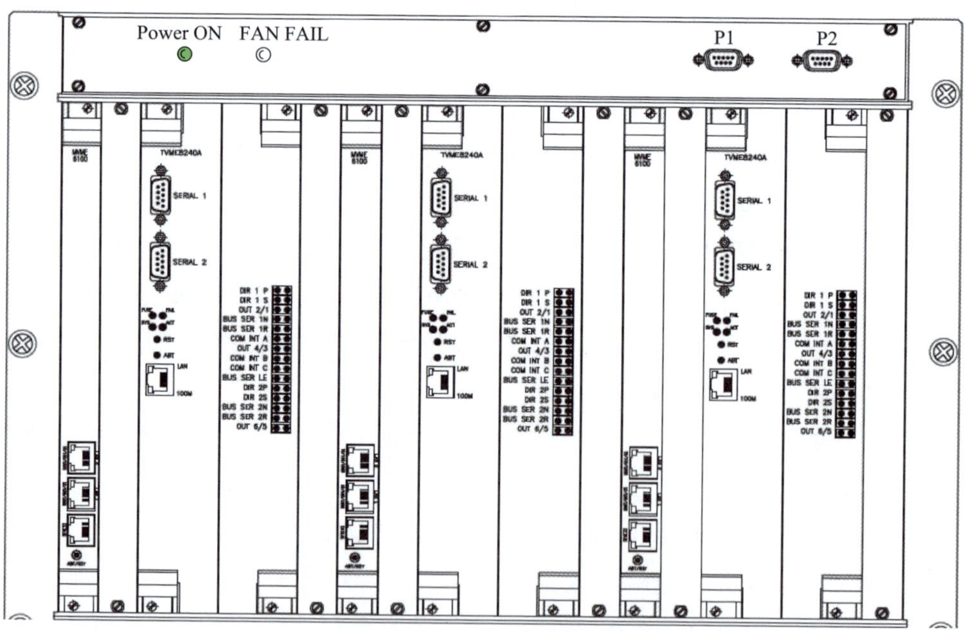

图 6-3-5　安全核心组成

每一系安全计算机组成如下：

安全计算机模块：单板计算机，型号 MVME6100，执行安全逻辑功能，实现对列车运行的控制。

被动传输模块：型号为 TVME8240，主要用于系间的通信、安全计算机与“看门狗”之间的通信、安全计算机与通信计算机之间的通信，以及安全计算机与 ART 之间的通信等。

安全核心通信隔离模块：隔离模块，确保每一系统彼此独立。

4. 光电接口

光电接口包含光纤通信接口主模块（CTOM）和光纤通信接口从模块（CTOS），用于实现安全核心与 ART 机柜连接的光电转换。

光纤通信接口模块主要用于处理来自安全核心的三个通道的传送信号并进行整合，进而产生一个发送给光转换装置的单一输出。

5.“看门狗”机笼

“看门狗”机笼包括 3 个“看门狗”模块和 3 个 DC/DC 电源，其组成如图 6-3-6 所示。

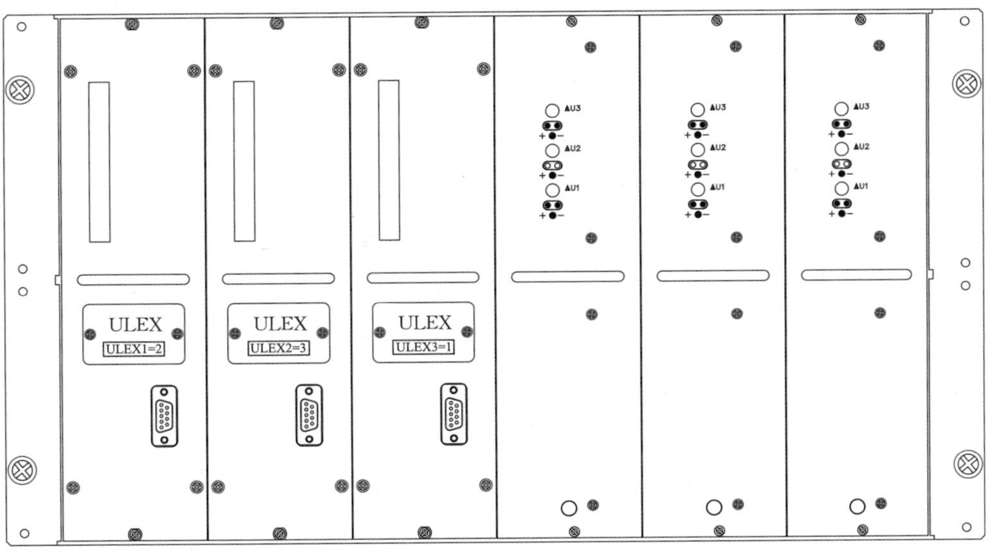

图 6-3-6　“看门狗”机笼组成

“看门狗”模块主要用于管理表决功能，通过控制安全计算机的供电将表决不通过的安全计算机排除。DC/DC 电源用于安全核心的供电。

3 取 2 安全结构相关的多数表决功能是由“看门狗”机笼实现的。为此,“看门狗”机笼具有排除逻辑功能并向 3 个安全核心计算机提供逻辑电源的功能。

二、ART 子系统构成

ART 子系统包含局域网 N/R、ART1&ART2、NS2G-RBC1、NS2G-RBC2、NS2G-RBC3、D&M 操作台、RBC 显示终端、其他地面/车载子系统,其结构如图 6-3-7 所示。

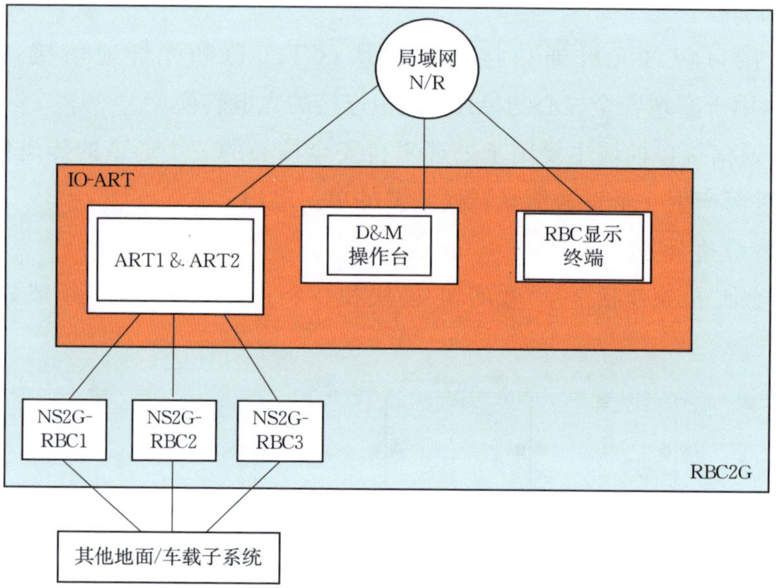

图 6-3-7　ART 子系统结构

1. ART 机柜

ART 机柜布置如图 6-3-8 所示,其各部分自上至下包括:电源(主用和备用电源开关各 6 个)、显示器、RBC1 的 ART1&ART2、KVM 切换器、键盘和鼠标、RBC2 的 ART1&ART2、RBC3 的 ART1&ART2。

ART 机柜采用双机热备,为每个 RBC 配置了一对紧凑型计算机,称为 ART1 和 ART2。两台计算机都可以并行地对来自 RBC 的数据进行查询和处理,而且只有主 ART 能够产生输出。在每个处理周期上,RBC 向两个单元发送相同的报文,目的是让它们能够始终保持一致。当 RBC 发现主 ART 故障时,可发出切换指令,并通过备 ART 对主 ART 进行替换。

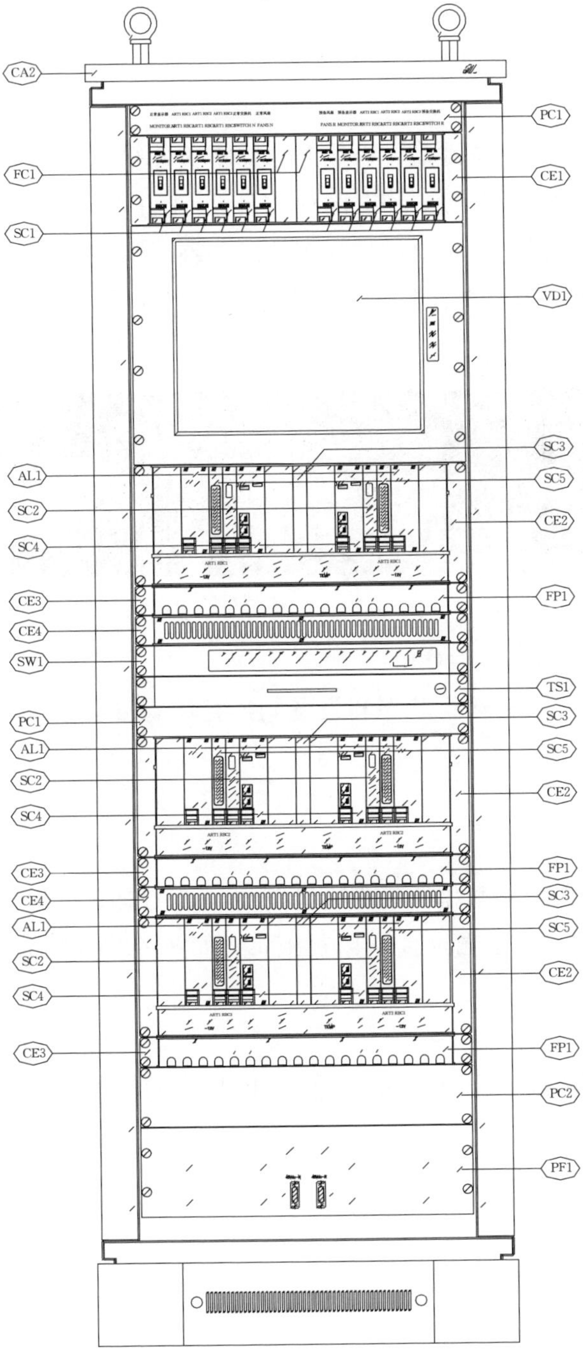

图例

- AL1—电源
- CA1—室设备机柜框架 (545 mm×545 mm×1 900 mm)
- CA2—APW 机柜框架 (600 mm x 600 mm x 1 900 mm)
- CE1—BAAT子机架
- CE2—CPCI子机架
- CE3—导线架
- CE4—隔板子机架
- FC1—前补空面板 3U 6TE
- FP1—线缆走线面板 18 孔
- PC1—补空面板 1U 84TE 19英寸
- PC2—补空面板 2HE 19英寸
- PC3—补空面板 2. 5HE 19英寸
- PC4—补空面板 3HE 19英寸
- PDS1—双交换机面板16端口
- PF1—整理面板
- RO1—路由器
- SC1—MIAT板 5 A
- SC2—CPDR板
- SC3—诊断板
- SC4—处理器板
- SC5—网络板
- SC6—PCBS—B 板 (操作员界面编程用)
- SW1—KVM 开关
- TS1—键盘和鼠标托盘
- VD1—19″ 显示器

图 6-3-8 ART 机柜布置(前视图)

因此，ART所提供的服务不会中止，同时可以确保故障ART的硬件或软件维护，然后将故障单元进行隔离以进行维护。

2. RBC显示终端

RBC显示终端选用标准工控机，配备键盘、鼠标和3台47英寸显示器，以及1台24英寸显示器，实现站场图形、列车信息、临时限速信息、行车许可信息等状态的实时显示功能。其中，24英寸显示器主要显示列车信息和临时限速信息等；3台47英寸显示器分别显示RBC1、RBC2和RBC3的站场信息、行车许可信息等（图6-3-9）。

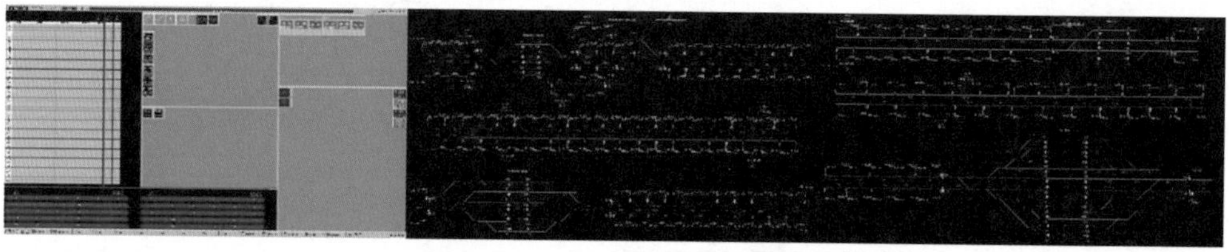

图6-3-9　RBC显示终端示意

3. 诊断和维护操作台

选用标准工控机，主要负责对设备运行状态和设备间连接状态报警信息的显示。

三、通信机柜

通信机柜内部放置RBC侧连接安全数据网的交换机以及与CTC通信的专用路由器等，用于RBC与外部其他地面设备之间的连接，机柜布置如图6-3-10所示。

四、电源机柜

电源系统主要由机柜及相关柜内配件（监控模块、监控组件、电源模块、DC输出配电等）组成。电气特性如下：

1. 电源系统能提供15路DC 48 V输出，每路配C20空开。
2. 电源系统DC 48 V容量可扩展，最大可扩展到9 000 W。
3. 电源系统能提供4路AC 220 V输出，配C16空开。
4. 电源系统AC 220 V最大容量为3 600 W。
5. 电源输入为交流220 V±20 V，输入端的空开的额定电流是80 A，配有C级防雷模块等。

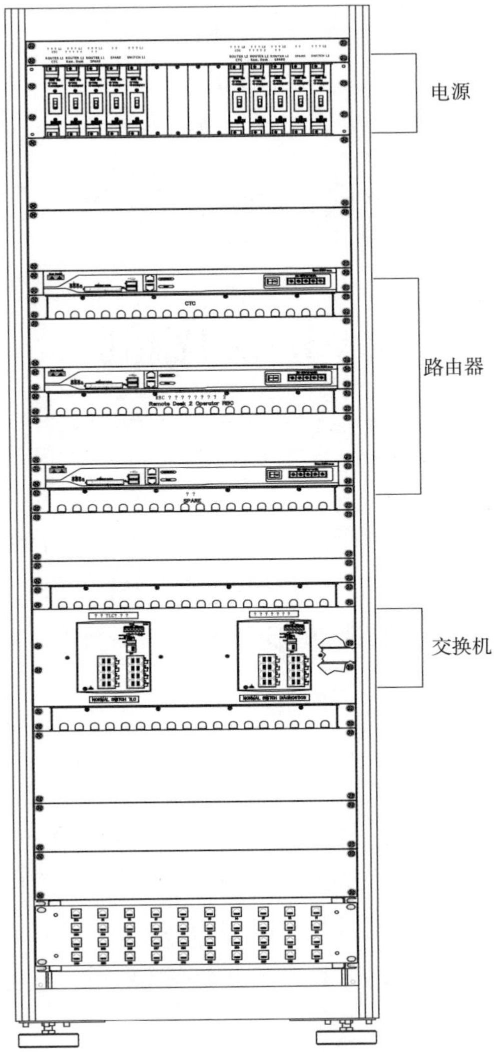

图 6-3-10 通信机柜布置

6. 电源系统符合雷击试验要求。

7. 电源系统有检测功能，可以监测系统输入参数，输出参数，以及模块工作状态。

8. 电源系统内部模块支持热插拔功能。

9. 电源系统 DC 48 V 所带负载由 35%升到 70%时，输出电压不能低于 DC 42 V。

第七章　RBC-HZ 型 RBC 系统

第一节　系统概述

一、总体结构

RBC-HZ 型 RBC 系统是基于故障—安全计算机平台的信号控制系统，由主控机柜（含主控单元、通信单元等）、通信机柜（含 ISDN 服务器）、维护终端组成。RBC 通过信号安全数据网与联锁、相邻 RBC、TSRS 连接，通过专用通道与 CTC 连接。

二、系统特点

RBC-HZ 型 RBC 系统基于具有自主知识产权的安全计算机平台开发，采用 2×2 取 2 的冗余结构和支撑复杂枢纽拓扑的数据建模、应用软件和数据分离、车地密钥分离、安全和非安全功能及接口隔离技术，能够满足超大枢纽站场中的列车高速运行需求，具备很强的适应性和可扩展性；采用工业标准化设计和板卡式设计，集成度高，便于维护。

三、技术指标

1. 单个 RBC 能同时处理 60 列已注册列车。
2. 单个 RBC 能同时处理 480 条进路。
3. 单个 RBC 能同时处理 50 个已激活的临时限速。
4. 单个 RBC 能同时连接 8 个 CBI。
5. 单个 RBC 能同时连接 1 个 TSRS。
6. 单个 RBC 能同时连接 8 个相邻 RBC。

7. 单个 RBC 能同时连接 1 个 CTC。

8. 单个 RBC 与 GSM-R 网络之间能同时连接 4 个 ISDN PRI 线路。

9. RBC 日志记录涵盖 30 天。

第二节　系统构成及工作原理

RBC-HZ 型 RBC 系统分为 RBC 主控单元、RBC 通信单元和 RBC 维护终端等部分，如图 7-2-1 所示。

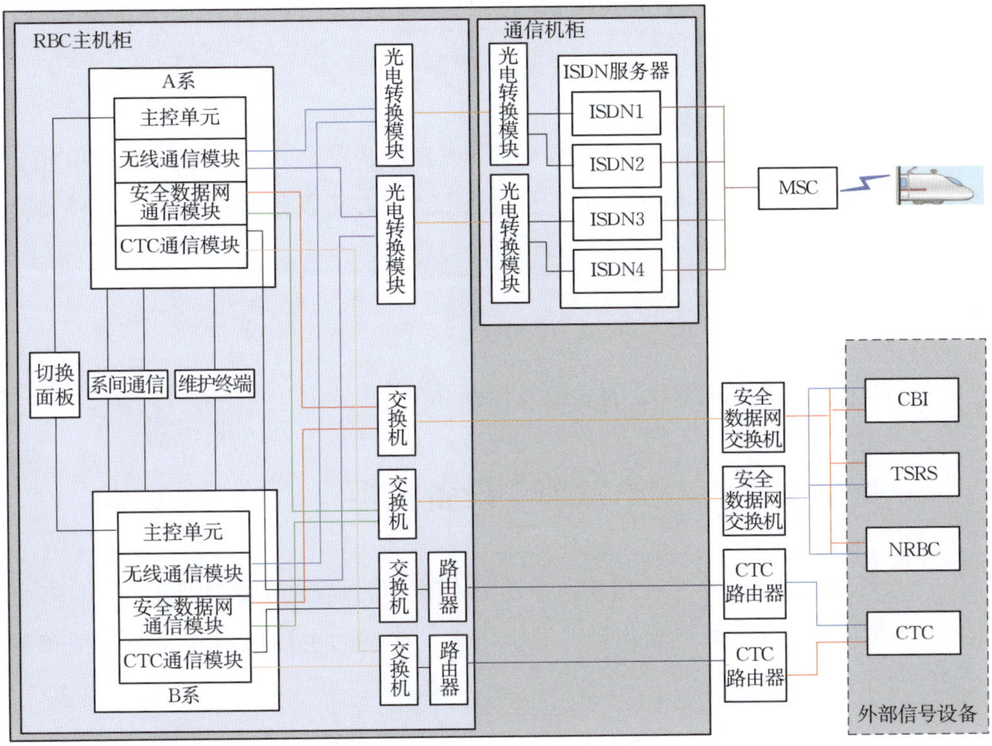

图 7-2-1　RBC-HZ 型 RBC 系统结构

一、RBC 主控单元

RBC 主控单元是 RBC-HZ 型 RBC 的核心部件，实现所有列车控制相关的安全功能，采用 2×2 取 2 安全冗余结构完成逻辑运算功能，通过 RBC 通信单元与外部设备交换信息。

主控单元包括功能完整且独立运行的两系统（A 系统、B 系统）和切换面板。A/B 两系统按主备模式运行，在正常工作时，一系为主系统，另外一系为备系统。两系统根据自身的运行状态和切换面板的控制决定主备关系，并进行切换。主控单元的 A/B 两系统通过 LVDS 串行高速总线连接通信单元，并通过多个通信模块与外部信号设备通信。主控单元的每一系统包括安全计算机模块、看门狗模块、光纤通信模块、记录模块，两系统共用一套切换面板模块。安全计算机模块实现 RBC 应用功能，并通过通信单元与外部信号设备（车载设备、CBI、TSRS、相邻 RBC、CTC）通信。通信单元提供与外部多种安全通信设备的通信功能，采用 2×2 取 2 结构。

二、RBC 通信单元

提供与外部多种安全通信功能，采用 2×2 取 2 安全冗余结构。通信单元分为两个系统，分别与主控单元的两个系统连接。ISDN 服务器实现与车载设备之间的底层通信处理。

三、RBC 维护终端

RBC 维护终端实现 RBC 的显示及诊断功能。

第三节　设备机柜

一套 RBC 设置一个主控机柜和一个通信机柜，设置一个柜内维护终端，多套 RBC 共用一个综合维护终端和大屏显示终端。典型的主控机柜和通信机柜布置如图 7-3-1 所示。

一、主控机柜

主控机柜使用 2 350 cm×600 cm×800 cm（高×宽×深）的机柜，主要包括电源机笼、主控机笼、维护终端、交换机和路由器等。

1. 电源机笼

电源机笼接收两路 AC 220 V 电源输入，将 220 V 电源转换为 24 V，为各模块提供工作电源。电源机笼可插两种不同功率规格的电源模块，即逻辑电源

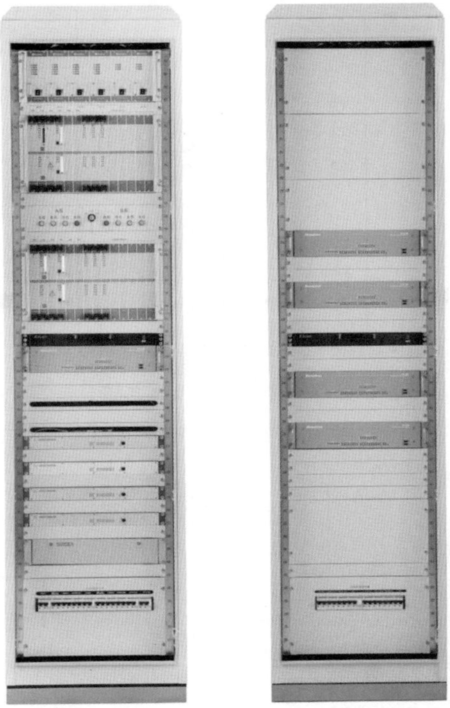

（a）主控机柜　　（b）通信机柜

图 7-3-1　主控机柜和通信机柜布置

(60 W)和现场电源(150 W)。逻辑电源模块用于各模块的逻辑部分供电，现场电源模块的输出为各模块的接口部分供电。

RBC 系统的电源机笼为标准 19 英寸 4U 机笼，共 6 个槽位，用于插装逻辑电源模块和现场电源模块，每个模块通过一个 15 针欧式连接器和机笼背板相连。

电源机笼的 6 个槽位由左至右依次定义为槽位 1、槽位 2、…、槽位 6。其中槽位 1～4 插装逻辑电源模块，槽位 5～6 插装现场电源模块。

电源机笼模块布置如图 7-3-2 所示、电源背板接口及布置如图 7-3-3 所示，模块两两冗余配置。

AC 220 V 电源输入接口：M17 和 M18，采用 5 针凤凰端子。

DC 24 V 逻辑电源输出接口：M1～M8，采用 5 针凤凰端子。其中，M1～M4 为槽位 1 和槽位 2 的逻辑电源模块的输出接口，用于连接安全平台 A 系的主控机笼，为其逻辑部分供电；M5～M8 为槽位 3 和槽位 4 的逻辑电源模块的输出接口，用于连接安全平台 B 系的主控机笼，为其逻辑部分供电。

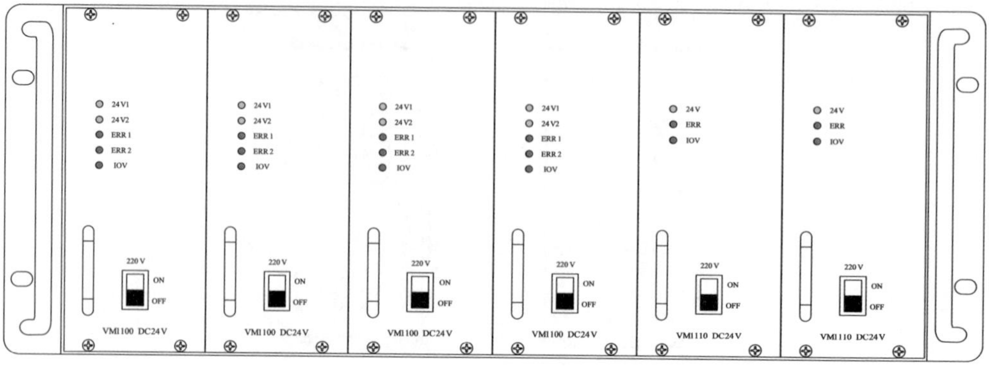

图 7-3-2　电源机笼布置

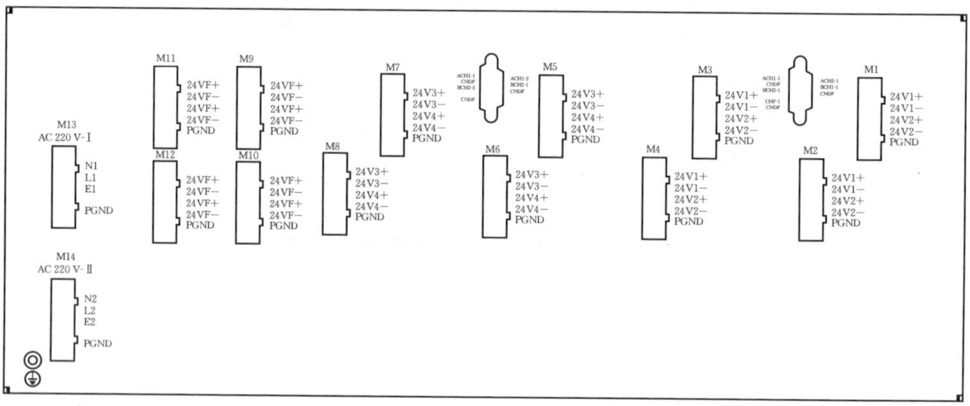

图 7-3-3　电源背板接口及布置

DC 24 V 现场电源输出接口：M9～M12，为槽位 5 和槽位 6 的现场电源模块的输出接口，为主控机笼及交换机供电。

电源状态监测接口：POWER STATE，采用 DB9 连接器。

2. 主控机笼

主控机笼是安全平台的核心控制单元，功能如下：实现主控制器逻辑处理功能，作为应用软件的通用平台；实现各种通信接口，包括通用型以太网、增强型以太网；实现系间数据交换，完成系间重构；实现系统运行状态监控功能，在出现系统故障后进行安全关断；实现对切换面板的控制，完成主备切换功能；实现系统内部状态的记录，用于故障分析。

(1)机笼布局

安全平台主控机笼为标准 19 英寸 6U 机笼，共 14 个槽位，用于插装安全“看门狗”模块（WDM）、安全计算机模块（VCM）、光纤通信模块（OPM）、数据记录模块(DRM)、无线通信模块(RCM)、增强型以太网通信模块(EETM),RBC通信模块(RBCM)的每个模块通过两个110针CPCI连接器和机笼背板相连。

主控机笼的14个槽位由左至右依次定义为槽位0、槽位1、…、槽位13,其中:

槽位0插装安全“看门狗”模块:用于监控安全计算机模块的运行状态。

槽位1插装安全计算机模块:实现RBC应用功能,运行在VCM的平台层软件提供主备冗余管理、故障检测等功能,并为RBC应用软件提供接口。

槽位2插装光纤通信模块:实现系间通信。

槽位3插装数据记录模块:接收系统内两条通信上的数据,处理后保存在CF中,供后续分析使用。

槽位4～5:无。

槽位6插装无线通信模块:与ISDN连接,以实现Subset-037车地通信安全协议。

槽位7插装增强型以太网通信模块:与CTC连接,通过RSSP-Ⅱ安全协议进行通信。

槽位8插装RBC通信模块:与CBI、TSRS和NRBC连接,通过RSSP-Ⅱ安全协议进行通信。

槽位9～13:无。

主控机笼模块布置如图7-3-4所示。

(2)背板接口

电源接口:两个,采用5针凤凰端子,分别连接逻辑电源和F电源。

无线通信接口:S6_CH1ET1、S6_CH1ET2、S6_CH2ET1、S6_CH2ET2采用RJ-45连接器,无线通信用于通过PRI口使用同轴电缆连接GSM-R,与车载设备通信。

以太网通信接口:S7_CH1ET1、S7_CH1ET2、S7_CH2ET1、S7_CH2ET2…S13_CH1ET1、S13_CH1ET2、S13_CH2ET1、S13_CH2ET2,采用RJ-45连接器,接口为增强型以太网接口。以太网接口用于连接一般的以太网外部设备;增强型以太网接口用于同时连接最多50个采用RSSP-Ⅰ安全协议的外部设备,或同时连接最多40个采用RSSP-Ⅱ安全协议的外部设备。

串行通信接口:S4_CH1DB9_1、S4_CH2DB9_1、S4_CH1DB9_2、S4_CH2DB9_2等。

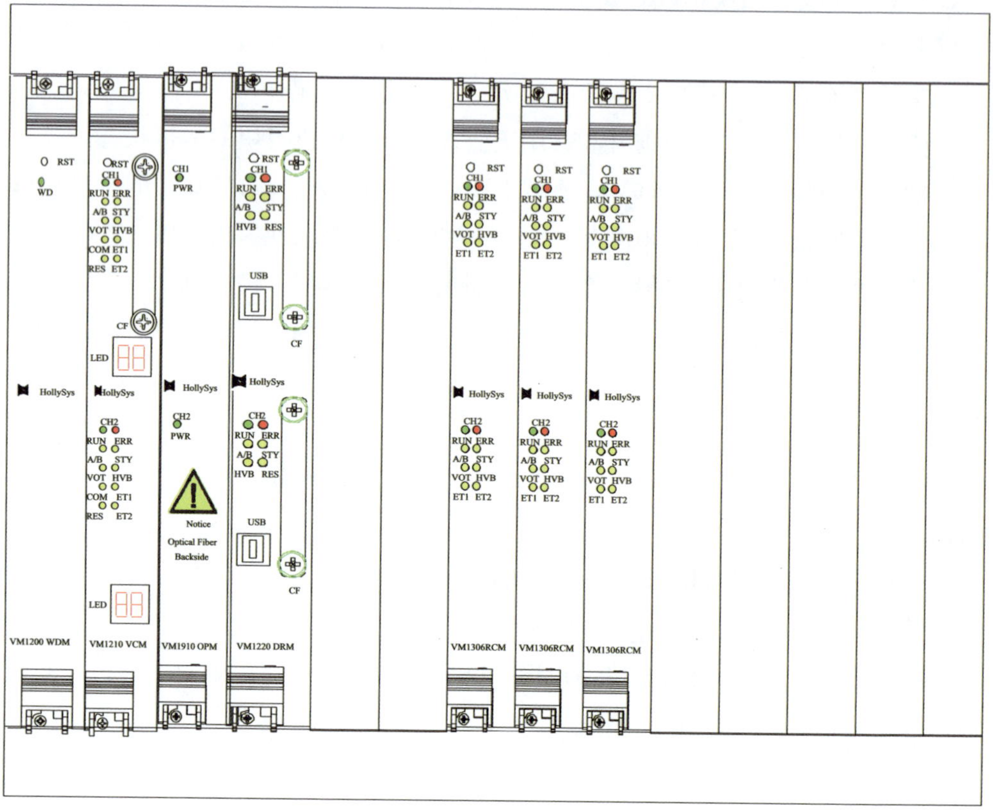

图 7-3-4　主控机笼模块布置

S5_CH2DB9_2:采用 DB9 连接器,用于连接外部 CAN/RS-422/RS-485 接口设备。

光纤通信接口:CH1_FX 和 CH2_FX,采用 LC 光纤连接器,用于连接安全平台另一系主控机笼。

钥匙开关指示灯接口:采用 25 针欧式连接器,连接切换面板模块。

调试下载设备接口:VCM_CH1RS232、VCM_CH2RS232 采用 DB9 连接器,VCM_CH1ET2、VCM_CH2ET1 及 DRM_CH1ET1、DRM_CH2ET1 采用 RJ-45 连接器。

维护终端接口:VCM_CH1ET1、VCM_CH2ET2 预留。

A/B 系设定拨码开关:CH1AOB 和 CH2AOB,两个拨码开关必须设定一致。A 系机笼设定为 1100,B 系机笼设定为 0011。

笼号设定拨码开关：CH1CAB 和 CH2CAB，两个拨码开关必须设定一致。A/B 系主控机笼均设定为 0000。

具体主控机笼背板接口示意如图 7-3-5 所示。

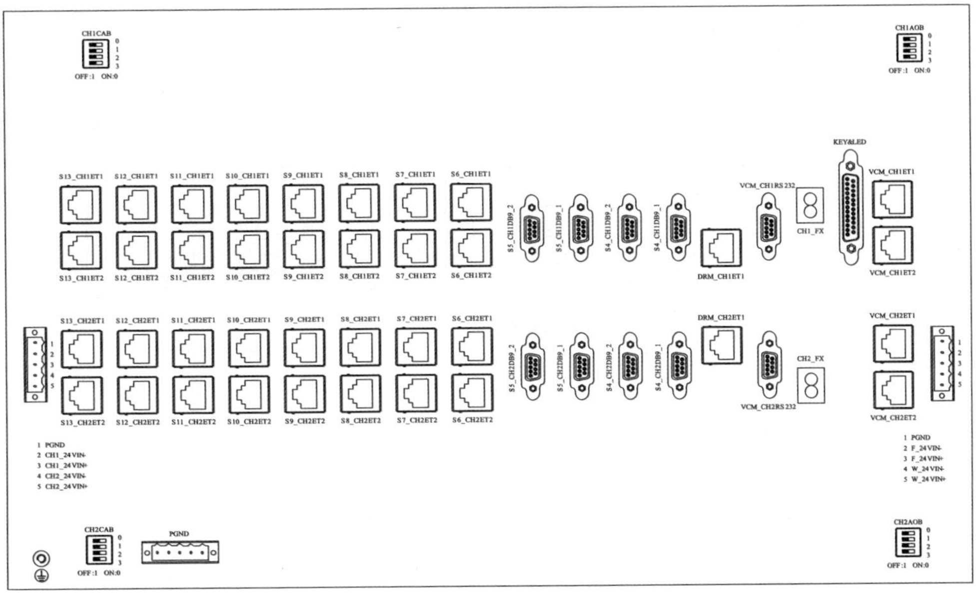

图 7-3-5　主控机笼背板接口示意

3. 维护终端

RBC 维护终端是 RBC 系统的维护单元，具有 RBC 运行日志存储解析、运行状态和信息显示功能，包含柜内维护终端、综合维护终端（可选）、大屏显示终端（可选）3 个终端，以及设备信息、报警信息、站场图、历史回放、接口查询及辅助功能 6 大功能模块，其目的是方便对 RBC 运行问题的离线查找和对运行信息的在线实时显示（图 7-3-6）。

每个柜内维护终端主机连接一个 RBC 主控设备和电源监测模块；综合维护终端主机连接多个柜内维护终端主机，显示多个 RBC 主控的总体信息；大屏显示终端主机连接综合维护终端主机显示多个 RBC 管辖范围的站场信息。

柜内维护终端软件负责 RBC 数据、电源监测数据的接收、存储、转发，显示本 RBC 主控信息，并将显示相关的数据通过交换机发送至综合维护终端。RBC 柜内维护终端主机的数量根据实际情况决定，与管辖的 RBC 主机设备一一对应。

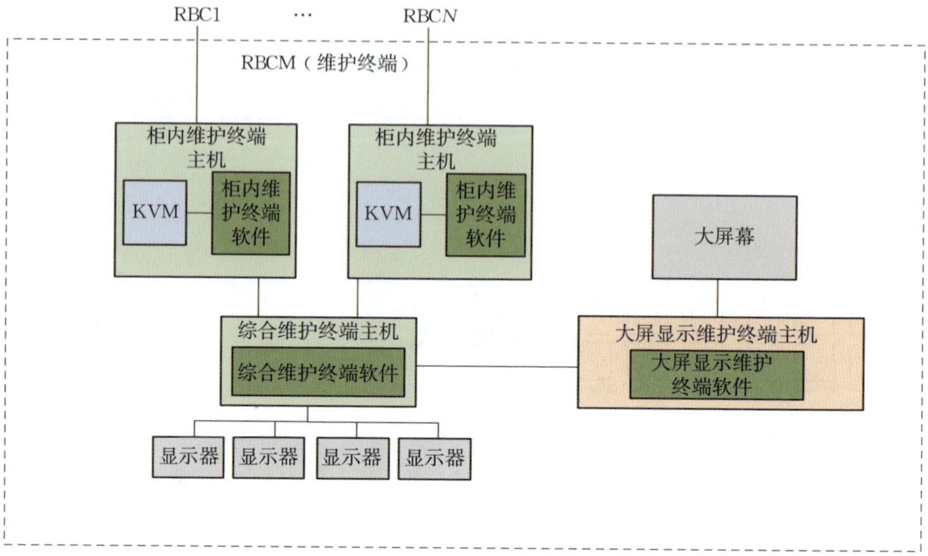

图 7-3-6　RBC 维护终端结构示意

综合维护终端软件接收柜内维护终端主机的数据，显示多个 RBC 主控的总体信息。大屏显示终端软件接收综合维护终端主机的数据，显示多个 RBC 管辖的站场图。柜内维护终端主机上的 KVM 负责对柜内维护终端主机进行维护。

4. 交换机和路由器

交换机和路由器主要作为数据接口部分完成以下功能：

(1)安全数据网的输入接口：放置了安全数据网交换机，安全数据网交换机对外和相邻 RBC、TSRS、CBI 等外维设备进行通信。安全数据网对内和主控机柜主控机笼内通信板卡连接。

(2)CTC 的输入接口：放置了 CTC 数据交换机和 CTC 路由器，对外和 CTC 通过同轴电缆进行通信，对内通过网口和主控机柜主控机笼内通信板卡连接。

二、通信机柜

通信机柜包含 ISDN 服务器，实现 RBC 的通信功能。

ISDN 服务器由工控机承担，外部车载数据通过 GSM-R 无线通信设备将数据发送给 ISDN 服务器。ISDN 服务器通过 PRI 接口与 GSM-R 网络移动交换机连接，实现了车地无线通信中的通信功能模块部分(图 7-3-7)。

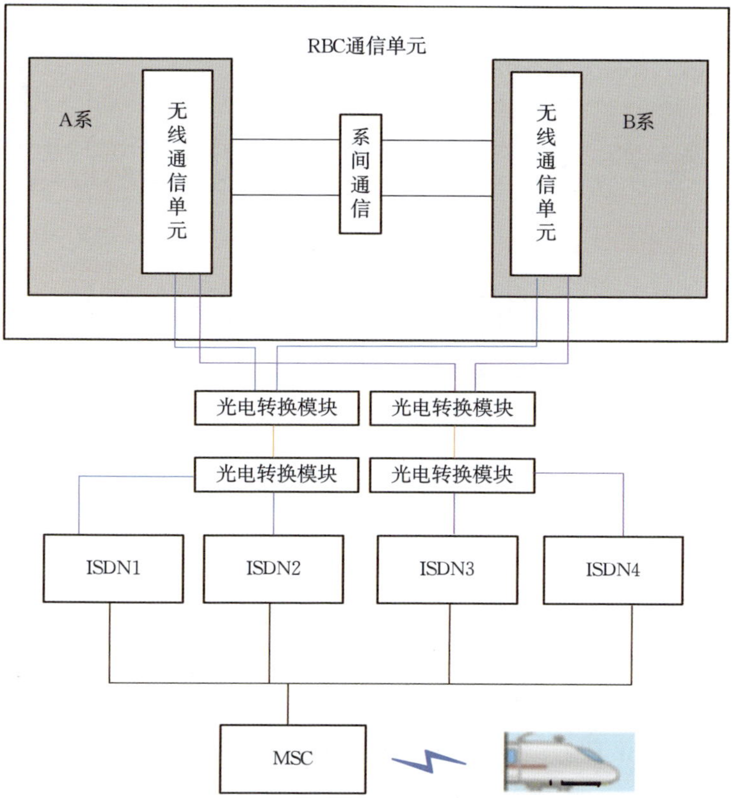

图 7-3-7　ISDN 通信连接示意

ISDN 服务器的硬件由工控机和插入式 ISDN 处理单元组成。ISDN 处理单元主要处理 ISDN 相关的信令协议及物理层协议，ISDN 处理单元采用 ISDN PRI/E1-30 接口卡实现底层协议，接口卡提供运行、故障指示灯显示 E1 接口工作状态，协议其他层次的功能由工控机实现，工控机提供电源指示灯指示电源模块工作是否正常、以太网端口指示灯指示工作状态是否正常。

第八章　常见问题处理方法

第一节　硬件故障

案例一　RBC Ⅱ系宕机

一、问题描述

RBC Ⅱ系宕机。

二、问题分析

1. Ⅱ系统重启日志分析

查看 A2 机 cbr 日志，显示如图 8-1-1 所示。

```
../etc/StpKeyFile OK
synchronizerA: activated at time 1646151792:973819
starting A
UtilA: activated at time 1646151792:986698
```

图 8-1-1　A2 机 cbr 日志

查看 B2 机 cbr 日志，显示如图 8-1-2 所示。

```
../etc/StpKeyFile OK
synchronizerB: activated at time 1646151792:973819
starting B
UtilB: activated at time 1646151792:986698
```

图 8-1-2　B2 机 cbr 日志

从Ⅱ系的 cbr 日志上看，由于 A、B 机重启日志中没有出现类似“PANIC in Module:……”字样，说明此次重启与主机应用无关。

2. C2 机 message 日志分析

C2 机 message 日志中反复出现“SMART data received”“ASC/ASCQ=5dh/00h”提示，含义为硬盘性能下降。随后 C2 机停止日志记录，直至后续服务器再次开启后，message 日志才再次开始记录（图 8-1-3、图 8-1-4）。

```
Feb 27 21:03:03 spu2 kernel: mptbase: ioc0: RAID STATUS CHANGE for PhysDisk 1
Feb 27 21:03:03 spu2 kernel: mptbase: ioc0:   SMART data received, ASC/ASCQ = 5dh/00h
Feb 28 00:24:48 spu2 syslogd 1.4.1: restart.
Feb 28 00:24:48 spu2 syslog: syslogd startup succeeded
```

图 8-1-3 C2 机 message 日志 1

5D	00	FAILURE PREDICTION THRESHOLD EXCEEDED（超过失效预测阈值）

图 8-1-4 C2 机 message 日志 2

三、处理方法

综上所述，判断Ⅱ系宕机为 C2 机异常宕机引起，更换 C2 服务器。

案例二 RBC Ⅰ系与外部接口设备左网通信异常

一、问题描述

RBC Ⅰ系（备系）与管内车站联锁双系发生左网通信异常。

二、问题分析

1. RBC 内、外部通信结构（图 8-1-5）

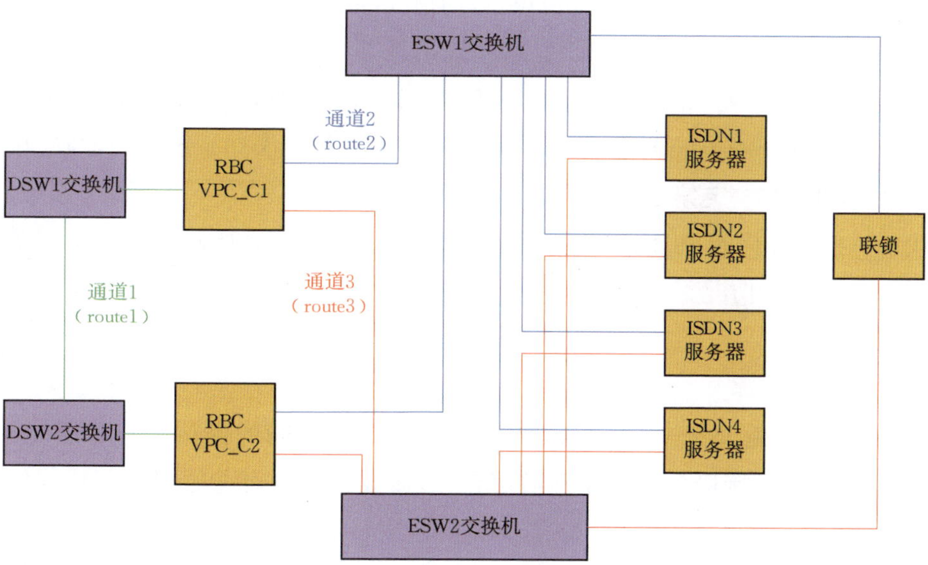

图 8-1-5 RBC 内、外部通信结构

(1)RBC 双系之间通过 3 个通道进行主备系状态通信。

通道 1(route1):Ⅰ系的 VPC_C1 服务器→DSW1 交换机→DSW2 交换机→Ⅱ系的 VPC_C2 服务器,如图 8-1-5 中绿色线所示。

通道 2(route2):Ⅰ系的 VPC_C1 服务器→ESW1 交换机→Ⅱ系的 VPC_C2 服务器,如图 8-1-5 中蓝色线所示。

通道 3(route3):Ⅰ系的 VPC_C1 服务器→ESW2 交换机→Ⅱ系的 VPC_C2 服务器,如图 8-1-5 中红色线所示。

主备系统之间通过 3 个通道进行数据交互并进行判断(3 个通道交互的数据相同),为防止设备出现双重的安全风险,当出现单个通道的数据交互异常时,主/备系统需要对双系统工作状态进行检测,以防止出现共模故障,检测时间 3.5～4 s。在检测期间,RBC 不对外发送数据。检测结束后,如该通道未能恢复正常则系统单系运行对外发送数据,原备系降为冷备;如该通道数据交互恢复正常,则双系统恢复正常运行。

(2)RBC 双系统之间通过 ESW1/2 交换机与 ISDN1/2/3/4、TSRS、联锁等设备进行通信。

2. RBC 应用日志分析

RBC Ⅰ系(备系)日志分析如下:

22:00:52—22:24:02,RBC Ⅰ系与 ISDN1/2/3/4 的通道频繁出现单通道(single),随后又恢复双通道(redundant)的情况,如图 8-1-6 所示。

22:00:03—22:23:32,RBC Ⅰ系频繁出现与Ⅱ系数据交互异常情况(通道 2),且Ⅰ系同时出现无法收到联锁、TSRS 数据的情况,如图 8-1-7 所示。

查看 RBC message 日志(message 日志对应服务器操作系统时间,与应用软件数据时间存在一定偏差),显示如图 8-1-8 所示。图中 spu1 为Ⅰ系 C1 服务器,1 代表 A1 机,2 代表 B1 机,上述记录代表 C1 机通过 DSW1 交换机与 A1、B1 机通信时存在异常情况。

三、处理方法

综上所述,由于 RBC Ⅰ系 C 机至 ESW1 交换机间的通信存在异常,导致 RBC Ⅰ系与外部接口设备的左网通信异常,造成异常的可能原因为网线与网口接触不良(包括网线不良)、网卡工作异常、交换机端口工作异常等。

更换 RBC Ⅰ系 C 机至 ESW2 交换机间网线或更换 RBC Ⅰ系 C 机服务器。

时间	日志类型	事件标识	详细信息
2022-05-26 22:00:52	cmmconnectionstatus	0	server_id = 1, status = up, single
2022-05-26 22:00:52	cmmconnectionstatus	0	server_id = 2, status = up, single
2022-05-26 22:00:52	cmmconnectionstatus	0	server_id = 3, status = up, single
2022-05-26 22:00:52	cmmconnectionstatus	0	server_id = 4, status = up, single
2022-05-26 22:00:54	cmmconnectionstatus	0	server_id = 1, status = up, redundant
2022-05-26 22:00:54	cmmconnectionstatus	0	server_id = 2, status = up, redundant
2022-05-26 22:00:54	cmmconnectionstatus	0	server_id = 3, status = up, redundant
2022-05-26 22:00:54	cmmconnectionstatus	0	server_id = 4, status = up, redundant
2022-05-26 22:01:15	cmmconnectionstatus	0	server_id = 1, status = up, single
2022-05-26 22:01:15	cmmconnectionstatus	0	server_id = 2, status = up, single
2022-05-26 22:01:15	cmmconnectionstatus	0	server_id = 3, status = up, single
2022-05-26 22:01:15	cmmconnectionstatus	0	server_id = 4, status = up, single
2022-05-26 22:01:16	cmmconnectionstatus	0	server_id = 4, status = up, redundant
2022-05-26 22:01:16	cmmconnectionstatus	0	server_id = 1, status = up, redundant
2022-05-26 22:01:16	cmmconnectionstatus	0	server_id = 2, status = up, redundant
2022-05-26 22:01:16	cmmconnectionstatus	0	server_id = 3, status = up, redundant

时间	日志类型	事件标识	详细信息
2022-05-26 22:23:36	cmmconnectionstatus	0	server_id = 4, status = up, single
2022-05-26 22:23:36	cmmconnectionstatus	0	server_id = 4, status = up, redundant
2022-05-26 22:23:36	cmmconnectionstatus	0	server_id = 2, status = up, single
2022-05-26 22:23:37	cmmconnectionstatus	0	server_id = 2, status = up, redundant
2022-05-26 22:23:37	cmmconnectionstatus	0	server_id = 4, status = up, single
2022-05-26 22:23:38	cmmconnectionstatus	0	server_id = 4, status = up, redundant
2022-05-26 22:24:00	cmmconnectionstatus	0	server_id = 3, status = up, single
2022-05-26 22:24:00	cmmconnectionstatus	0	server_id = 2, status = up, single
2022-05-26 22:24:00	cmmconnectionstatus	0	server_id = 1, status = up, single
2022-05-26 22:24:01	cmmconnectionstatus	0	server_id = 4, status = up, single
2022-05-26 22:24:01	cmmconnectionstatus	0	server_id = 3, status = up, redundant
2022-05-26 22:24:01	cmmconnectionstatus	0	server_id = 2, status = up, redundant
2022-05-26 22:24:01	cmmconnectionstatus	0	server_id = 1, status = up, redundant
2022-05-26 22:24:02	cmmconnectionstatus	0	server_id = 4, status = up, redundant

图 8-1-6 RBC 应用日志 1

时间	等级	组名	事件标识	信息
2022-05-26 22:00:03	B	failover	2	主备系间通过列车通信的网络无法通信.
2022-05-26 22:00:05	B	basicsyst...	11	备系未在规定时间从路由2接收到响应.
2022-05-26 22:00:05	B	basicsyst...	8	备系在网络上不再与主系通信
2022-05-26 22:00:06	C	il_ad_crsc_a	4	未在规定时间内收到ILOCKMYZ数据
2022-05-26 22:00:06	C	il_ad_crsc_a	4	未在规定时间内收到ILOCKXLXXZ数据
2022-05-26 22:00:06	C	il_ad_crsc_a	4	未在规定时间内收到ILOCKAJZ数据
2022-05-26 22:00:06	C	il_ad_crsc_a	4	未在规定时间内收到BJJJSTSRS数据
2022-05-26 22:23:31	B	basicsyst...	11	备系未在规定时间从路由2接收到响应.
2022-05-26 22:23:31	B	basicsyst...	8	备系在网络上不再与主系通信
2022-05-26 22:23:32	C	il_ad_crsc_a	4	未在规定时间内收到ILOCKMYZ数据
2022-05-26 22:23:32	C	il_ad_crsc_a	4	未在规定时间内收到ILOCKXLXXZ数据
2022-05-26 22:23:32	C	il_ad_crsc_a	4	未在规定时间内收到ILOCKAJZ数据
2022-05-26 22:23:32	C	il_ad_crsc_a	4	未在规定时间内收到BJJJSTSRS数据

图 8-1-7 RBC 应用日志 2

```
May 26 22:06:50 spul ModeController: ModeController: received changed dual status from 1
May 26 22:06:50 spul ModeController: ModeController: received changed dual status from 2
May 26 22:06:53 spul ModeController: ModeController: received changed dual status from 1
May 26 22:06:53 spul ModeController: ModeController: received changed dual status from 2
May 26 22:08:56 spul ModeController: ModeController: received changed dual status from 1
May 26 22:08:56 spul ModeController: ModeController: received changed dual status from 2
May 26 22:08:59 spul ModeController: ModeController: received changed dual status from 1
May 26 22:08:59 spul ModeController: ModeController: received changed dual status from 2
May 26 22:09:26 spul ModeController: ModeController: received changed dual status from 1
May 26 22:09:26 spul ModeController: ModeController: received changed dual status from 2
May 26 22:09:29 spul ModeController: ModeController: received changed dual status from 1
May 26 22:09:29 spul ModeController: ModeController: received changed dual status from 2
```

图 8-1-8 RBC message 日志

案例三 NICC 板故障

一、问题描述

6 月 12 日 16:13,在 RBC 管内有两趟列车同时无线连接超时;6 月 13 日 16:16,在 RBC 管内有三趟列车同时无线连接超时。

二、问题分析

分析 6 月 12 日的系统日志记录,发现通信计算机单元 2 系 CC2 单元的 NICC 板有自动重启的记录,与该 CC2 连接的两列列车发生无线连接超时。

6 月 13 日天窗点预防性更换 NICC 板备件。

6 月 13 日发生无线连接超时后,查看通信接口数据,发现该通道在故障时刻日志中记录大量 V110(信息包同步),表示 RBC 检测到与 G 网之间底层通道 V110 同步存在问题,随后出现车载设备与 RBC 通信中断的情况。

更换 NICC 备件,返厂检测后发现存在硬件故障,车载设备无法正常呼叫。

三、处理方法

更换故障的 NICC 板。

第二节 内部通信异常

案例一 RBC 主备系通信异常

一、问题描述

RBC 出现主备系通信异常报警。

二、问题分析

查看 RBC 数据分析如下。

1. 查看主系(Ⅰ系)eventlog 数据,显示如图 8-2-1 所示。

21:37、21:38,主系与备系断开连接。

时间	等级	组名	事件标识	信息
2022-09-19 21:37:57	B	basicsyst...	2	No contact with standby.
2022-09-19 21:38:01	B	basicsyst...	2	No contact with standby.

图 8-2-1 主系(Ⅰ系)eventlog 数据

2. 查看备系(Ⅱ系)eventlog 数据，显示如图 8-2-2 所示。

21:37，备系出现冷备后恢复。

时间	日志类型	事件标识	详细信息
2022-09-19 21:37:57	cbrchangedfsdualstatus	0	sender = FspA, status = is not updated (cold)
2022-09-19 21:37:57	cbrchangedfsdualstatus	0	sender = FspB, status = is not updated (cold)
2022-09-19 21:37:58	cbrchangedfsdualstatus	0	sender = FspA, status = is updated (warm)
2022-09-19 21:37:58	cbrchangedfsdualstatus	0	sender = FspB, status = is updated (warm)

图 8-2-2 备系(Ⅱ系)eventlog 数据

3. 查看 RBC message 日志(message 日志对应服务器操作系统时间，与应用软件数据时间存在一定偏差)，显示如图 8-2-3 所示。

```
Sep 19 21:37:57 spu1 ModeController: ModeController: received changed dual status from 2
Sep 19 21:37:57 spu1 ModeController: ModeController: received changed dual status from 1
Sep 19 21:37:57 spu1 ModeController: ModeController: received changed dual status from 1
Sep 19 21:37:57 spu1 ModeController: ModeController: received changed dual status from 2
Sep 19 21:37:58 spu1 ModeController: ModeController: received changed dual status from 2
Sep 19 21:37:58 spu1 ModeController: ModeController: received changed dual status from 1
```

图 8-2-3 RBC message 日志 1

图 8-2-3 中 spu1 为Ⅰ系 C1 服务器，1 代表 A1 机，2 代表 B1 机，上述记录代表 C1 机通过 DSW1 交换机与 A1、B1 机通信存在异常情况(图 8-2-4)。spu2 为Ⅱ系 C2 服务器，4 代表 A2 机，5 代表 B2 机，上述记录代表 C2 机通过 DSW2 交换机与 A2、B2 机通信存在异常情况。

```
Sep 19 21:37:57 spu2 ModeController: ModeController: received changed dual status from 4
Sep 19 21:37:57 spu2 ModeController: ModeController: received changed dual status from 5
Sep 19 21:37:58 spu2 ModeController: ModeController: received changed dual status from 4
Sep 19 21:37:58 spu2 ModeController: ModeController: received changed dual status from 5
```

图 8-2-4 RBC message 日志 2

RBC 设备Ⅰ系与Ⅱ系通信是通过 DSW1 交换机与 DSW2 交换机实现的，Ⅰ系与Ⅱ系均记录了与对方通信异常，但Ⅰ系与Ⅱ系的系内通信正常，分析为 DSW1 交换机与 DSW2 交换机间的通道存在异常，因而引起 RBC 主备系通信瞬间中断报警。

三、处理方法

可采用 RBC 主备系间直连优化方案。涉及的服务器间的网络连线及相应的网口如图 8-2-5 所示。平台三台服务器间增加网线直连，完成系间通信，拆除原 DSW1 和 DSW2 之间的网线。

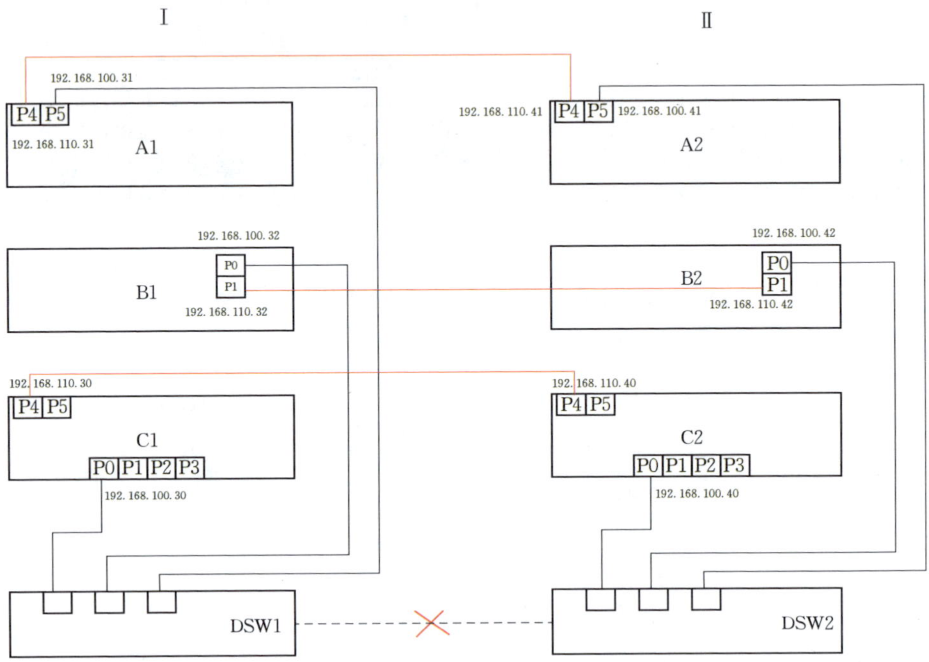

图 8-2-5　服务器间的网络连线及相应的网口

优化前，RBC 系内通信数据经过 DSW 交换机，同时系间通信数据也经过 DSW 交换机和两台 DSW 交换机之间的串联网线。

优化后，系间通信数据与系内通信数据完全解耦开，使得 DSW 交换机只承载系内通信业务，不涉及系间通信业务。

案例二　RBC Ⅰ系自动重启

一、问题描述

RBC Ⅰ系发生自动重启。

二、问题分析

1. 查看 A1 机 cbr 日志，显示如图 8-2-6 所示。

```
../etc/StpKeyFile OK
synchronizerA: activated at time 1663006928:261477
starting A
UtilA: activated at time 1663006928:264172
Abort trap (core dumped)
```

图 8-2-6　A1 机 cbr 日志

2. 查看 B1 机 cbr 日志，显示如图 8-2-7 所示。

```
../etc/StpKeyFile OK
synchronizerB: activated at time 1663006928:261477
starting B
UtilB: activated at time 1663006928:264172
./start.sh: line 58:  2079 Aborted                 (core dumped) rt -sr -p3 -- pollmonitor -p4001 -s30000 -t450 fspb
```

图 8-2-7　B1 机 cbr 日志

从Ⅰ系的 cbr 日志上看，由于 A、B 机重启日志中没有出现类似“PANIC in Module:……”字样，说明本次Ⅰ系重启与主机应用软件无关。

3. 查看 B1 机 message 日志(B 机 messages 日志是操作系统时间，与北京时间有时间差)，显示如图 8-2-8 所示。

```
Sep 19 08:00:50 fspb1 kernel: tg3 0007:80:00.0: eth0: Link is down
Sep 19 08:00:53 fspb1 kernel: tg3 0007:80:00.0: eth0: Link is up at 1000 Mbps, full duplex
Sep 19 08:00:53 fspb1 kernel: tg3 0007:80:00.0: eth0: Flow control is off for TX and off for RX
Sep 19 08:00:53 fspb1 kernel: tg3 0007:80:00.0: eth0: EEE is disabled
Sep 19 08:00:57 fspb1 logger: stop fspb at Mon Sep 19 08:00:57 CST 2022
```

图 8-2-8　B1 机 message 日志

08:00:50，B1 机 eth0 网口通信连接存在异常中断(eth0:Link is down)。

4. 查看 C1 机 message 日志(C 机 messages 日志是操作系统时间，与北京有时间差)，显示如图 8-2-9 所示。

```
Sep 19 08:00:51 spu1 failover: nodeStateMachine.c:109:Mon Sep 19 08:00:51.775875: doubtful fspb 4001
Sep 19 08:00:51 spu1 failover: nodeStateMachine.c:124:Mon Sep 19 08:00:51.975874: lost fspb 4001
Sep 19 08:00:51 spu1 failover: Mon Sep 19 08:00:51.975908: stateNegotiator from ONLINE to HALTING event TERMINATE
Sep 19 08:00:51 spu1 failover: Mon Sep 19 08:00:51.975929: errorTermination nodeStateMachine.c:127
Sep 19 08:00:51 spu1 channeldA: Mon Sep 19 08:00:51.97605 channeldA External signal 15
```

图 8-2-9　C1 机 message 日志

08:00:51，C1 机与 B1 机出现系内通信超时，随后Ⅰ系重启，由主系状态变为状态未知。

三、处理方法

RBC每系均由A、B、C三台机器组成，当其中任意机器间出现通信中断均会引起该系重启。B1机eth0网口通信连接存在异常中断，导致Ⅰ系系内通信异常，随后Ⅰ系宕机重启。

系内通信超时一般由系内A、B、C间经网卡、网线、DSW交换机进行信息交互时引起，或系内A、B、C间某台服务器因硬件、操作系统等原因造成工作异常引起。

B1机与C1机通信异常，更换B1机eth0对应网口至DSW1交换机间网线后进一步观察，如后续再次发生此问题，重装B1机操作系统。

案例三　未收到列车发送的AU3，导致无线连接超时

一、问题描述

列车在A线下行线反向K9处发生无线连接超时。

二、问题分析

08:06，列车收到A线RBC1发送P131呼叫包，列车开始呼叫B线RBC5，并开始由A线RBC1向B线RBC5移交。

08:06:30，列车链路层向B线RBC5发送SABME，链路层通信建立。

08:06:31，列车安全层向B线RBC5发送AU1。

08:06:32，B线RBC5向列车回复AU2(图8-2-10)。

B	C	I	J	K	R	S	T	Z	
序号	触发时间	Layer	消息类型	子类型	Direction	CTCS_ID	RBCID	Data	Explain
6	2021-07-03 08:06:30.943	DL	HDLC frame	SABME	OBU->RBC	0	0	7e 01 7f ef 9d 7e	
7	2021-07-03 08:06:30.990	DL	HDLC frame	UA	RBC->OBU	0	0	7e 01 73 83 57 7e	
8	2021-07-03 08:06:31.677	DL	HDLC frame	I	OBU->RBC	0	0	7e 01 00 00 01 80 18	Type=0 Addr=1 N(S)=0 N(R)=0 Pf=0
9	2021-07-03 08:06:31.677	Net	NPDU	Data	OBU->RBC	0	0	01 80 18 ef 00 00 00	Type=0
10	2021-07-03 08:06:31.693	DL	HDLC frame	I	OBU->RBC	0	0	7e 01 02 00 01 00 12	Type=0 Addr=1 N(S)=1 N(R)=0 Pf=0
11	2021-07-03 08:06:31.693	Net	NPDU	Data	OBU->RBC	0	0	01 00 12 8a a7 2e	Type=0
12	2021-07-03 08:06:31.693	Transport	TPDU	CR	OBU->RBC	556892	9994245	18 ef 00 00 00 02 20	Type=224 cdt=15
13	2021-07-03 08:06:31.693	Safety	SAPDU	AU1	OBU->RBC	556892	9994245	42 08 7f 5c 01 1f 5d	Type=2
14	2021-07-03 08:06:31.802	DL	HDLC frame	RR	RBC->OBU	556892	9994245	7e 01 01 04 ec c3 7e	Type=1 Addr=1 N(R)=2 Pf=0
15	2021-07-03 08:06:31.990	DL	HDLC frame	I	RBC->OBU	556892	9994245	7e 03 00 04 01 80 18	Type=0 Addr=3 N(S)=0 N(R)=2 Pf=0
16	2021-07-03 08:06:31.990	Net	NPDU	Data	RBC->OBU	556892	9994245	01 80 18 df 00 02 00	Type=0
17	2021-07-03 08:06:32.036	DL	HDLC frame	I	RBC->OBU	556892	9994245	7e 03 02 04 01 00 fd	Type=0 Addr=3 N(S)=1 N(R)=2 Pf=0
18	2021-07-03 08:06:32.036	Net	NPDU	Data	RBC->OBU	556892	9994245	01 00 fd b9 61 55 f6	Type=0
19	2021-07-03 08:06:32.036	Transport	TPDU	CC	RBC->OBU	556892	9994245	18 df 00 02 00 01 20	Type=208 cdt=15
20	2021-07-03 08:06:32.036	Safety	SAPDU	AU2	RBC->OBU	556892	9994245	25 98 80 05 01 c8 cc	Type=4
21	2021-07-03 08:06:33.365	DL			OBU->RBC	556892	9994245	eb 92 a2 4a c1 00	Link Invalid Data
22	2021-07-03 08:06:33.911	DL	HDLC frame	RR	RBC->OBU	556892	9994245	7e 03 01 05 dd 67 7e	Type=1 Addr=3 N(R)=2 Pf=1
23	2021-07-03 08:06:34.521	DL	HDLC frame	RR	OBU->RBC	556892	9994245	7e 03 01 05 dd 67 7e	Type=1 Addr=3 N(R)=2 Pf=1

图8-2-10　RBC数据分析

查看 G 网 pri 口监测数据，如图 8-2-11 所示。

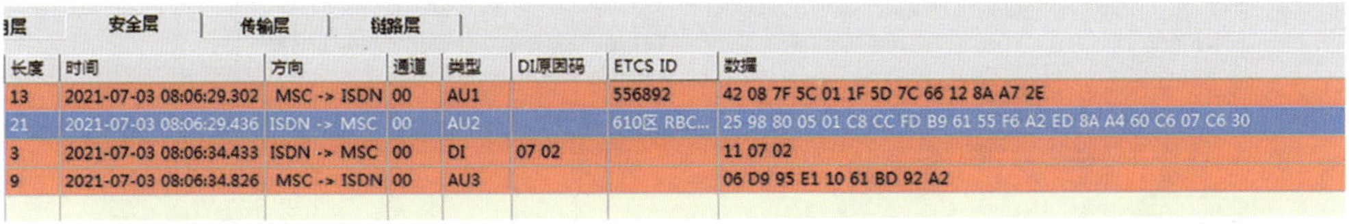

长度	时间	方向	通道	类型	DI原因码	ETCS ID	数据
13	2021-07-03 08:06:29.302	MSC -> ISDN	00	AU1		556892	42 08 7F 5C 01 1F 5D 7C 66 12 8A A7 2E
21	2021-07-03 08:06:29.436	ISDN -> MSC	00	AU2		610区 RBC...	25 98 80 05 01 C8 CC FD B9 61 55 F6 A2 ED 8A A4 60 C6 07 C6 30
3	2021-07-03 08:06:34.433	ISDN -> MSC	00	DI	07 02		11 07 02
9	2021-07-03 08:06:34.826	MSC -> ISDN	00	AU3			06 D9 95 E1 10 61 BD 92 A2

图 8-2-11　G 网 pri 口监测数据

B 线 RBC5 ISDN 侧数据记录如下：

08:06:29，RBC5 向列车回复 AU2。

08:06:34，因 5 s 内未收到列车发送的 AU3，RBC5 向列车发送 DI 后断开与列车连接（图 8-2-12、图 8-2-13）。

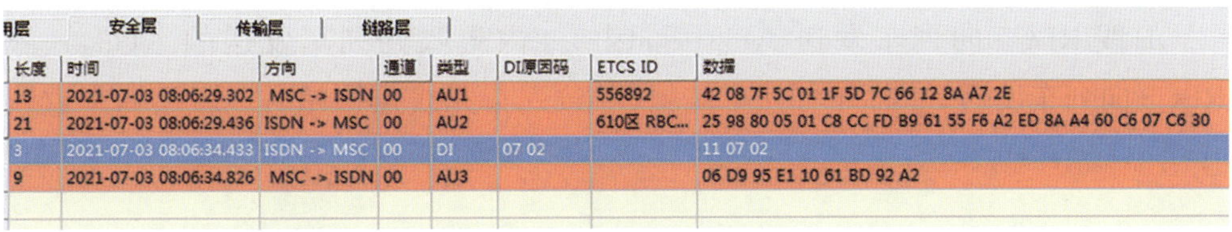

长度	时间	方向	通道	类型	DI原因码	ETCS ID	数据
13	2021-07-03 08:06:29.302	MSC -> ISDN	00	AU1		556892	42 08 7F 5C 01 1F 5D 7C 66 12 8A A7 2E
21	2021-07-03 08:06:29.436	ISDN -> MSC	00	AU2		610区 RBC...	25 98 80 05 01 C8 CC FD B9 61 55 F6 A2 ED 8A A4 60 C6 07 C6 30
3	2021-07-03 08:06:34.433	ISDN -> MSC	00	DI	07 02		11 07 02
9	2021-07-03 08:06:34.826	MSC -> ISDN	00	AU3			06 D9 95 E1 10 61 BD 92 A2

图 8-2-12　安全层信息 1

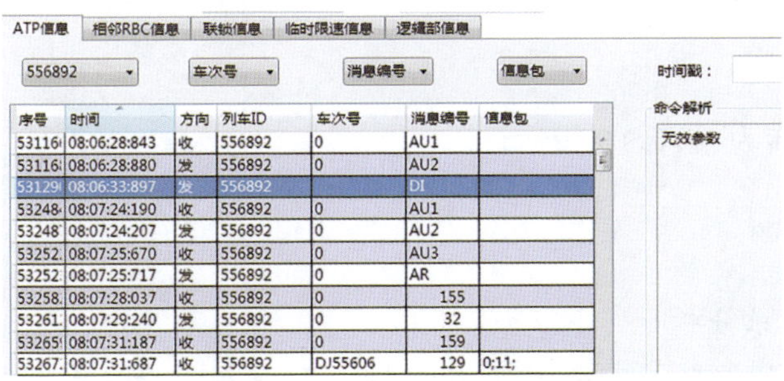

序号	时间	方向	列车ID	车次号	消息编号	信息包
53116	08:06:28:843	收	556892	0	AU1	
53116	08:06:28:880	发	556892	0	AU2	
53129	08:06:33:897	发	556892		DI	
53248	08:07:24:190	收	556892	0	AU1	
53248	08:07:24:207	发	556892	0	AU2	
53252	08:07:25:670	收	556892	0	AU3	
53252	08:07:25:717	发	556892	0	AR	
53258	08:07:28:037	收	556892	0	155	
53261	08:07:29:240	发	556892	0	32	
53265	08:07:31:187	收	556892	0	159	
53267	08:07:31:687	收	556892	DJ55606	129	0;11;

图 8-2-13　车载设备信息

08:06:34，B 线 RBC5 列车安全层发送的 AU3，但距离 RBC 发送 AU2 已超过 5 s；列车收到 B 线 RBC5 发送的 DI 后断开与 RBC 的连接（图 8-2-14）。

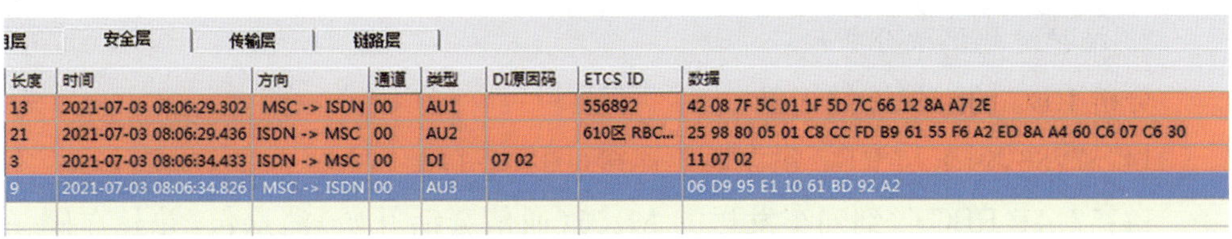

长度	时间	方向	通道	类型	DI原因码	ETCS ID	数据
13	2021-07-03 08:06:29.302	MSC -> ISDN	00	AU1		556892	42 08 7F 5C 01 1F 5D 7C 66 12 8A A7 2E
21	2021-07-03 08:06:29.436	ISDN -> MSC	00	AU2		610区 RBC...	25 98 80 05 01 C8 CC FD B9 61 55 F6 A2 ED 8A A4 60 C6 07 C6 30
3	2021-07-03 08:06:34.433	ISDN -> MSC	00	DI	07 02		11 07 02
9	2021-07-03 08:06:34.826	MSC -> ISDN	00	AU3			06 D9 95 E1 10 61 BD 92 A2

图 8-2-14　安全层信息 2

08:07,列车重新与B线RBC5建立连接,后续列车运行正常(图8-2-15)。

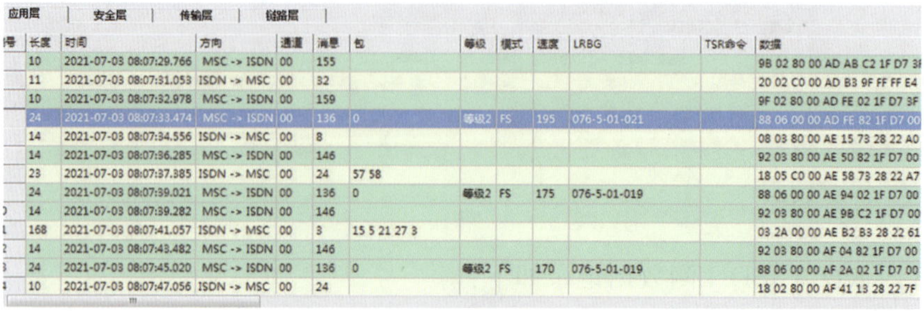
应用层 | 安全层 | 传输层 | 链路层

号	长度	时间	方向	通道	消息	包	等级	模式	速度	LRBG	TSR命令	数据
	10	2021-07-03 08:07:29.766	MSC -> ISDN	00	155							9B 02 80 00 AD AB C2 1F D7 3
	11	2021-07-03 08:07:31.053	ISDN -> MSC	00	32							20 02 C0 00 AD B3 9F FF FF E4
	10	2021-07-03 08:07:32.978	MSC -> ISDN	00	159							9F 02 80 00 AD FE 02 1F D7 3F
	24	2021-07-03 08:07:33.474	MSC -> ISDN	00	136	0	等级2	FS	195	076-5-01-021		88 06 00 00 AD FE 82 1F D7 00
	14	2021-07-03 08:07:34.556	ISDN -> MSC	00	8							08 03 80 00 AE 15 73 28 22 A0
	14	2021-07-03 08:07:36.285	MSC -> ISDN	00	146							92 03 80 00 AE 50 82 1F D7 00
	23	2021-07-03 08:07:37.385	ISDN -> MSC	00	24	57 58						18 05 C0 00 AE 58 73 28 22 A7
	24	2021-07-03 08:07:39.021	MSC -> ISDN	00	136	0	等级2	FS	175	076-5-01-019		88 06 00 00 AE 94 02 1F D7 00
	14	2021-07-03 08:07:39.282	MSC -> ISDN	00	146							92 03 80 00 AE 9B C2 1F D7 00
	168	2021-07-03 08:07:41.057	ISDN -> MSC	00	3	15 5 21 27 3						03 2A 00 00 AE B2 B3 28 22 61
	14	2021-07-03 08:07:43.482	MSC -> ISDN	00	146							92 03 80 00 AF 04 82 1F D7 00
	24	2021-07-03 08:07:45.020	MSC -> ISDN	00	136	0	等级2	FS	170	076-5-01-019		88 06 00 00 AF 2A 02 1F D7 00
	10	2021-07-03 08:07:47.056	ISDN -> MSC	00	24							18 02 80 00 AF 41 13 28 22 7F

图8-2-15　应用层信息

三、处理方法

B线RBC5向列车发送AU2后,因5 s内未收到列车发送的AU3,B线RBC5向列车发送DI断开与列车连接,导致列车无线连接超时。后续列车重新呼叫B线RBC5,运行正常。

案例四　M159网络丢包问题

一、问题描述

列车未能转为CTCS-3级运行。

二、问题分析

1. ISDN记录分析

分析RBC的ISDN日志,其于14:57:50收到车载设备发送的M159建立通信会话的消息包。此后,RBC又收到车载设备发送的多个M129和M136消息包,RBC一直未向车载设备回复消息。14:58:10,RBC收到车载设备发送的M156通信会话结束消息包,与车载设备断开连接(图8-2-16)。

2. 维护终端记录分析

分析RBC的维护终端记录:

14:57:36,列车与RBC建立通信连接(图8-2-17)。

14:57:41,RBC收到列车发送的M155(通信会话开始)消息包,并且在同一周期向列车发送了M32(系统版本)消息(图8-2-18)。

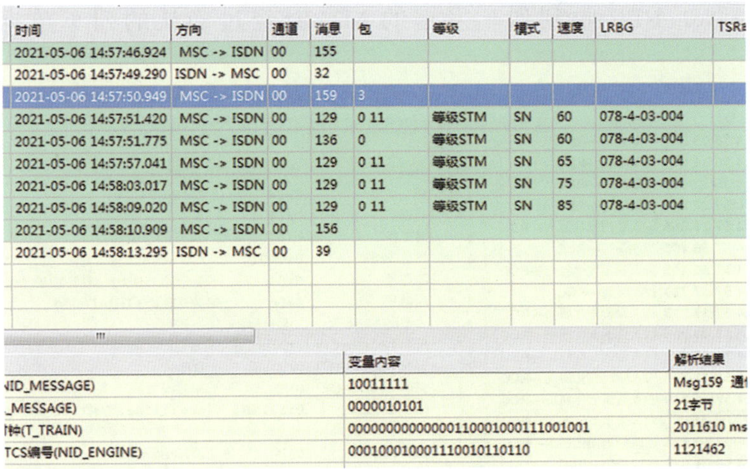

图 8-2-16　ISDN 记录

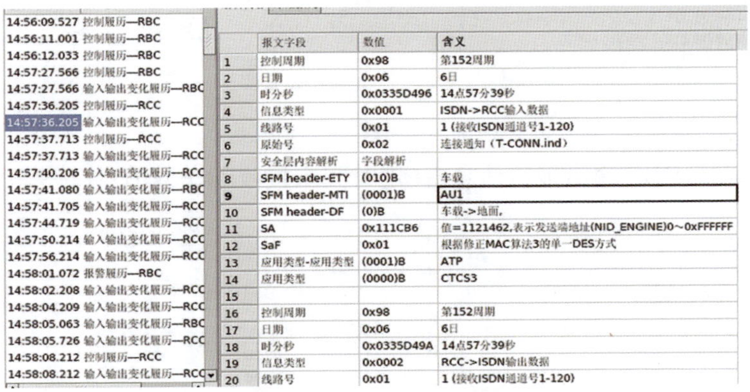

图 8-2-17　维护终端记录 1

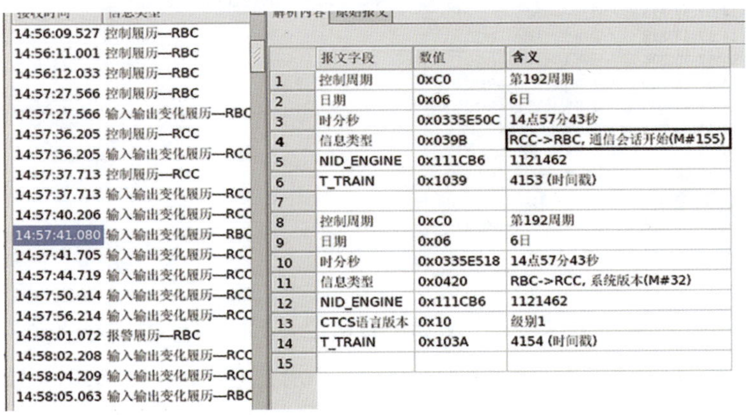

图 8-2-18　维护终端记录 2

14:57:50，RBC 收到列车发送的 M129（经过确认的列车数据）消息包（图 8-2-19）。

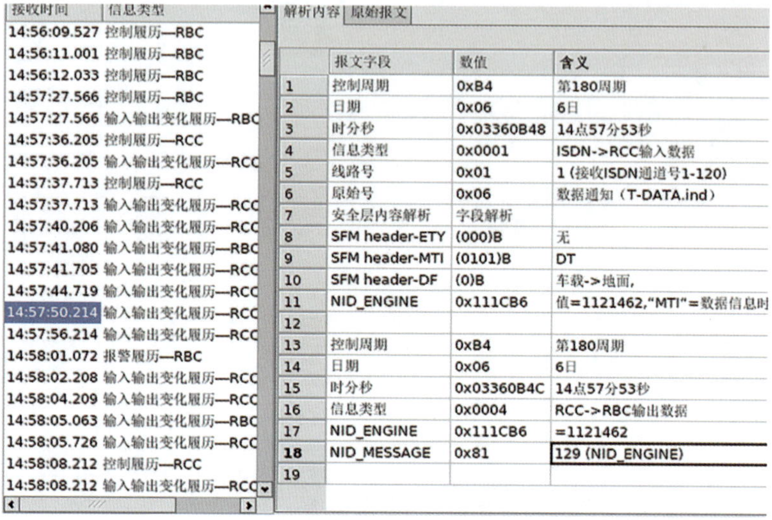

图 8-2-19 维护终端记录 3

14:58:01，RBC 输出报警信息“一定时间未接收到车载消息”（图 8-2-20）。

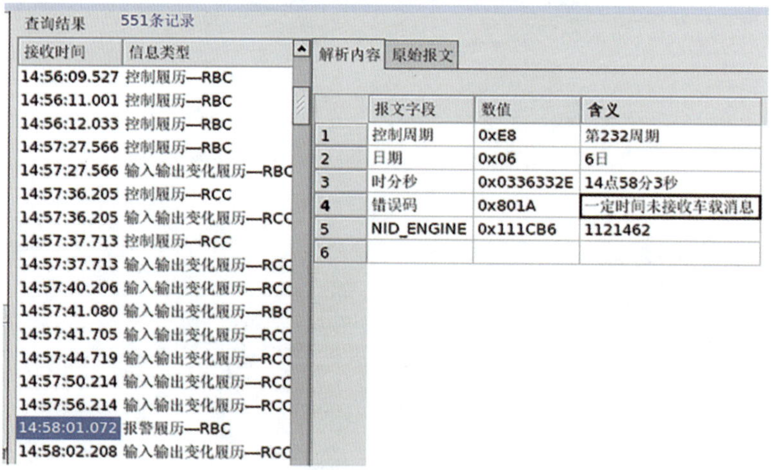

图 8-2-20 维护终端记录 4

14:58:04，列车向 RBC 发送 M156 消息包，结束通信会话（图 8-2-21）。

从 14:57:41，RBC 向车载设备发送 M32 消息包，到 14:58:01，RBC 只收到车载设备发送的 M129 和 M136 消息包，RBC 在此期间未收到 M159 消息包。

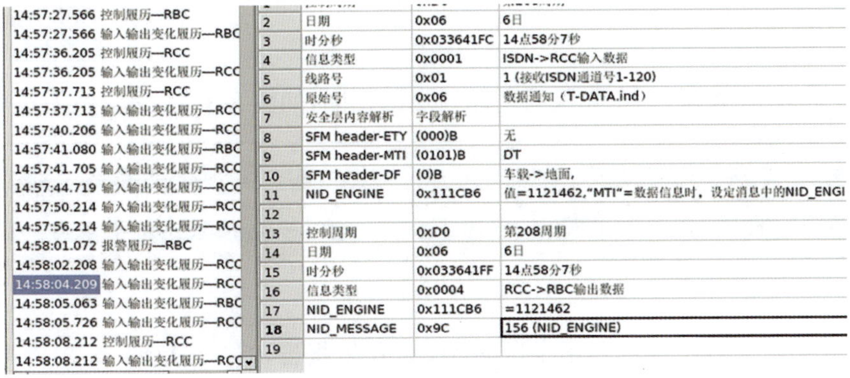

图 8-2-21　维护终端记录 5

三、处理方法

RBC 未收到 M159 消息包，导致应用层连接未建立，但 ISDN 的记录中已经收到了 M159，认为可能是从 ISDN 到 RBC 的传输网络或网线、交换机、硬件板卡等中间传输环节异常，导致了该消息的丢失，进而导致列车未能转 CTCS-3 级模式运行。

通过对 ISDN 与 RCC 间车地消息 M159 丢包问题查找分析，发现 RBC 的 ISDN 服务器都工作在半双工模式下。在检查 RCC 交换机配置时，发现 RCC 交换机与 ISDN 服务器相连的端口“以太网自动协商”功能配置为“关”。

根据自动协商原理，相连的两个端口，如果一端开启自动协商，另一端强制速率和全双工模式，则具备自动协商功能的端口就工作在半双工模式下。

将 RCC 交换机“以太网自动协商”功能配置为开启后，经抓包分析，再未出现丢包现象。

第三节　外部通信

案例一　RBC 与联锁中断导致多列车无线超时

一、问题描述

RBC 与车站联锁通信中断，造成列车无线通信超时并降级运行。

二、问题分析

查看 RBC 数据，列车无线通信超时原因相同，如图 8-3-1 所示。

时间	日志类型	事件标识	详细信息
2023-03-30 15:30:20	stpdatafromtrain	0	info = Data from peer train 1250612, server_id = 4, peer_etcs_id
2023-03-30 15:30:20	stpdatatotrain	0	info = Data to peer train 1250612, server_id = 4, peer_etcs_id_ty
2023-03-30 15:30:26	stpdatafromtrain	0	info = Data from peer train 1250612, server_id = 4, peer_etcs_id
2023-03-30 15:30:26	stpdatatotrain	0	info = Data to peer train 1250612, server_id = 4, peer_etcs_id_ty

图 8-3-1　RBC 数据 1

15:30:20，RBC 收到列车发送的 M136 位置报告，T_TRAIN＝3731746。

15:30:20，RBC 向列车发送 M24 通常消息，T_TRAIN＝3731769。

15:30:26，RBC 收到列车发送的 M136 位置报告，T_TRAIN＝3732346。

15:30:26，RBC 向列车发送 M24 通常消息，T_TRAIN＝3732350(图 8-3-2)。

时间	等级	组名	事件标识	信息
2023-03-30 15:30:29	C	tsrs_ad_crsc_a	1	The connection to TSRS1 is lost
2023-03-30 15:30:29	C	il_ad_crsc_a	5	The connection to ILOCKCZW is lost.
2023-03-30 15:30:29	C	il_ad_crsc_a	5	The connection to ILOCKDZEJHC is lost.
2023-03-30 15:30:30	C	il_ad_crsc_a	4	The data from TSRS1 is not received in time.
2023-03-30 15:30:30	C	il_ad_crsc_a	8	STP commands to disconnect the connection to TSRS1.
2023-03-30 15:30:30	C	il_ad_crsc_a	8	STP commands to disconnect the connection to ILOCKCZW.
2023-03-30 15:30:30	B	rim_a	2	Disconnect indication from the RBC JHRBC4.
2023-03-30 15:30:30	C	il_ad_crsc_a	8	STP commands to disconnect the connection to ILOCKDZEJHC.

图 8-3-2　RBC 数据 2

15:30:29，RBC 与 TSRS、车站联锁连接中断。

15:30:30，由于未收到对方数据，STP 库断开与对方设备的连接(图 8-3-3)。

时间	等级	组名	事件标识	信息
2023-03-30 15:30:30	C	il_ad_crsc_a	6	The session to ILOCKCZW is terminated.

时间	等级	组名	事件标识	信息
2023-03-30 15:30:30	C	il_ad_crsc_a	6	The session to ILOCKDZEJHC is terminated.

图 8-3-3　RBC 数据 3

15:30:30，RBC 超过 3.5 s 未收到车站联锁侧数据，主动断开与联锁的通信连接(图 8-3-4)。

时间	日志类型	事件标识	详细信息
2023-03-30 15:30:31	stpdatafromtrain	0	info = Data from peer train 1250612, server_id = 4, peer_etcs_id_type
2023-03-30 15:30:37	stpdatafromtrain	0	info = Data from peer train 1250612, server_id = 4, peer_etcs_id_type
2023-03-30 15:30:40	stpdatafromtrain	0	info = Data from peer train 1250612, server_id = 4, peer_etcs_id_type
2023-03-30 15:30:41	stpdatafromtrain	0	info = Data from peer train 1250612, server_id = 4, peer_etcs_id_type
2023-03-30 15:30:46	stpdisconnectind	0	info = Disconnect indication from peer train 1250612, server_id = 4, p

图 8-3-4　RBC 数据 4

15:30:31 起，因 RBC 与联锁通信中断，RBC 不再响应列车无线消息，列车发生无线通信超时并与 RBC 通信中断。

进一步现场查看 RBC 服务器，在拷贝Ⅱ系（主系）数据时，服务器运行缓慢，操作系统桌面无图标，鼠标拖动缓慢。打开命令窗口后，查看机器服务进程，如图 8-3-5 所示。

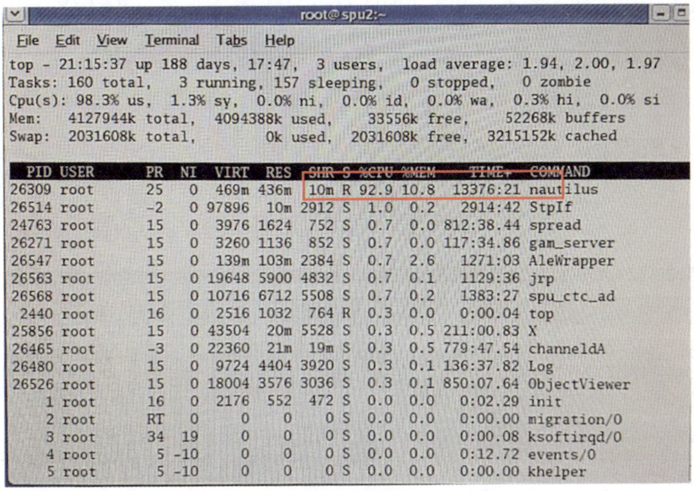

图 8-3-5　RBC 设备Ⅱ系服务器进程

由图 8-3-5 可看出，“nautilus”进程占用了 92.9%的 CPU、10.8%的内存。由此分析，RBC 设备Ⅱ系 C 机在只打开命令窗口的情况下，“nautilus”进程（文件管理器）就将机器资源耗尽。由上述现象分析可知，由于 RBC 设备Ⅱ系 C 机卡顿，导致Ⅱ系运行缓慢，无法正常响应外部设备，造成与联锁无线连接超时，并进一步造成多列车无线连接超时的故障现象。

三、处理方法

因 RBC 设备Ⅱ系（主系统）运行缓慢，导致与 TSRS、联锁通信中断。RBC 与联锁恢复通信期间，RBC 不再响应列车的无线消息，造成多趟列车无线连接超时，更换 RBC Ⅱ系 C 机服务器。

案例二　RBC 与联锁通信中断

一、问题描述

RBC3 Ⅰ系报警与管辖各联锁通信中断，RBC3 切换至Ⅱ系主控。

二、故障原因分析

查看 RBC3 与联锁安全数据网 1 网通信数据：

02:00:21 开始，安全数据网 1 网中 RBC3 与 CBI2 之间(172.66.29.187⟹172.66.29.85)出现大量 Dup ACK 数据包，其中 RBC3 Ⅰ系为主系(172.66.29.187)，CBI2 Ⅰ系为主系(172.66.29.85)，172.66.30.×网段与 CBI 的通信未出现该现象(图 8-3-6)。

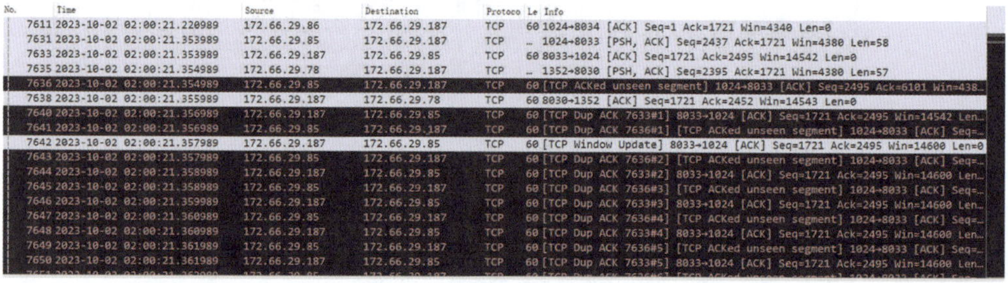

No.	Time	Source	Destination	Protoco	Le	Info
7611	2023-10-02 02:00:21.220989	172.66.29.86	172.66.29.187	TCP	60	1024→8034 [ACK] Seq=1 Ack=1721 Win=4340 Len=0
7631	2023-10-02 02:00:21.353989	172.66.29.85	172.66.29.187	TCP	…	1024→8033 [PSH, ACK] Seq=2437 Ack=1721 Win=4380 Len=58
7633	2023-10-02 02:00:21.353989	172.66.29.187	172.66.29.85	TCP	60	8033→1024 [ACK] Seq=1721 Ack=2495 Win=14542 Len=0
7635	2023-10-02 02:00:21.354989	172.66.29.78	172.66.29.187	TCP	…	1352→8030 [PSH, ACK] Seq=2395 Ack=1721 Win=4380 Len=57
7636	2023-10-02 02:00:21.354989	172.66.29.85	172.66.29.187	TCP	60	[TCP ACKed unseen segment] 1024→8033 [ACK] Seq=2495 Ack=6101 Win=438…
7638	2023-10-02 02:00:21.355989	172.66.29.187	172.66.29.78	TCP	60	8030→1352 [ACK] Seq=1721 Ack=2452 Win=14543 Len=0
7640	2023-10-02 02:00:21.356989	172.66.29.187	172.66.29.85	TCP	60	[TCP Dup ACK 7633#1] 8033→1024 [ACK] Seq=1721 Ack=2495 Win=14542 Len…
7641	2023-10-02 02:00:21.356989	172.66.29.85	172.66.29.187	TCP	60	[TCP Dup ACK 7636#1] [TCP ACKed unseen segment] 1024→8033 [ACK] Seq=…
7642	2023-10-02 02:00:21.357989	172.66.29.187	172.66.29.85	TCP	60	[TCP Window Update] 8033→1024 [ACK] Seq=1721 Ack=2495 Win=14600 Len=0
7643	2023-10-02 02:00:21.357989	172.66.29.85	172.66.29.187	TCP	60	[TCP Dup ACK 7636#2] [TCP ACKed unseen segment] 1024→8033 [ACK] Seq=…
7644	2023-10-02 02:00:21.358989	172.66.29.187	172.66.29.85	TCP	60	[TCP Dup ACK 7633#2] 8033→1024 [ACK] Seq=1721 Ack=2495 Win=14600 Len…
7645	2023-10-02 02:00:21.358989	172.66.29.85	172.66.29.187	TCP	60	[TCP Dup ACK 7636#3] [TCP ACKed unseen segment] 1024→8033 [ACK] Seq=…
7646	2023-10-02 02:00:21.359989	172.66.29.187	172.66.29.85	TCP	60	[TCP Dup ACK 7633#3] 8033→1024 [ACK] Seq=1721 Ack=2495 Win=14600 Len…
7647	2023-10-02 02:00:21.360989	172.66.29.85	172.66.29.187	TCP	60	[TCP Dup ACK 7636#4] [TCP ACKed unseen segment] 1024→8033 [ACK] Seq=…
7648	2023-10-02 02:00:21.360989	172.66.29.187	172.66.29.85	TCP	60	[TCP Dup ACK 7633#4] 8033→1024 [ACK] Seq=1721 Ack=2495 Win=14600 Len…
7649	2023-10-02 02:00:21.361989	172.66.29.85	172.66.29.187	TCP	60	[TCP Dup ACK 7636#5] [TCP ACKed unseen segment] 1024→8033 [ACK] Seq=…
7650	2023-10-02 02:00:21.361989	172.66.29.187	172.66.29.85	TCP	60	[TCP Dup ACK 7633#5] 8033→1024 [ACK] Seq=1721 Ack=2495 Win=14600 Len…

图 8-3-6　RBC3 与联锁安全数据网 1 网通信数据 1

02:00:21，CBI2 Ⅰ系统回复 TCP ACK 中，确认序号(Ack Number)发生异常，且异常 ACK 与对应的数据包之间不存在其他数据。

02:00:24，RBC3 Ⅰ系向所有 CBI 设备的 1 网 TCP 连接发送 RST，RBC3 Ⅰ系与 CBI2 Ⅰ系间的 Dup ACK 数据包发送停止(图 8-3-7)。

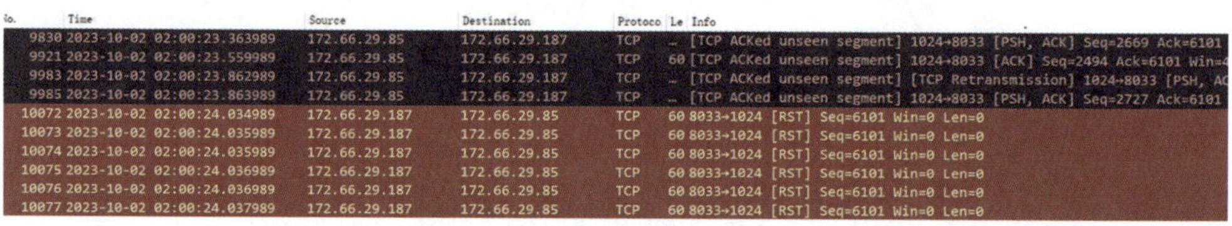

No.	Time	Source	Destination	Protoco	Le	Info
9830	2023-10-02 02:00:23.363989	172.66.29.85	172.66.29.187	TCP	…	[TCP ACKed unseen segment] 1024→8033 [PSH, ACK] Seq=2669 Ack=6101
9921	2023-10-02 02:00:23.559989	172.66.29.85	172.66.29.187	TCP	60	[TCP ACKed unseen segment] 1024→8033 [ACK] Seq=2494 Ack=6101 Win=4
9983	2023-10-02 02:00:23.862989	172.66.29.85	172.66.29.187	TCP	…	[TCP ACKed unseen segment] [TCP Retransmission] 1024→8033 [PSH, AC
9985	2023-10-02 02:00:23.863989	172.66.29.85	172.66.29.187	TCP	…	[TCP ACKed unseen segment] 1024→8033 [PSH, ACK] Seq=2727 Ack=6101
10072	2023-10-02 02:00:24.034989	172.66.29.187	172.66.29.85	TCP	60	8033→1024 [RST] Seq=6101 Win=0 Len=0
10073	2023-10-02 02:00:24.035989	172.66.29.187	172.66.29.85	TCP	60	8033→1024 [RST] Seq=6101 Win=0 Len=0
10074	2023-10-02 02:00:24.035989	172.66.29.187	172.66.29.85	TCP	60	8033→1024 [RST] Seq=6101 Win=0 Len=0
10075	2023-10-02 02:00:24.036989	172.66.29.187	172.66.29.85	TCP	60	8033→1024 [RST] Seq=6101 Win=0 Len=0
10076	2023-10-02 02:00:24.036989	172.66.29.187	172.66.29.85	TCP	60	8033→1024 [RST] Seq=6101 Win=0 Len=0
10077	2023-10-02 02:00:24.037989	172.66.29.187	172.66.29.85	TCP	60	8033→1024 [RST] Seq=6101 Win=0 Len=0

图 8-3-7　RBC3 与车站联锁安全数据网 1 网通信数据 2

RBC 当检测到如下条件时，会判断为检测出网络风暴。当网络风暴发生时，RBC 主动切断连接，发起重连。

条件 1：220 pkt/60 ms，1 次检测(在接收数据包数超过 200 时，检测出网络风暴)。

条件 2：60 pkt/60 ms，连续 3 次检测(在连续 3 次出现接收数据包数 220 以下且 60 以上的时，检测出网络风暴)。

因 CBI2 Ⅰ系 1 网回复 RBC3 Ⅰ系的 TCP ACK 中，确认序号(Ack Number)发生异常，网络中存在大量的数据包，RBC3 Ⅰ系依据防止网络风暴条件重置所有 1 网连接，导致 RBC3 Ⅰ系报警与管内各站联锁 1 网通信中断，并切换至Ⅱ系主控。

案例三　RBC 与联锁通信中断，导致列车停车

一、故障现象

列车紧急停车。

二、问题分析

1. 查看 RBC1 维护记录，21:52:29，RBC 接收到 EC 计数的状态超过报警值，导致 RBC 与联锁断开链接(图 8-3-8)。

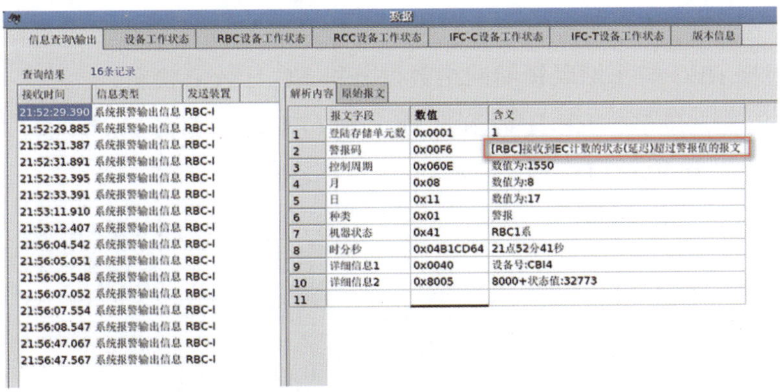

图 8-3-8　RBC1 维护记录

EC 计数是 RBC 与 CBI 设备间安全通信协议在安全层所采用的防消息延迟机制，EC 值经过每个通信周期(500 ms)后增加 1，通过时效保证设备之间的正常通信状态。接收方对期望接收到的 EC 值和实际接收到的 EC 值进行比较，如果两者的差值大于阈值 Δ_{alarm}(表 8-3-1)，则判断安全层存在异常，需断开设备间的安全连接。

一般情况下，接收方一段时间内收不到发送方的消息，或者收到对方新消息中的 EC 值突然变大超过 5 时，会导致 EC 计数超过阈值报警。

表 8-3-1 Δ_{alarm} 参数说明

参数符号	参数取值	说明	备注
$T_{CBICyele}$	≤500 ms	CBI 向 RBC 发送应用层消息的周期时间值	—
$T_{CBCCyele}$	≤500 ms	RBC 向 CBI 发送应用层消息的周期时间值	—
$T_{RBCtimeout}$	3 s	RBC 应用层判断通信超时中断的时间	—
$T_{CBItimeout}$	3 s	CBI 应用层判断通信超时中断的时间	—
T_{syn}	≤4. 2 s	SAI 层用于检测不合理初始化延时	—
N	≤10	SAI 层用于消息序列号检查的阈值	—
Δ_{slarm}	≤5	SAI 层用于 EC 防护技术深层检测的报警值	取决于 $T_{RBCtimeout}$
C_{as0}	≤100	SAI 层通过调整 Ex 退出停留状态的时间阈值	100 个运行周期
C_{detd}	≤1 000	EC 状态机处于不同于 0 的固定状态时，SAI 层启动传输延时检测的时间	1 000 个运行周期

2. 根据 RBC 与车站联锁间网络数据分析 EC 计数值状态。

21:52:32. 984553，RBC1 收到联锁 B 机（IP 地址 172. 66. 29. 50）发送的数据，EC 计数值为 00 0C D7 E6（图 8-3-9 中红框部分）。

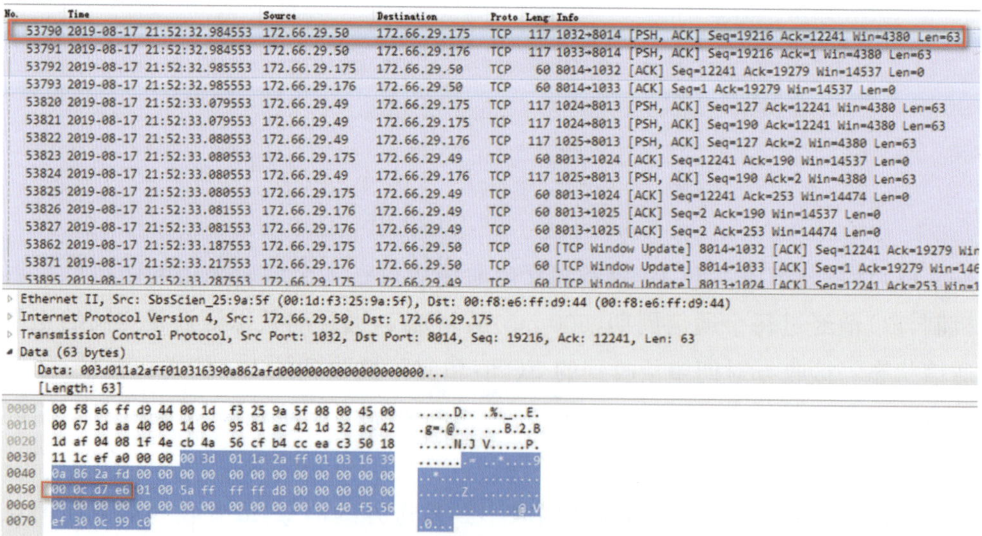

图 8-3-9 EC 计数值状态 1

21:52:33.079553，RBC1 收到车站联锁 A 机（IP 地址 172.66.29.49）发送的数据，EC 计数值为 00 0C D7 F0（图 8-3-10 中红框部分）。

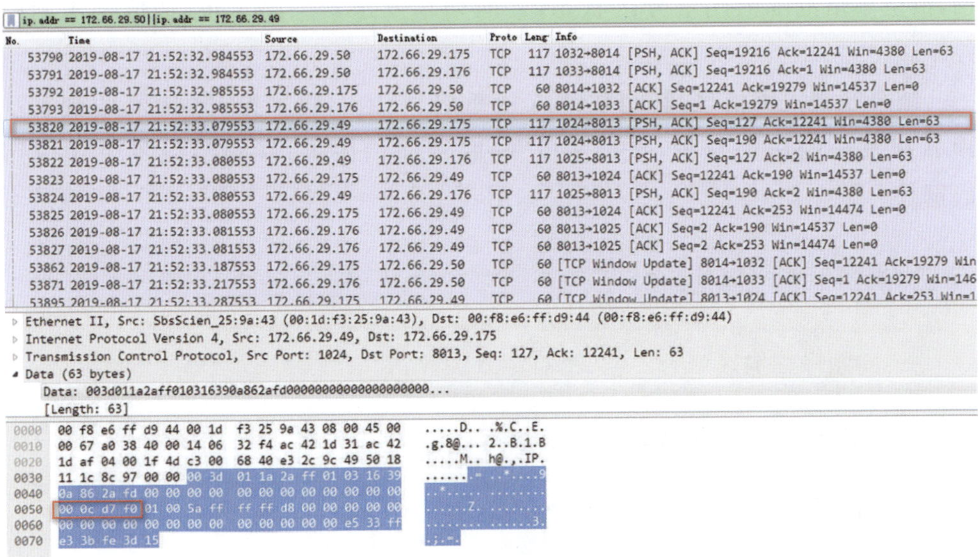

图 8-3-10　EC 计数值状态 2

21:52:33.484553，RBC1 收到联锁 B 机（IP 地址 172.66.29.50）发送的数据，EC 计数值为 00 0C D7 E7（图 8-3-11 中红框部分）。

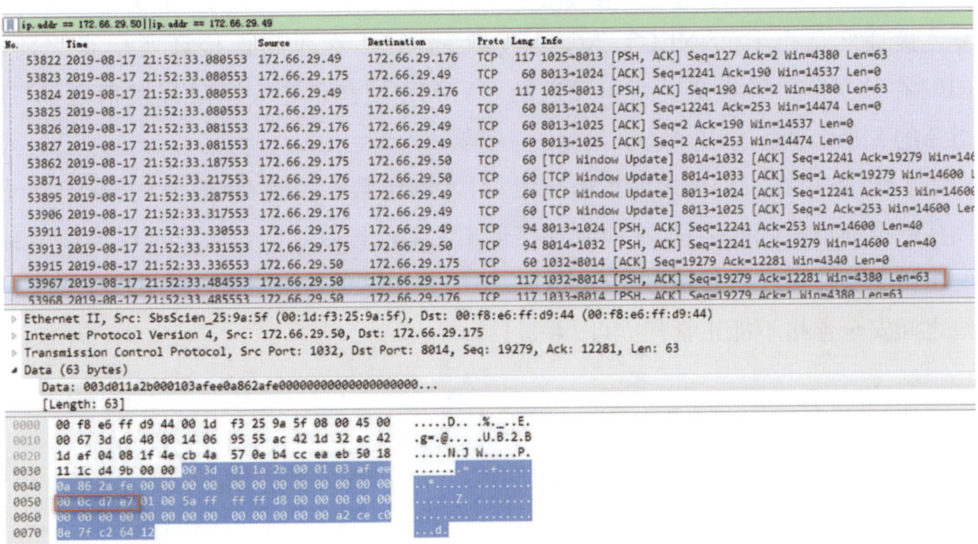

图 8-3-11　EC 计数值状态 3

上述连续的三包数据分别由联锁B机、A机、B机发送，导致EC计数值不连续且差值超过协议规定的最大值5，RBC按照协议规定断开与车站联锁间的通信，清空车站范围内闭塞分区状态，并向列车发送紧急停车包，造成列车紧急停车。

结合联锁报警信息，其间联锁A机重启，联锁B机主控，但RBC收到了联锁A机发送的应用数据，按照RBC与联锁通信协议，联锁备机不发送应用数据。

案例四　无线通信超时

一、问题详细描述

列车未转入C3级模式，维持C2级运行。

二、问题分析

一般情况下，列车与RBC之间建立会话的过程如图8-3-12所示。需要建立控制信道(D信道)的数据链路层、网络层的连接，继而建立数据信道(B信道)的数据链路层、网络层、传输层、安全层和应用层的连接。

RBC向MSC发送了连接信令CONNECT后，MSC过了约4 s才向RBC回复连接证实信令CONNECT ACKNOWLEDGE。在收到连接证实信息之前，RBC在数据链路层收到了列车发送的SABME帧和包含安全层连接信息AU1指令的2个I帧。

由于RBC在收到连接证实信息之后，才判定数据信道(B信道)已连通并使用从数据通道收到的信息，在收到连接证实之前已经收到的包含安全层连接消息的I帧无法传递到协议栈上层，即RBC不能使用该AU1，无法回复AU2，从而车地之间安全连接不能正常建立(图8-3-13)。

三、处理方法

通信侧确认连接证实信息回复时间接近4 s的原因并优化。

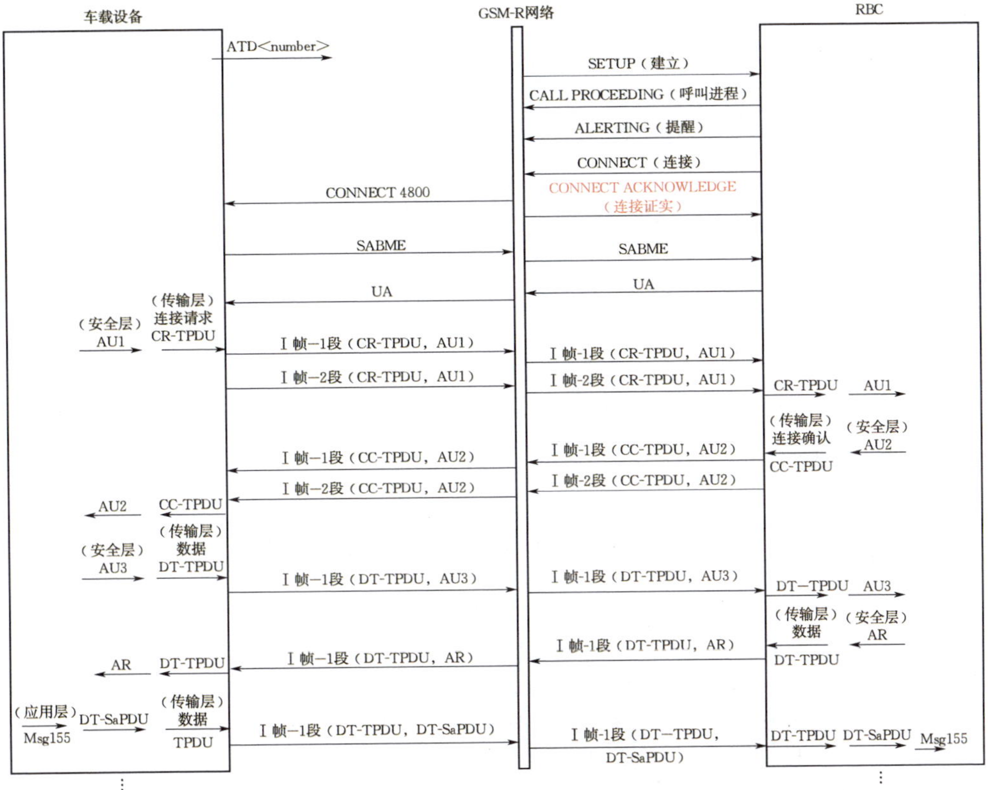

图 8-3-12　列车与 RBC 间建立会话过程 1

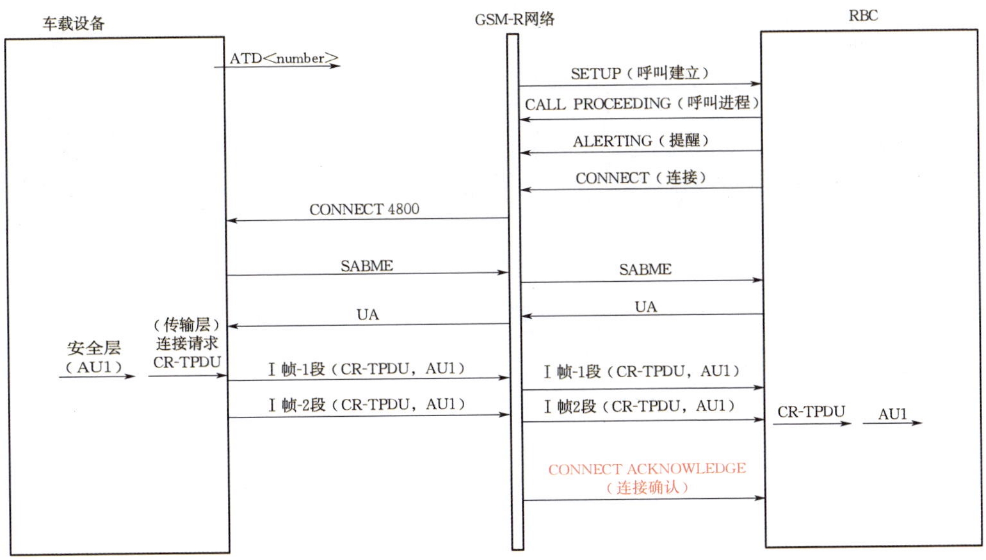

图 8-3-13　列车与 RBC 间建立会话过程 2

案例五　V.110 帧波特率匹配错误

一、问题描述

列车未成功转入 C3 级模式，维持 C2 级运行。

二、问题分析（通信专业）

1. 监测数据分析

在 C3 级车地数据传输中，各接口监测位置如图 8-3-14 所示。

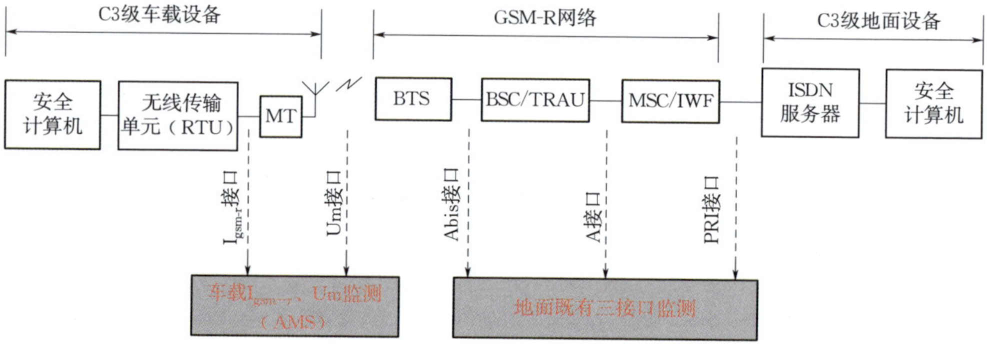

图 8-3-14　接口监测位置示意

RBC 侧业务监测第一次呼叫数据分析，如图 8-3-15 至图 8-3-17 所示。

MSISDN	机车号	CTCS ID	记录时间	信令方向	CRC校验	帧类型	链路层	传输层	车->地	地->车	信令内容	拆链原因	RBC号码
14982174142	21461	1121461	44565	MSC --> RBC	通过	SETUP					02 01 90 04 08 02 01 80 05 A1 04 06 88		92210602
14982174142	21461	1121461	2022-01-04 09:05:12. 918363	RBC --> MSC	通过	CALL PROCEEDING					00 01 04 92 08 02 01 80 02 18 03 A9 83		92210602
14982174142	21461	1121461	2022-01-04 09:05:12. 919796	RBC --> MSC	通过	ALERTING					00 01 06 92 08 02 01 80 01 F2 8F		92210602
14982174142	21461	1121461	2022-01-04 09:05:12. 924861	RBC --> MSC	通过	CONNECT					00 01 08 92 08 02 01 80 07 4C 09 C1 39		92210602
14982174142	21461	1121461	2022-01-04 09:05:13. 155145	OBC --> RBC	通过	V.110帧同步					01		92210602
14982174142	21461	1121461	2022-01-04 09:05:13. 661453	MSC --> RBC	通过	CONNECT ACKNOWLEDGE					02 01 92 0A 08 02 01 80 0F 72 CB		92210602
14982174142	21461	1121461	2022-01-04 09:05:21. 874227	MSC --> RBC	通过	DISCONNECT					02 01 94 0A 0	16 Normal call clearing	92210602
14982174142	21461	1121461	2022-01-04 09:05:21. 880551	RBC --> MSC	通过	RELEASE					00 01 0A 96 08 02 01 80 4D 08 02 80 90		92210602
14982174142	21461	1121461	2022-01-04 09:05:21. 990172	MSC --> RBC	通过	RELEASE COMPLETE					02 01 96 0C 08 02 01 80 5A D6 B9		92210602

图 8-3-15　第一次呼叫数据

```
2022-01-04 09:05:13.153423 | FF FF FF FF FF FF FF FF FF FF --> presync effectivenum:80
2022-01-04 09:05:13.153655 | 00 FF FF FF FF BF FF FF FF FF --> start sync:1
2022-01-04 09:05:13.153805 | 00 FF FF FF FF BF FF FF FF FF --> start sync:2
2022-01-04 09:05:13.154032 | final sync
2022-01-04 09:05:13.154275 | 00 FF FF FF FF BF FF FF FF FF --> init S1:1,X1:1,S3:1,S4:1,S6:1,X2:1,S8:1,S9:1
2022-01-04 09:05:13.154290 | 00 FF FF FF FF BF FF FF FF FF
2022-01-04 09:05:13.154297 | 00 FF FF FF FF BF FF FF FF FF
2022-01-04 09:05:13.281334 | 00 FF FE FF FF BF FF FE FF FF --> change X1:1->0,X2:1->0
2022-01-04 09:05:13.281350 | 00 FF FE FF FF BF FF FE FF FF
2022-01-04 09:05:13.281358 | 00 FF FE FF FF BF FF FE FF FF
2022-01-04 09:05:13.281365 | 00 FF FE FF FF BF FF FE FF FF
2022-01-04 09:05:13.281372 | 00 FF FE FF FF BF FF FE FF FF
2022-01-04 09:05:13.281379 | 00 FF FE FF FF BF FF FE FF FF
2022-01-04 09:05:13.281386 | 00 FF FE FF FF BF FF FE FF FF
2022-01-04 09:05:13.281396 | 00 FF FE FF FF BF FF FE FF FF
2022-01-04 09:05:13.281405 | 00 FF FE FF FF BF FF FE FF FF
2022-01-04 09:05:13.281412 | 00 FF FE FF FF BF FF FE FF FF
2022-01-04 09:05:13.281419 | 00 FF FE FF FF BF FF FE FF FF
```

1011 1111，其中011是标识速率，011代表速率为4 800 bit/s

图 8-3-16　第一次呼叫上行方向 V.110 数据帧

```
2022-01-04 09:05:13.732993 | 00 00 00 00 00 00 00 00 00 00 --> presync effectivenum:80
2022-01-04 09:05:13.733149 | 00 FF FF FF FF F0 FF FF BF FF --> start sync:1
```

RBC只发送了1个V. 110数据帧

图 8-3-17 第一次呼叫下行方向 V. 110 数据帧

第一次呼叫期间，车载设备向 RBC 发送 V. 110 帧同步后，一直未收到 RBC 侧发送的 V. 110 帧同步消息，导致约 8 s 之后，上行方向发送 DISCONNECT 信令拆链。

查看 V. 110 帧数据可知，其间上行方向连续发送两个满足 V. 110 帧同步特征的 V. 110 帧进行帧同步（连续检测到两个 V. 110 帧同步特征的 V. 110 帧，完成 V. 110 帧同步）。其中，波特率标志位显示上行方向链路波特率为 4. 8 kbit/s；但下行方向 V. 110 帧数据显示 RBC 只发送 1 个 V. 110 帧进行帧同步（只有连续检测到两个 V. 110 帧同步特征的 V. 110 帧才能完成 V. 110 帧同步），下行方向未完成 V. 110 帧同步。

RBC 侧业务监测第二次呼叫数据分析，如图 8-3-18 至图 8-3-20 所示。

MSISDN	记录时间	信令方向	CRC校验	帧类型	传输层	安全层	应用层	发送方T_Tra	车->地	地->车	RR帧类型	信令内容	拆链原因	采集卡	端口	时隙	信令长度
14982174200	2022-01-04 09:05:25. 950851	MSC --> RBC	通过	SETUP								02 01 84 0C 08 02 00 78 05 A1 04 06 88		未知（17）	11	16	86
14982174200	2022-01-04 09:05:25. 955178	RBC --> MSC	通过	CALL PROCEEDING								00 01 0C 86 08 02 00 78 02 18 03 A9 83		未知（17）	12	16	16
14982174200	2022-01-04 09:05:25. 959912	RBC --> MSC	通过	ALERTING								00 01 0E 86 08 02 00 78 01 16 EB		未知（17）	12	16	11
14982174200	2022-01-04 09:05:25. 964932	RBC --> MSC	通过	CONNECT								00 01 10 86 08 02 00 78 07 4C 09 C1 39		未知（17）	12	16	37
14982174200	2022-01-04 09:05:26. 233174	OBC --> RBC	通过	V.110帧同步								01		未知（17）	11	29	1
14982174200	2022-01-04 09:05:26. 714233	MSC --> RBC	通过	CONNECT ACKNOWLEDGE								02 01 86 12 08 02 00 78 0F 31 9A		未知（17）	11	16	11
14982174200	2022-01-04 09:05:34. 851029	MSC --> RBC	通过	DISCONNECT								02 01 88 12 0(	16 Normal call clearing	未知（17）	11	16	15
14982174200	2022-01-04 09:05:34. 858203	RBC --> MSC	通过	RELEASE								00 01 12 8A 08 02 00 78 4D 08 02 80 90		未知（17）	12	16	15
14982174200	2022-01-04 09:05:34. 970372	MSC --> RBC	通过	RELEASE COMPLETE								02 01 8A 14 08 02 00 78 5A 79 36		未知（17）	11	16	11

图 8-3-18 第二次呼叫数据

```
2022-01-04 09:05:26.231628 | FF FF FF FF FF FF FF FF FF FF --> presync effectivenum:80
2022-01-04 09:05:26.231814 | 00 FF FF FF FF BF FF FF FF FF --> start sync:1
2022-01-04 09:05:26.231954 | 00 FF FF FF FF BF FF FF FF FF --> start sync:2
2022-01-04 09:05:26.232107 | final sync
2022-01-04 09:05:26.232357 | 00 FF FF FF FF BF FF FF FF FF --> init S1:1,X1:1,S3:1,S4:1,S6:1,X2:1,S8:1,S9:1
2022-01-04 09:05:26.232372 | 00 FF FF FF FF BF FF FF FF FF
2022-01-04 09:05:26.232379 | 00 FF FF FF FF BF FF FF FF FF
2022-01-04 09:05:26.232523 | 00 FF FE FF FF BF FF FE FF FF --> change X1:1->0,X2:1->0
2022-01-04 09:05:26.232534 | 00 FF FE FF FF BF FF FE FF FF
2022-01-04 09:05:26.232541 | 00 FF FE FF FF BF FF FE FF FF
2022-01-04 09:05:26.359619 | 00 FF FE FF FF BF FF FE FF FF
2022-01-04 09:05:26.359631 | 00 FF FE FF FF BF FF FE FF FF
2022-01-04 09:05:26.359640 | 00 FF FE FF FF BF FF FE FF FF
2022-01-04 09:05:26.359647 | 00 FF FE FF FF BF FF FE FF FF
```

波特率为4. 8 kbit/s

图 8-3-19 第二次呼叫上行方向 V. 110 数据帧

```
2022-01-04 09:05:26.812237 | 00 00 00 00 00 00 00 00 00 00 --> presync effectivenum:80
2022-01-04 09:05:26.812421 | 00 FF FF FF FF F0 FF FF BF FF --> start sync:1
2022-01-04 09:05:34.876218 | FD FF FF 87 FF FD FF FF 87 80 --> presync effectivenum:80
2022-01-04 09:05:34.876372 | 00 FF FF FF FF FF FF FF FF FF --> start sync:1
```

RBC发送两个V. 110帧，但是不连续

图 8-3-20 第二次呼叫下行方向 V. 110 数据帧

第二次呼叫期间，车载设备向 RBC 发送 V. 110 帧同步后，一直未收到 RBC 侧发送的 V. 110 帧同步消息，导致约 8 s 之后，上行方向发送 DISCONNECT 信令拆链。

查看 V.110 帧数据可知，其间上行方向连续发送两个满足 V.110 帧同步特征的 V.110 帧进行帧同步(连续检测到两个 V.110 帧同步特征的 V.110 帧，完成 V.110 帧同步)。其中，波特率标志位显示上行方向链路波特率为 4.8 kbit/s。但期间，下行方向 V.110 帧数据显示，RBC 发送 2 个 V.110 帧，但是不连续(只有连续检测到两个 V.110 帧同步特征的 V.110 帧，才能完成 V.110 帧同步)，下行方向未完成 V.110 帧同步。

RBC 侧业务监测第三次呼叫数据分析，如图 8-3-21 至图 8-3-23 所示。

MSISDN	记录时间	信令方向	CRC校验	帧类型	应用层	车->地	地->车	RR帧类型	信令内容	拆链原因	采集卡	端口	时隙	信令长度
14982174142	2022-01-04 09:05:38. 868510	MSC --> RBC	通过	SETUP					02 01 8C 04 08 02 03 EF 05 A1 04 06 88 90 21 45 26 BB 18 03 A9 8		未知（17）	3	16	86
14982174142	2022-01-04 09:05:38. 873631	RBC --> MSC	通过	CALL PROCEEDING					00 01 04 8E 08 02 03 EF 02 18 03 A9 83 89 A5 15		未知（17）	4	16	16
14982174142	2022-01-04 09:05:38. 876704	RBC --> MSC	通过	ALERTING					00 01 06 8E 08 02 03 EF 01 93 AF		未知（17）	4	16	11
14982174142	2022-01-04 09:05:38. 881818	RBC --> MSC	通过	CONNECT					00 01 08 8E 08 02 03 EF 07 4C 09 C1 39 32 32 31 30 36 30 32 4D 0		未知（17）	4	16	37
14982174142	2022-01-04 09:05:39. 143476	OBC --> RBC	通过	V.110帧同步					01		未知（17）	3	9	1
14982174142	2022-01-04 09:05:39. 616768	MSC --> RBC	通过	CONNECT ACKNOWLEDGE					02 01 8E 0A 08 02 03 EF 0F 04 9C		未知（17）	3	16	11
14982174142	2022-01-04 09:05:39. 723745	RBC --> OBC	通过	V.110帧同步					01		未知（17）	4	9	1
14982174142	2022-01-04 09:05:48. 218752	MSC --> RBC	通过	DISCONNECT					02 01 90 0A 08 02 03 EF 45 08 02 8	27 Destination out of order	未知（17）	3	16	15
14982174142	2022-01-04 09:05:48. 226940	RBC --> MSC	通过	RELEASE					00 01 0A 92 08 02 03 EF 4D 08 02 80 90 E3 65		未知（17）	4	16	15
14982174142	2022-01-04 09:05:48. 299899	RBC --> OBC	通过	V.110帧失步					00		未知（17）	4	9	1
14982174142	2022-01-04 09:05:48. 348278	MSC --> RBC	通过	RELEASE COMPLETE					02 01 92 0C 08 02 03 EF 5A 85 85		未知（17）	3	16	11

图 8-3-21　第三次呼叫数据

```
2022-01-04 09:05:39.141989 | FF FF FF FF FF FF FF FF FF FF --> presync effectivenum:80
2022-01-04 09:05:39.142163 | 00 FF FF FF FF BF FF FF FF FF --> start sync:1
2022-01-04 09:05:39.142309 | 00 FF FF FF FF BF FF FF FF FF --> start sync:2
2022-01-04 09:05:39.142451 | final sync
2022-01-04 09:05:39.142701 | 00 FF FF FF FF BF FF FF FF FF --> init S1:1,X1:1,S3:1,S4:1,S6:1,X2:1,S8:1,S9:1
2022-01-04 09:05:39.142718 | 00 FF FF FF FF BF FF FF FF FF
2022-01-04 09:05:39.270364 | 00 FF FF FF FF BF FF FF FF FF
2022-01-04 09:05:39.270573 | 00 FF FE FF FF BF FF FE FF FF --> change X1:1->0,X2:1->0
2022-01-04 09:05:39.270585 | 00 FF FE FF FF BF FF FE FF FF
2022-01-04 09:05:39.270593 | 00 FF FE FF FF BF FF FE FF FF
2022-01-04 09:05:39.270600 | 00 FF FE FF FF BF FF FE FF FF
2022-01-04 09:05:39.270607 | 00 FF FE FF FF BF FF FE FF FF
2022-01-04 09:05:39.270614 | 00 FF FE FF FF BF FF FE FF FF
```

波特率：4.8 kbit/s

图 8-3-22　第三次呼叫上行方向 V.110 数据帧

```
2022-01-04 09:05:39.721975 | 00 00 00 00 00 00 00 00 00 00 --> presync effectivenum:80
2022-01-04 09:05:39.722136 | 00 FF FF FF FF F0 FF FF FF FF --> start sync:1
2022-01-04 09:05:39.722293 | 00 00 00 0F 0F FF FF FF FF FF --> presync effectivenum:52
2022-01-04 09:05:39.722409 | 00 FF FF FF FF BF FF FF FF FF --> start sync:1
2022-01-04 09:05:39.722546 | 00 FF FF FF FF BF FF FF FF FF --> start sync:2
2022-01-04 09:05:39.722679 | final sync
2022-01-04 09:05:39.722910 | 00 FF FF FF FF BF FF FF FF FF --> init S1:1,X1:1,S3:1,S4:1,S6:1,X2:1,S8:1,S9:1
2022-01-04 09:05:39.722924 | 00 FF FF FF FF BF FF FF FF FF
2022-01-04 09:05:39.722931 | 00 FF FF FF FF BF FF FF FF FF
2022-01-04 09:05:39.722938 | 00 FF FF FF FF BF FF FF FF FF
2022-01-04 09:05:39.722946 | 00 FF FF FF FF BF FF FF FF FF
2022-01-04 09:05:39.722952 | 00 FF FF FF FF BF FF FF FF FF
2022-01-04 09:05:39.850023 | 00 FF FF FF FF BF FF FF FF FF
```

波特率：4.8 kbit/s

图 8-3-23　第三次呼叫下行方向 V.110 数据帧

第三次呼叫期间，车载设备向 RBC 发送 V.110 帧同步后，在 RBC 侧记录到 RBC 发送了 V.110 帧同步消息，因距第一次呼叫时间间隔为 27 s，车载设备定时器超时，未能成功建立链接。

2. 综合分析

由 RBC 侧业务监测数据可知，从 09:05:12 开始，车载设备尝试三次呼叫，与 RBC(92210602)建立链接，均失败。

RBC 侧业务监测信令显示：

第一次和第二次呼叫期间，车载设备向 RBC 发送 V.110 帧同步后一直未收到 RBC 侧发送的 V.110 帧同步消息，导致约 8 s 之后，上行方向发送 DISCONNECT 信令拆链。查看 V.110 帧数据可知，其间上行方向连续发送两个 V.110 帧进行帧同步（连续检测到两个 V.110 帧同步特征的 V.110 帧，完成 V.110 帧同步）。其中，波特率标志位显示上行方向链路波特率为 4.8 kbit/s；但期间，下行方向 V.110 帧数据显示，RBC 未连续发送两个 V.110 帧进行帧同步（只有连续检测到 2 个 V.110 帧同步特征的 V.110 帧才能完成 V.110 帧同步），下行方向未完成 V.110 帧同步。

第三次呼叫期间，车载设备向 RBC 发送 V.110 帧同步后，在 RBC 侧见到 RBC 发送了 V.110 帧同步消息，但因为距离第一次起呼过了 27 s，可能为车载设备定时器超时，所以未能成功建立连接。

3. 分析结论

此次超时的原因为 RBC 侧未连续发送符合同步特征的 V.110 帧，无法完成帧同步，因而无法完成后续的起呼流程。

三、问题分析（RBC 侧）

1. 维护终端记录分析

在 RBC 的维护终端记录和 ISDN 记录上没有查到列车呼叫信息。

2. 查看三接口记录

（1）查看 PRI 呼叫记录，09:05:12—09:05:48，车载设备共呼叫 RBC 三次，三次安全链接建立均失败，MSC 拆链（图 8-3-24）。

PRI 呼叫记录									
序号	CTCS ID	RBC号码	主叫MSISDN	起呼时间	挂机时间	业务时长	呼叫类型	话单结果	拆链发起方
1	1121461	92210602	14982174142	2022-01-04 09:05:12. 911557	2022-01-04 09:05:21. 988129	9 秒 76 毫秒	4.8k Data	安全层建链失败	MSC
2	1121461	92210602	14982174200	2022-01-04 09:05:25. 948765	2022-01-04 09:05:34. 968869	9 秒 20 毫秒	4.8k Data	安全层建链失败	MSC
3	1121461	92210602	14982174142	2022-01-04 09:05:38. 866900	2022-01-04 09:05:48. 347597	9 秒 480 毫秒	4.8k Data	安全层建链失败	MSC

图 8-3-24 PRI 呼叫记录

（2）查看车载设备三次呼叫 RBC 时段对应的 Abis 接口测量报告，上下行接收电平质量在 4～7 级，电平质量差（图 8-3-25）。

（3）查看 PRI 接口数据

第一次呼叫 RBC：09：05：12—09：05：21，09：05：21 MSC→RBC，发送 Disconnect（图 8-3-26）。

序号	触发时间	小区信息	测量报告类型	上行接收电平(dBm)	上行接收质量	下行接收电平(dBm)	下行接收质量
1	2022-01-04 09:05:12. 043348	XiongAn_BU-B	正常	-48	0	-47	0
2	2022-01-04 09:05:12. 512907	XiongAn_BU-B	正常	-50	0	-47	0
3	2022-01-04 09:05:13. 534062	XiongAn_BU-B	正常	-48	5	-47	5
4	2022-01-04 09:05:14. 016314	XiongAn_BU-B	正常	-48	5	-47	6
5	2022-01-04 09:05:14. 494625	XiongAn_BU-B	正常	-47	1	-47	4
6	2022-01-04 09:05:14. 974490	XiongAn_BU-B	正常	-48	0	-47	0
7	2022-01-04 09:05:15. 454257	XiongAn_BU-B	正常	-48	0	-47	0
8	2022-01-04 09:05:15. 935124	XiongAn_BU-B	正常	-49	0	-47	0

序号	触发时间	小区信息	测量报告类型	上行接收电平(dBm)	上行接收质量	下行接收电平(dBm)	下行接收质量
1	2022-01-04 09:05:24. 950172	XiongAn_BU-B	无下行电平	-48	0		
2	2022-01-04 09:05:25. 024023	XiongAn_BU-B	正常	-47	0	-47	0
3	2022-01-04 09:05:25. 493738	XiongAn_BU-B	正常	-47	0	-47	0
4	2022-01-04 09:05:26. 493836	XiongAn_BU-B	正常	-50	6	-47	0
5	2022-01-04 09:05:26. 973631	XiongAn_BU-B	正常	-50	5	-48	5
6	2022-01-04 09:05:27. 453378	XiongAn_BU-B	正常	-48	4	-47	5
7	2022-01-04 09:05:27. 934302	XiongAn_BU-B	正常	-50	0	-47	0
8	2022-01-04 09:05:28. 413956	XiongAn_BU-B	正常	-49	0	-47	0
9	2022-01-04 09:05:28. 893829	XiongAn_BU-B	正常	-50	0	-51	0
10	2022-01-04 09:05:29. 374540	XiongAn_BU-B	正常	-52	0	-49	0
11	2022-01-04 09:05:29. 854518	XiongAn_BU-B	正常	-52	0	-48	0
12	2022-01-04 09:05:30. 334311	XiongAn_BU-B	正常	-50	0	-47	0

序号	触发时间	小区信息	测量报告类型	上行接收电平	上行接收质量	下行接收电平	下行接收质量
1	2022-01-04 09:05:38. 109956	XiongAn_BU-B	无下行电平	-49	0		
2	2022-01-04 09:05:38. 187897	XiongAn_BU-B	正常	-53	0	-47	0
3	2022-01-04 09:05:39. 454481	XiongAn_BU-B	正常	-51	6	-50	6
4	2022-01-04 09:05:39. 934460	XiongAn_BU-B	正常	-49	5	-49	6
5	2022-01-04 09:05:40. 414140	XiongAn_BU-B	正常	-49	3	-47	4
6	2022-01-04 09:05:40. 893967	XiongAn_BU-B	正常	-49	0	-47	0
7	2022-01-04 09:05:41. 431302	XiongAn_BU-B	无下行电平	-85	7		
8	2022-01-04 09:05:41. 910019	XiongAn_BU-B	无下行电平	-108	7		
9	2022-01-04 09:05:42. 390839	XiongAn_BU-B	无下行电平	-108	7		
10	2022-01-04 09:05:42. 870600	XiongAn_BU-B	无下行电平	-108	7		
11	2022-01-04 09:05:43. 350468	XiongAn_BU-B	无下行电平	-108	7		
12	2022-01-04 09:05:43. 831335	XiongAn_BU-B	无下行电平	-108	7		
13	2022-01-04 09:05:44. 310037	XiongAn_BU-B	无下行电平	-109	7		
14	2022-01-04 09:05:44. 790879	XiongAn_BU-B	无下行电平	-108	7		
15	2022-01-04 09:05:45. 270632	XiongAn_BU-B	无下行电平	-108	7		
16	2022-01-04 09:05:45. 750466	XiongAn_BU-B	无下行电平	-108	7		
17	2022-01-04 09:05:46. 231307	XiongAn_BU-B	无下行电平	-107	7		
18	2022-01-04 09:05:46. 711078	XiongAn_BU-B	无下行电平	-109	7		
19	2022-01-04 09:05:47. 190911	XiongAn_BU-B	无下行电平	-109	7		
20	2022-01-04 09:05:47. 670727	XiongAn_BU-B	无下行电平	-108	7		

图 8-3-25　Abis 接口测量报告

序号	MSISDN	CTCS ID	记录时间	信令方向	小区信息	帧类型
1	14982174142	1121461	2022-01-04 09:05:12. 911557	MSC --> RBC		SETUP
2	14982174142	1121461	2022-01-04 09:05:12. 916750	RBC --> MSC		CALL PROCEEDING
3	14982174142	1121461	2022-01-04 09:05:12. 918592	RBC --> MSC		ALERTING
4	14982174142	1121461	2022-01-04 09:05:12. 923647	RBC --> MSC		CONNECT
5	14982174142	1121461	2022-01-04 09:05:13. 163024	OBC --> RBC	XiongAn_BU-B	V.110帧同步
6	14982174142	1121461	2022-01-04 09:05:13. 659909	MSC --> RBC	XiongAn_BU-B	CONNECT ACKNOWLEDGE
7	14982174142	1121461	2022-01-04 09:05:21. 872317	MSC --> RBC	XiongAn_BU-B	DISCONNECT
8	14982174142	1121461	2022-01-04 09:05:21. 878080	RBC --> MSC	XiongAn_BU-B	RELEASE
9	14982174142	1121461	2022-01-04 09:05:21. 988129	MSC --> RBC	XiongAn_BU-B	RELEASE COMPLETE

图 8-3-26　第一次呼叫 PRI 接口数据

第二次呼叫 RBC：09：05：25—09：05：34，期间 09：05：34，MSC 向 RBC 发送 Disconnect（图 8-3-27）。

序号	MSISDN	CTCS ID	记录时间	信令方向	小区信息	帧类型
1	14982174200	1121461	2022-01-04 09:05:25. 948765	MSC --> RBC	XiongAn_BU-B	SETUP
2	14982174200	1121461	2022-01-04 09:05:25. 954032	RBC --> MSC	XiongAn_BU-B	CALL PROCEEDING
3	14982174200	1121461	2022-01-04 09:05:25. 957882	RBC --> MSC	XiongAn_BU-B	ALERTING
4	14982174200	1121461	2022-01-04 09:05:25. 962979	RBC --> MSC	XiongAn_BU-B	CONNECT
5	14982174200	1121461	2022-01-04 09:05:26. 348849	OBC --> RBC	XiongAn_BU-B	V.110帧同步
6	14982174200	1121461	2022-01-04 09:05:26. 711449	MSC --> RBC	XiongAn_BU-B	CONNECT ACKNOWLEDGE
7	14982174200	1121461	2022-01-04 09:05:34. 848914	MSC --> RBC	XiongAn_BU-B	DISCONNECT
8	14982174200	1121461	2022-01-04 09:05:34. 856779	RBC --> MSC	XiongAn_BU-B	RELEASE
9	14982174200	1121461	2022-01-04 09:05:34. 968869	MSC --> RBC	XiongAn_BU-B	RELEASE COMPLETE

图 8-3-27　第二次呼叫 PRI 接口数据

第三次呼叫 RBC:09:05:38—09:05:48,期间 09:05:48,MSC 向 RBC 发送 Disconnect(图 8-3-28)。

序号	MSISDN	CTCS ID	记录时间	信令方向	小区信息	帧类型
1	14982174142	1121461	2022-01-04 09:05:38. 866900	MSC --> RBC	XiongAn_BU-B	SETUP
2	14982174142	1121461	2022-01-04 09:05:38. 873160	RBC --> MSC	XiongAn_BU-B	CALL PROCEEDING
3	14982174142	1121461	2022-01-04 09:05:38. 874974	RBC --> MSC	XiongAn_BU-B	ALERTING
4	14982174142	1121461	2022-01-04 09:05:38. 880005	RBC --> MSC	XiongAn_BU-B	CONNECT
5	14982174142	1121461	2022-01-04 09:05:39. 142739	OBC --> RBC	XiongAn_BU-B	V.110帧同步
6	14982174142	1121461	2022-01-04 09:05:39. 614436	MSC --> RBC	XiongAn_BU-B	CONNECT ACKNOWLEDGE
7	14982174142	1121461	2022-01-04 09:05:39. 740771	RBC --> OBC	XiongAn_BU-B	V.110帧同步
8	14982174142	1121461	2022-01-04 09:05:48. 216613	MSC --> RBC	XiongAn_BU-B	DISCONNECT
9	14982174142	1121461	2022-01-04 09:05:48. 226427	RBC --> MSC	XiongAn_BU-B	RELEASE
10	14982174142	1121461	2022-01-04 09:05:48. 347597	MSC --> RBC	XiongAn_BU-B	RELEASE COMPLETE

图 8-3-28　第三次呼叫 PRI 接口数据

3. 查看 ISDN 服务器 PRI 卡记录

第一次呼叫 ISDN 收到连接建立请求 CONNECT_IND,其中 BC 信元为 068890214526BB(图 8-3-29),根据《CTCS-3 级列车运行控制系统与铁路数字移动通信系统(GSM-R)接口规范》(TB/T 3382—2016)规定,45 代表车载设备使用 4.8 kbit/s 用户速率,但 ISDN 卡识别的速率是 7.2 kbit/s(图 8-3-30)。

```
826.34.16.154 TE RR     TEI=01 N(R)=49 P/F=0
826.34.16.154 DSS1 Dispatch (F8F80A6C) -> LAPD CallRef (F8F80950) [0008,00000000
826.34.16.154 LAPD Dispatch (F8F7F7C4) -> DChannel (F8F7A9D4) [0008,00000000,F8E
826.34.16.154 TE I      TEI=01 N(R)=49 N(S)=02 P=0
                 DSS1 CR=8180  CALL PROCEEDING
                   Channel id              1803A98383
826.34.16.155 DChannel (F8F7A9D4) -> LAPD Dispatch (F8F7F7C4) [0009,00000000,F8E
826.34.16.155 Len=93 Appl=1 Num=DB74 ^ CONNECT_IND
                 PLCI                       00000101
                 CIP Value                   2 (unrestricted digital information)
                 Called party number        C1 '92210602'
                 Calling party number       21 83 '14982174142'
                 Called party subaddress    00
                 Calling party subaddress   00
                 BC                         068890214526BB
                 LLC                        0788902145203BC0
                 HLC                        00
                 Additional info            2302000000001A1C1891A1150201FF02011930
                 Redirected number          ''
826.34.16.155 Len=15 Appl=1 Num=DB75 ^ INFO_IND
                 Controller/PLCI            00000101
                 Info number                8005
                 Info element               00
826.34.16.155 Len=12 Appl=1 Num=0002 v INFO_RESP
                 Controller/PLCI            00000001
826.34.16.156 Len=42 Appl=1 Num=0001 v ALERT_REQ
                 PLCI                       00000101
                 Additional info            00
```

图 8-3-29　第一次呼叫 PRI 卡记录 1

```
826.34.16.905 Len=13 Appl=1 Num=DB79 ^ CONNECT_B3_ACT_IND
                   NCCI                        00010101
                   NCPI                        00
826.34.16.906 Len=12 Appl=1 Num=0001 v CONNECT_B3_ACT_RESP
                   NCCI                        00010101
826.34.16.907 F8F7C880: V110 SetupRate(7200)
826.34.16.963 B-TX(F8F66F74) AA AA AA AA AA AA AA AA AA AA AA AA AA
826.34.16.963 B-RX(F8F66F74) FF FF FF FF FF FF FF FF FF FF FF FF FF
826.34.17.027 B-TX(F8F66F74) FF FF FF FF FF FE FF FF FF FF FF FF FF
826.34.17.027 B-RX(F8F66F74) FF FE FF FF FF FF FF FF FF FF FF FF FF
826.34.17.091 B-TX(F8F66F74) FF FF FF FD FF FF FF FD FF FF FF FD FF
826.34.17.091 B-RX(F8F66F74) FF FF FF FF FF FF FF FF FE FE FE FE FE
```

图 8-3-30　第一次呼叫 PRI 卡记录 2

第二次呼叫(图 8-3-31),ISDN 卡识别到的速率也为 7. 2 kbit/s

```
6.34.02.247 LAPD Dispatch (F8F7D7C4) -> DChannel (F8F789D4) [0008,00000000,
6.34.02.247 TE RR     TEI=01 N(R)=44 P/F=0
6.34.02.247 B2 Transparent (F8F7C8D8) -> BChannel (F8F64F74) [0000,00000000,
6.34.02.247 BChannel (F8F64F74) -> B2 Transparent (F8F7C8D8) [0002,00000000,
6.34.02.247 B2 Transparent (F8F7C8D8) -> B3T Dispatch (F8F7C998) [0002,0000
6.34.02.247 BCallRefTransparent::BCallRefTransparent F8F7C938/F8F7C978
6.34.02.248 DChannel (F8F789D4) -> LAPD Dispatch (F8F7D7C4) [0009,00000000,
6.34.02.253 F8F7A880: V110 SetupRate(7200)
6.34.02.253 Len=15 Appl=1 Num=DD30 ^ INFO_IND
                 Controller/PLCI             00000101
                 Info number                 800F
                 Info element                00
6.34.02.253 Len=12 Appl=1 Num=0002 v INFO_RESP
                 Controller/PLCI             00000001
6.34.02.253 Len=15 Appl=1 Num=DD31 ^ CONNECT_ACT_IND
                 PLCI                        00000101
                 Connected number            ''
                 Connected subaddress        00
                 LLC                         00
6.34.02.253 Len=12 Appl=1 Num=0001 v CONNECT_ACT_RESP
                 PLCI                        00000101
```

图 8-3-31　第二次呼叫 PRI 卡记录 1

第三次呼叫(见图 8-3-32),ISDN 卡识别到的速率也为 4. 8 kbit/s,同步成功。

```
826.09.20.390 Len=13 Appl=1 Num=D6AD ^ CONNECT_B3_ACT_IND
                   NCCI                      00010101
                   NCPI                      00
826.09.20.391 Len=12 Appl=1 Num=0001 v CONNECT_B3_ACT_RESP
                   NCCI                      00010101
826.09.20.404 B-TX(F8F6668C) AA AA AA AA AA AA AA AA AA AA AA AA AA AA AA AA AA
826.09.20.404 B-RX(F8F6668C) FF FF FF FF FF FF FF FF FF FF FF FF FF FF FF FF FF
826.09.20.404 F8F7D880: V110 SetupRate(4800)
826.09.20.444 F8F7D880: V110 Synch state 1
826.09.20.444 F8F7D880: V110 Handshake 1
826.09.20.468 B-TX(F8F6668C) FF FF FF FF FF FF FF FF FF FF FF FF FF FF FF FF FF
826.09.20.468 B-RX(F8F6668C) FF FF FF FF FF FF FF FF FF FF FF FF FF FF FF FF FF
826.09.20.532 B-TX(F8F6668C) FE FE FE FE FE FE FE FE FF FF FF FF FF FF FF FF FF
826.09.20.532 B-RX(F8F6668C) FF FF FF FF FF FF FF FF FF FF FF FF FF FF FF FF FF
826.09.20.596 B-TX(F8F6668C) FF FF FF FF FF FF FF FE FF FE FF FF FF FF FF FF FF
826.09.20.596 B-RX(F8F6668C) FF FF FE FE FE FE FE FE FE FE FF FF FF FF FF FF FF
826.09.20.660 B-TX(F8F6668C) FF FF FF FF FF FF FF FE FF FF FF FF FF FF FF FE FE
```

图 8-3-32　第三次呼叫 PRI 卡记录 2

4. 分析结论

在列车与 RBC 建立安全链接的过程中,因通信链路受到干扰,V. 110 帧同步失败,导致安全链接建立失败,未能与 RBC 建立连接。

四、处理方法

在正常情况下，ISDN 卡可以自动识别并正确配置用户速率，车地正常建立通信连接。但在通信链路受到干扰时，ISDN 卡可能会错误地识别用户速率，并将用户速率配置为错误值，从而造成车地通信连接建立失败。

为适配 V. 110 帧同步失败问题，把 ISDN 软件进行优化。在连接建立时，将用户速率的“自动识别方式”修改为“主动配置方式”，根据收到的连接，建立请求中的配置参数，主动配置 ISDN 卡使用的用户速率，确保用户速率不因通信链路干扰而被错误识别。升级 RBC 的 ISDN 软件，将 ISDN 卡自动识别用户速率设置为固定速率 4. 8 kbit/s。

案例六　ISDN 存储空间不足

一、问题描述

08:05，RBC6 双系与 ISDN3 通信中断，13:52 重启 ISDN3 服务器恢复通信。14:40 RBC6 双系与 ISDN3 通信再次中断。

二、问题分析

在实验室进行测试，故障复现。经排查发现磁盘空间不足。清理磁盘空间后，重启 ISDN3 服务器继续运行 24 h，问题未再复现。再次将磁盘空间占用恢复到故障时状态重启服务器，运行 2 h 左右问题复现(图 8-3-33)。

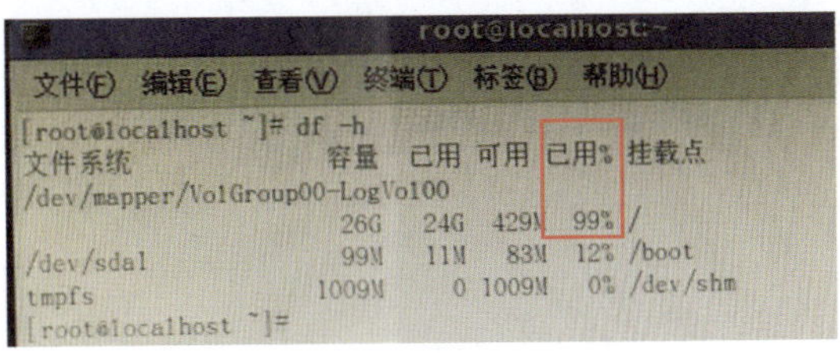

图 8-3-33　磁盘空间占用情况

三、结论

服务器存储空间不足导致 ISDN 软件运行异常。

四、处理方法

1. 在更换 ISDN3 服务器的同时，预防性排查其他 3 台服务器的情况，进行磁盘空间清理释放。

2. 修改 ISDN 软件，增加日志自动清理的机制。

案例七　FRMR 帧拒绝

一、问题描述

列车车载设备无线超时报警。

二、问题分析

PRI 接口数据分析：

09:05:46，RBC1 三接口监测 RBC 侧收到了车载设备发送的 3 包 Link Invalid Data，RBC 实际收到的数据为(F5 FD F5 43 FE DC 90 AB 5E A2 E1 90 2B A6 37 A3)，CRC 校验通过。ISDN 侧判定为 S 帧，其中 NR＝0×7A(122)。ISDN 认为是无效的 NR，所以发送 FRMR(图 8-3-34)。

```
932.43.34.745 B-RX(F8F75328) FF FF FF FF FF FE FF FF FF FF FF FF FE FF FF FF FF FF FF FF FE FF FF FF FF FF F
932.43.34.781 F8F7D960: V110 Handshake 1
932.43.34.809 B-TX(F8F75328) FF FF FF FF FF FF FF FE FF FF FF FF FF FF FE FF FF FF FF FF FF FF FE FF FE FF F
932.43.34.809 B-RX(F8F75328) FF FF FF FF FF FF FF FF FF FF FF FF FE FF FF FE FF FE FF FE FE FF FF FF FF FF F
932.43.34.841 BChannel (F8F75328) -> BChannel (F8F75328) [000A,00000000,F8EE38B0]
932.43.34.841 BChannel (F8F75328) -> B2 Transparent (F8F7FA58) [000A,00000000,F8EE38B0]
932.43.34.841 B2 Transparent (F8F7FA58) -> B3T Dispatch (F8F7F9F8) [000A,00000000,F8EE38B0]
932.43.34.841 B3T Dispatch (F8F7F9F8) -> B3T CallRef (F8F7FAB8) [000A,00000000,F8EE38B0]
932.43.34.841 NCCI-RX(F8F83F64) F5 FD F5 43 FE DC 90 AB 5E A2 E1 90 2B A6 37 A3
932.43.34.842 Len=22 Appl=1 Num=DDF7 ^ DATA_B3_IND
```

图 8-3-34　PRI 接口数据 1

09:05:47，RBC1 向车载设备发送 FRMR(帧拒绝)命令。

09:05:48，RBC1 收到车载设备发送 DISC 断开链接(图 8-3-35)。

三、处理方法

因 RBC1 收到车载设备发送的无效数据，判断接收数据异常，因此向车载设备发送 FRMR(帧拒绝)命令。RBC 发送 FRMR 后，不再接收车载设备后续发送的数据，等待车载设备发送 DISC(断开链接)处理。

触发时间	车次号	线路	Layer	消息类型	子类型	Direction	Data	Explain
2022-03-20 09:05:45.941	G2582		Net	NPDU	Data	OBU->RBC	01 00 8e 3a db 45	Type=0
2022-03-20 09:05:45.941	G2582		Transport	TPDU	DT	OBU->RBC	04 f0 00 01 a2 0a 88	Type=240 nr=34
2022-03-20 09:05:45.941	G2582		Safety	SAPDU	DT	OBU->RBC	0a 88 06 00 03 64 1f	Type=10
2022-03-20 09:05:45.941	G2582		Application	APDU	M136 Train Pc	OBU->RBC	88 06 00 03 64 1f c1	ATP-->RBC: NID_MESSAGE = 136, L_MESSA
2022-03-20 09:05:46.082	G2582		DL	HDLC frame	I	RBC->OBU	7e 03 a8 b0 01 00 04	Type=0 Addr=3 N(S)=84 N(R)=88 Pf=0
2022-03-20 09:05:46.082	G2582		Net	NPDU	Data	RBC->OBU	01 00 04 6f 00 04 23	Type=0
2022-03-20 09:05:46.082	G2582		Transport	TPDU	AK	RBC->OBU	04 6f 00 04 23 00	Type=96 cdt=15 YrTuNr=35
2022-03-20 09:05:46.254	G2582		DL			OBU->RBC	f5 fd f5	Link Invalid Data
2022-03-20 09:05:46.285	G2582		DL			OBU->RBC	43 fe dc	Link Invalid Data
2022-03-20 09:05:46.363	G2582		DL			OBU->RBC	90 00 00	Link Invalid Data
2022-03-20 09:05:47.879	G2582		DL	HDLC frame	RR	OBU->RBC	7e 01 01 a9 03 bd 7e	Type=1 Addr=1 N(R)=84 Pf=1
2022-03-20 09:05:47.972	G2582		DL	HDLC frame	FRMR	RBC->OBU	7e 01 87 fd f5 aa 00 00 d5 8c 7e 00	
2022-03-20 09:05:48.004	G2582		DL	HDLC frame	RR	RBC->OBU	7e 01 01 b1 ca 21 7e	Type=1 Addr=1 N(R)=88 Pf=1
2022-03-20 09:05:48.050	G2582		DL	HDLC frame	RR	RBC->OBU	7e 03 01 b1 72 94 7e	Type=1 Addr=3 N(R)=88 Pf=1
2022-03-20 09:05:48.472	G2582		DL	HDLC frame	I	RBC->OBU	7e 03 aa b0 01 80 04	Type=0 Addr=3 N(S)=85 N(R)=88 Pf=0
2022-03-20 09:05:48.472	G2582		Net	NPDU	Data	RBC->OBU	01 80 04 f0 00 04 1a	Type=0
2022-03-20 09:05:48.550	G2582		DL	HDLC frame	I	RBC->OBU	7e 03 ac b0 01 80 a0	Type=0 Addr=3 N(S)=86 N(R)=88 Pf=0
2022-03-20 09:05:48.550	G2582		Net	NPDU	Data	RBC->OBU	01 80 a0 21 b9 00 03	Type=0
2022-03-20 09:05:48.550	G2582		DL	HDLC frame	DISC	OBU->RBC	7e 01 53 81 76 7e	
2022-03-20 09:05:48.629	G2582		DL	HDLC frame	I	RBC->OBU	7e 03 ae b0 01 80 68	Type=0 Addr=3 N(S)=87 N(R)=88 Pf=0
2022-03-20 09:05:48.629	G2582		Net	NPDU	Data	RBC->OBU	01 80 68 1c 90 00 0c	Type=0

图 8-3-35　PRI 接口数据 2

第四节　外部接口故障

案例一　RBC 管内多趟列车无线通信超时

一、问题描述

车站一联锁Ⅱ系以太网板 B 口与 RBC、TCC、IL1(车站二)、IL2(车站三)外部设备通信中断,以太网板 A 口通信正常。之后多次发生联锁与 RBC 通信中断,造成多趟列车无线超时并降级运行。

二、问题分析

查看 RBC 的 eventlog 数据,各趟车次无线超时原因一致,分析如下:

11:40:24,RBC 收到列车发送的 M136 位置报告。

11:40:25,RBC 向列车发送 M24 通常消息(图 8-4-1)。

时间	日志类型	事件标识	详细信息
2021-07-19 11:40:24	stpdatafromtrain	0	server_id = 2, peer_etcs_id_type = train, peer_etcs_id = 557841,
2021-07-19 11:40:25	stpdatatotrain	0	server_id = 2, peer_etcs_id_type = train, peer_etcs_id = 557841,

图 8-4-1　eventlog 数据 1

11:40:30,RBC 超过 3.5 s 未收到车站一联锁侧数据,RBC 主动断开联锁通信连接(图 8-4-2)。

info = The session to ILOCKTJJQCZ is terminated.. cause = No data received from ILOCKTJJQCZ.. consequence = No data have been received from ILOCKTJJQCZ in 3500 milliseconds.. action = ILOCKTJJQCZ may need to be restarted..

时间	等级	组名	事件标识	信息
2021-07-19 11:40:30	C	il_ad_crsc_a	6	The session to ILOCKTJJQCZ is terminated.

图 8-4-2　eventlog 数据 2

11:40:30 起，因 RBC 与车站一联锁通信中断，RBC 不再响应列车无线连接消息，列车发生无线连接超时并与 RBC 通信中断（图 8-4-3）。

时间	日志类型	事件标识	详细信息
2021-07-19 11:40:30	stpdatafromtrain	0	server_id = 2, peer_etcs_id_type = train, peer_etcs_id = 557841,
2021-07-19 11:40:32	stpdatafromtrain	0	server_id = 2, peer_etcs_id_type = train, peer_etcs_id = 557841,
2021-07-19 11:40:35	stpdatafromtrain	0	server_id = 2, peer_etcs_id_type = train, peer_etcs_id = 557841,
2021-07-19 11:40:38	stpdatafromtrain	0	server_id = 2, peer_etcs_id_type = train, peer_etcs_id = 557841,
2021-07-19 11:40:44	stpdatafromtrain	0	server_id = 2, peer_etcs_id_type = train, peer_etcs_id = 557841,
2021-07-19 11:40:44	stpdisconnectind	0	server_id = 2, peer_etcs_id_type = train, peer_etcs_id = 557841,

图 8-4-3　eventlog 数据 3

三、处理方法

因车站一联锁Ⅱ系 Z2ETH 以太网板故障，影响其与外部通信，导致 RBC 超过 3.5 s 未收到联锁侧数据，判断与联锁通信中断，RBC 主动断开联锁通信连接并等待联锁发起重连。在联锁与 RBC 通信中断期间，RBC 不再响应列车的无线消息，导致多趟列车无线连接超时。

更换联锁Ⅱ系 Z2ETH 以太网板，恢复 RBC 与 CBI 间通信。

案例二　多车同时无线连接超时

一、问题描述

08 月 30 日 18:37，列车一在 K60＋390 处无线连接超时；列车二在 K151＋270 处无线连接超时；列车三在 K273＋930 处无线连接超时；列车四在 K114＋780 处无线连接超时；列车五在 K314＋654 处无线连接超时。

二、问题分析

三趟列车在 RBC2 范围内运行，两趟列车在 RBC3 范围内运行。

查看 RBC2、RBC3 设备无异常报警信息，ISDN 服务器均运行正常。

1. 查看通信 Abis 口数据，在 18:37:04，三趟车都出现“CONNECTION

FAILURE INDICATION”（连接失败指示），关键字“remote transcoder failure”（远程代码转换器故障）。列车一、列车二、列车三、列车四通信 Abis 口数据如图 8-4-4 至图 8-4-7 所示。

序号	触发时间	机车号	车次号	线路	消息类型	Um类型	关键字
296	2022-08-30 18:36:41.1540	220821	C3110		RF CHANNEL RELEASE ACKNOWLEDGE		
297	2022-08-30 18:36:49.4890	220821	C3110		LAPD		
298	2022-08-30 18:37:04.6560	220821	C3110		CONNECTION FAILURE INDICATION		remote transcoder failure
299	2022-08-30 18:37:05.2900	220821	C3110		LAPD		
300	2022-08-30 18:37:05.6530	220821	C3110		CONNECTION FAILURE INDICATION		remote transcoder failure
301	2022-08-30 18:37:06.4440	220821	C3110		LAPD		
302	2022-08-30 18:37:06.6540	220821	C3110		CONNECTION FAILURE INDICATION		remote transcoder failure
303	2022-08-30 18:37:07.6560	220821	C3110		CONNECTION FAILURE INDICATION		remote transcoder failure
304	2022-08-30 18:37:08.6530	220821	C3110		CONNECTION FAILURE INDICATION		remote transcoder failure
305	2022-08-30 18:37:10.7800	220821	C3110		DATA REQUEST	CHANNEL RELEASE	Abnormal release (unspecified)
306	2022-08-30 18:37:10.7930	220821	C3110		DEACTIVATE SACCH		
307	2022-08-30 18:37:10.9210	220821	C3110		RELEASE INDICATION		
308	2022-08-30 18:37:11.4460	220821	C3110		RF CHANNEL RELEASE		
309	2022-08-30 18:37:11.4710	220821			RF CHANNEL RELEASE ACKNOWLEDGE		

图 8-4-4　列车一通信 Abis 口数据 1

序号	触发时间	车次号	线路	消息类型	Um类型	关键字
283	2022-08-30 18:36:14.6620	G8379		CHANNEL ACTIVATION		
284	2022-08-30 18:36:14.6770	G8379		CHANNEL ACTIVATION ACKNOWLEDGE		
285	2022-08-30 18:36:14.6910	G8379		DATA REQUEST	HANDOVER COMMAND	
286	2022-08-30 18:36:14.8030	G8379		HANDOVER DETECTION		
287	2022-08-30 18:36:14.9220	G8379		ESTABLISH INDICATION		
288	2022-08-30 18:36:15.1020	G8379		DATA INDICATION	HANDOVER COMPLETE	Normal event
289	2022-08-30 18:36:15.1120	G8379		RF CHANNEL RELEASE		
290	2022-08-30 18:36:15.1260	G8379		RF CHANNEL RELEASE ACKNOWLEDGE		
291	2022-08-30 18:37:04.0650	G8379		CONNECTION FAILURE INDICATION		remote transcoder failure
292	2022-08-30 18:37:04.2260	G8379		DATA REQUEST	CHANNEL RELEASE	Abnormal release (unspecified)
293	2022-08-30 18:37:04.2290	G8379		DEACTIVATE SACCH		
294	2022-08-30 18:37:04.3690	G8379		RELEASE INDICATION		
295	2022-08-30 18:37:04.8570	G8379		RF CHANNEL RELEASE		
296	2022-08-30 18:37:04.8720			RF CHANNEL RELEASE ACKNOWLEDGE		

图 8-4-5　列车二通信 Abis 口数据 2

序号	触发时间	车次号	线路	消息类型	Um类型	关键字
236	2022-08-30 18:36:56.7010	G2642		CHANNEL ACTIVATION ACKNOWLEDGE		
237	2022-08-30 18:36:56.7090	G2642		DATA REQUEST	HANDOVER COMMAND	
238	2022-08-30 18:36:56.8230	G2642		HANDOVER DETECTION		
239	2022-08-30 18:36:56.9370	G2642		ESTABLISH INDICATION		
240	2022-08-30 18:36:57.0990	G2642		DATA INDICATION	HANDOVER COMPLETE	Normal event
241	2022-08-30 18:36:57.1040	G2642		RF CHANNEL RELEASE		
242	2022-08-30 18:36:57.1190	G2642		RF CHANNEL RELEASE ACKNOWLEDGE		
243	2022-08-30 18:37:04.6540	G2642		CONNECTION FAILURE INDICATION		remote transcoder failure
244	2022-08-30 18:37:05.6550	G2642		CONNECTION FAILURE INDICATION		remote transcoder failure
245	2022-08-30 18:37:06.6520	G2642		CONNECTION FAILURE INDICATION		remote transcoder failure
246	2022-08-30 18:37:07.6530	G2642		CONNECTION FAILURE INDICATION		remote transcoder failure
247	2022-08-30 18:37:08.6550	G2642		CONNECTION FAILURE INDICATION		remote transcoder failure
248	2022-08-30 18:37:10.7870	G2642		DATA REQUEST	CHANNEL RELEASE	Abnormal release (unspecified)
249	2022-08-30 18:37:10.7900	G2642		DEACTIVATE SACCH		
250	2022-08-30 18:37:10.9180	G2642		RELEASE INDICATION		
251	2022-08-30 18:37:11.4470	G2642		RF CHANNEL RELEASE		
252	2022-08-30 18:37:11.4610			RF CHANNEL RELEASE ACKNOWLEDGE		

图 8-4-6　列车三通信 Abis 口数据 3

序号	触发时间	机车号	车次号	线路	消息类型	Um类型	关键字
119	2022-08-30 18:33:04.1470	337801	G2575		ESTABLISH INDICATION		
120	2022-08-30 18:33:04.2800	337801	G2575		DATA INDICATION	HANDOVER COMPLETE	Normal event
121	2022-08-30 18:33:04.2820	337801	G2575		LAPD		
122	2022-08-30 18:33:04.2850	337801	G2575		RF CHANNEL RELEASE		
123	2022-08-30 18:33:04.2920	337801	G2575		RF CHANNEL RELEASE ACKNOWLEDGE		
124	2022-08-30 18:37:04.6410	337801	G2575		CONNECTION FAILURE INDICATION		remote transcoder failure
125	2022-08-30 18:37:04.7880	337801	G2575		DATA REQUEST	CHANNEL RELEASE	Abnormal release (unspecified)
126	2022-08-30 18:37:04.7910	337801	G2575		DEACTIVATE SACCH		
127	2022-08-30 18:37:04.9230	337801	G2575		RELEASE INDICATION		
128	2022-08-30 18:37:05.4560	337801	G2575		RF CHANNEL RELEASE		
129	2022-08-30 18:37:05.4710	337801			RF CHANNEL RELEASE ACKNOWLEDGE		

图 8-4-7　列车四通信 Abis 口数据 4

2. 查看 PRI 接口数据，在 18:37:04，四列列车都由 MSC 向 STU-CC（RBC 通信单元）发送 DISCONNECT，断开连接。

三、分析结论

RBC 设备正常，建议通信检查 TRAU（编码/速率适配单元）是否正常。

案例三　M8 三次未确认问题

一、问题描述

列车车载设备报无线连接超时，由 C3 级降为 C2 级运行。

二、问题分析

14:05:59，列车向 RBC 发送 M155 消息包，通信会话建立（图 8-4-8）。

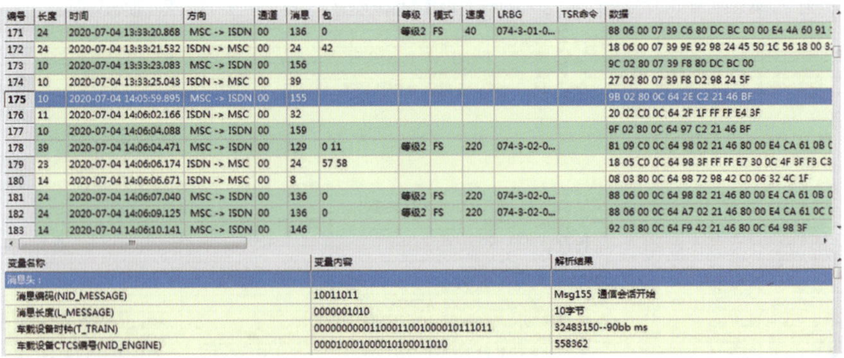

编号	长度	时间	方向	通道	消息	包	等级	模式	速度	LRBG	TSR命令	数据
171	24	2020-07-04 13:33:20.868	MSC -> ISDN	00	136	0	等级2	FS	40	074-3-01-0...		88 06 00 07 39 C6 80 DC BC 00 00 E4 4A 60 91
172	24	2020-07-04 13:33:21.532	ISDN -> MSC	00	24	42						18 06 00 07 39 9E 92 98 24 45 50 1C 56 18 00 3
173	10	2020-07-04 13:33:23.083	MSC -> ISDN	00	156							9C 02 80 07 39 F8 80 DC BC 00
174	10	2020-07-04 13:33:25.043	ISDN -> MSC	00	39							27 02 80 07 39 F8 D2 98 24 5F
175	10	2020-07-04 14:05:59.895	MSC -> ISDN	00	155							9B 02 80 0C 64 2E C2 21 46 BF
176	11	2020-07-04 14:06:02.166	ISDN -> MSC	00	32							20 02 C0 0C 64 2F 1F FF FF E4 3F
177	10	2020-07-04 14:06:04.088	MSC -> ISDN	00	159							9F 02 80 0C 64 97 C2 21 46 BF
178	39	2020-07-04 14:06:04.471	MSC -> ISDN	00	129	0 11	等级2	FS	220	074-3-02-0...		81 09 C0 0C 64 98 02 21 46 80 00 E4 CA 61 0B C
179	23	2020-07-04 14:06:06.174	ISDN -> MSC	00	24	57 58						18 05 C0 0C 64 98 3F FF FF E7 30 0C 4F 3F F3 C3
180	14	2020-07-04 14:06:06.671	ISDN -> MSC	00	8							08 03 80 0C 64 98 72 98 42 C0 06 32 4C 1F
181	24	2020-07-04 14:06:07.040	MSC -> ISDN	00	136	0	等级2	FS	220	074-3-02-0...		88 06 00 0C 64 98 82 21 46 80 00 E4 CA 61 0B 0
182	24	2020-07-04 14:06:09.125	MSC -> ISDN	00	136	0	等级2	FS	220	074-3-02-0...		88 06 00 0C 64 A7 02 21 46 80 00 E4 CA 61 0C C
183	14	2020-07-04 14:06:10.141	MSC -> ISDN	00	146							92 03 80 0C 64 F9 42 21 46 80 0C 64 98 3F

变量名称	变量内容	解析结果
消息头：		
消息编码(NID_MESSAGE)	10011011	Msg155 通信会话开始
消息长度(L_MESSAGE)	0000001010	10字节
车载设备时钟(T_TRAIN)	00000000001100011001000010111011	32483150--90bb ms
车载设备CTCS编号(NID_ENGINE)	000010001000010100011010	558362

图 8-4-8　RBC 应用层数据

14:06:06，RBC 向车载设备发送 M8，时间戳 32487360-9261，要求车载设备确认（图 8-4-9）。

14:06:12，收到 M8 确认，但已超过 6 s（图 8-4-10）。

14:06:12，因 6 s 内未收到车载设备对 M8 的确认，RBC 重新向车载设备发 M8 且要求确认（图 8-4-11）。

14:06:18，因未收到 M8 确认，RBC 第三次向车载设备发送 M8 且要求确认（图 8-4-12）。

14:06:24，收到车载设备发送的 M146 确认，但已超过 6 s（图 8-4-13）。

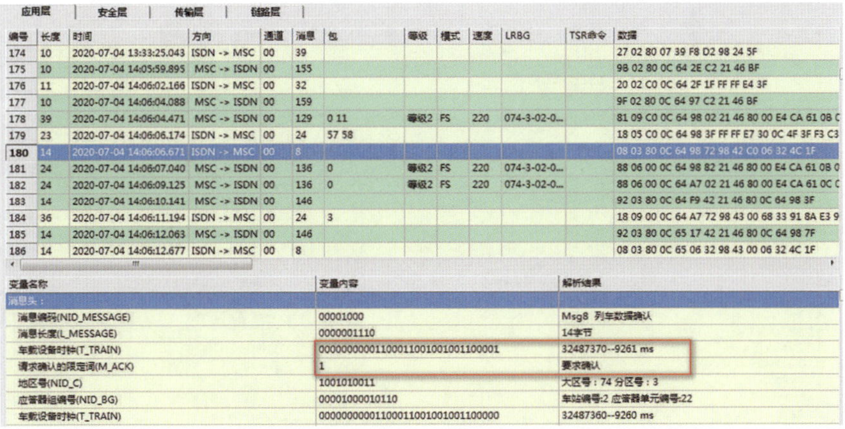

应用层 | 安全层 | 传输层 | 链路层

编号	长度	时间	方向	通道	消息	包	等级	模式	速度	LRBG	TSR命令	数据
174	10	2020-07-04 13:33:25.043	ISDN -> MSC	00	39							27 02 80 07 39 F8 D2 98 24 5F
175	10	2020-07-04 14:05:59.895	MSC -> ISDN	00	155							98 02 80 0C 64 2E C2 21 46 BF
176	11	2020-07-04 14:06:02.166	ISDN -> MSC	00	32							20 02 C0 0C 64 2F 1F FF FF E4 3F
177	10	2020-07-04 14:06:04.088	MSC -> ISDN	00	159							9F 02 80 0C 64 97 C2 21 46 BF
178	39	2020-07-04 14:06:04.471	MSC -> ISDN	00	129	0 11	等级2	FS	220	074-3-02-0...		81 09 C0 0C 64 98 02 21 46 80 00 E4 CA 61 08 C
179	23	2020-07-04 14:06:06.174	ISDN -> MSC	00	24	57 58						18 05 C0 0C 64 98 3F FF FF E7 30 0C 4F 3F F3 C3
180	14	2020-07-04 14:06:06.671	ISDN -> MSC	00	8							08 03 80 0C 64 98 72 98 42 C0 06 32 4C 1F
181	24	2020-07-04 14:06:07.040	MSC -> ISDN	00	136	0	等级2	FS	220	074-3-02-0...		88 06 00 0C 64 98 82 21 46 80 00 E4 CA 61 08 0
182	24	2020-07-04 14:06:09.125	MSC -> ISDN	00	136	0	等级2	FS	220	074-3-02-0...		88 06 00 0C 64 A7 02 21 46 80 00 E4 CA 61 0C C
183	14	2020-07-04 14:06:10.141	MSC -> ISDN	00	146							92 03 80 0C 64 F9 42 21 46 80 0C 64 98 3F
184	36	2020-07-04 14:06:11.194	ISDN -> MSC	00	24	3						18 09 00 0C 64 A7 72 98 43 00 68 33 91 8A E3 9
185	14	2020-07-04 14:06:12.063	MSC -> ISDN	00	146							92 03 80 0C 65 17 42 21 46 80 0C 64 98 7F
186	14	2020-07-04 14:06:12.677	ISDN -> MSC	00	8							08 03 80 0C 65 06 32 98 43 00 06 32 4C 1F

变量名称	变量内容	解析结果
消息头：		
消息编码(NID_MESSAGE)	00001000	Msg8 列车数据确认
消息长度(L_MESSAGE)	0000001110	14字节
车载设备时钟(T_TRAIN)	00000000001100011001001001100001	32487370--9261 ms
请求确认的限定词(M_ACK)	1	要求确认
地区号(NID_C)	1001010011	大区号：74 分区号：3
应答器组编号(NID_BG)	00001000010110	车站编号:2 应答器单元编号:22
车载设备时钟(T_TRAIN)	00000000001100011001001001100000	32487360--9260 ms

图 8-4-9　RBC 应用层数据 1

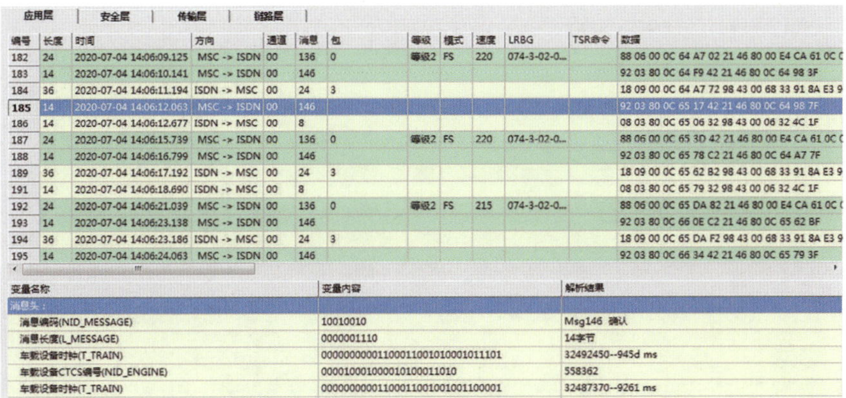

应用层 | 安全层 | 传输层 | 链路层

编号	长度	时间	方向	通道	消息	包	等级	模式	速度	LRBG	TSR命令	数据
182	24	2020-07-04 14:06:09.125	MSC -> ISDN	00	136	0	等级2	FS	220	074-3-02-0...		88 06 00 0C 64 A7 02 21 46 80 00 E4 CA 61 0C C
183	14	2020-07-04 14:06:10.141	MSC -> ISDN	00	146							92 03 80 0C 64 F9 42 21 46 80 0C 64 98 3F
184	36	2020-07-04 14:06:11.194	ISDN -> MSC	00	24	3						18 09 00 0C 64 A7 72 98 43 00 68 33 91 8A E3 9
185	14	2020-07-04 14:06:12.063	MSC -> ISDN	00	146							92 03 80 0C 65 17 42 21 46 80 0C 64 98 7F
186	14	2020-07-04 14:06:12.677	ISDN -> MSC	00	8							08 03 80 0C 65 06 32 98 43 00 06 32 4C 1F
187	24	2020-07-04 14:06:15.739	MSC -> ISDN	00	136	0	等级2	FS	220	074-3-02-0...		88 06 00 0C 65 3D 42 21 46 80 00 E4 CA 61 0C C
188	14	2020-07-04 14:06:16.799	MSC -> ISDN	00	146							92 03 80 0C 65 78 C2 21 46 80 0C 64 A7 7F
189	36	2020-07-04 14:06:17.192	ISDN -> MSC	00	24	3						18 09 00 0C 65 62 B2 98 43 00 68 33 91 8A E3 9
191	14	2020-07-04 14:06:18.690	ISDN -> MSC	00	8							08 03 80 0C 65 79 32 98 43 00 06 32 4C 1F
192	24	2020-07-04 14:06:21.039	MSC -> ISDN	00	136	0	等级2	FS	215	074-3-02-0...		88 06 00 0C 65 DA 82 21 46 80 00 E4 CA 61 0C C
193	14	2020-07-04 14:06:23.138	MSC -> ISDN	00	146							92 03 80 0C 66 0E C2 21 46 80 0C 65 62 BF
194	36	2020-07-04 14:06:23.186	ISDN -> MSC	00	24	3						18 09 00 0C 65 DA F2 98 43 00 68 33 91 8A E3 9
195	14	2020-07-04 14:06:24.063	MSC -> ISDN	00	146							92 03 80 0C 66 34 42 21 46 80 0C 65 79 3F

变量名称	变量内容	解析结果
消息头：		
消息编码(NID_MESSAGE)	10010010	Msg146 确认
消息长度(L_MESSAGE)	0000001110	14字节
车载设备时钟(T_TRAIN)	00000000001100011001010001011101	32492450--945d ms
车载设备CTCS编号(NID_ENGINE)	000010001000010100011010	558362
车载设备时钟(T_TRAIN)	00000000001100011001001001100001	32487370--9261 ms

图 8-4-10　RBC 应用层数据 2

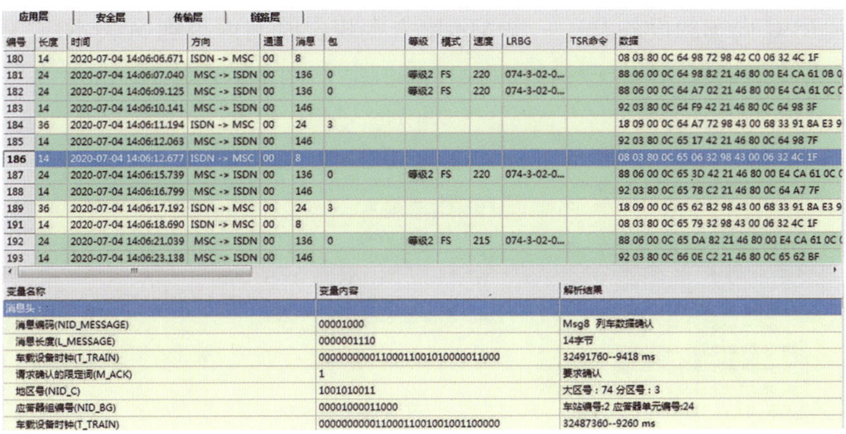

应用层 | 安全层 | 传输层 | 链路层

编号	长度	时间	方向	通道	消息	包	等级	模式	速度	LRBG	TSR命令	数据
180	14	2020-07-04 14:06:06.671	ISDN -> MSC	00	8							08 03 80 0C 64 98 72 98 42 C0 06 32 4C 1F
181	24	2020-07-04 14:06:07.040	MSC -> ISDN	00	136	0	等级2	FS	220	074-3-02-0...		88 06 00 0C 64 98 82 21 46 80 00 E4 CA 61 08 0
182	24	2020-07-04 14:06:09.125	MSC -> ISDN	00	136	0	等级2	FS	220	074-3-02-0...		88 06 00 0C 64 A7 02 21 46 80 00 E4 CA 61 0C C
183	14	2020-07-04 14:06:10.141	MSC -> ISDN	00	146							92 03 80 0C 64 F9 42 21 46 80 0C 64 98 3F
184	36	2020-07-04 14:06:11.194	ISDN -> MSC	00	24	3						18 09 00 0C 64 A7 72 98 43 00 68 33 91 8A E3 9
185	14	2020-07-04 14:06:12.063	MSC -> ISDN	00	146							92 03 80 0C 65 17 42 21 46 80 0C 64 98 7F
186	14	2020-07-04 14:06:12.677	ISDN -> MSC	00	8							08 03 80 0C 65 06 32 98 43 00 06 32 4C 1F
187	24	2020-07-04 14:06:15.739	MSC -> ISDN	00	136	0	等级2	FS	220	074-3-02-0...		88 06 00 0C 65 3D 42 21 46 80 00 E4 CA 61 0C C
188	14	2020-07-04 14:06:16.799	MSC -> ISDN	00	146							92 03 80 0C 65 78 C2 21 46 80 0C 64 A7 7F
189	36	2020-07-04 14:06:17.192	ISDN -> MSC	00	24	3						18 09 00 0C 65 62 B2 98 43 00 68 33 91 8A E3 9
191	14	2020-07-04 14:06:18.690	ISDN -> MSC	00	8							08 03 80 0C 65 79 32 98 43 00 06 32 4C 1F
192	24	2020-07-04 14:06:21.039	MSC -> ISDN	00	136	0	等级2	FS	215	074-3-02-0...		88 06 00 0C 65 DA 82 21 46 80 00 E4 CA 61 0C C
193	14	2020-07-04 14:06:23.138	MSC -> ISDN	00	146							92 03 80 0C 66 0E C2 21 46 80 0C 65 62 BF

变量名称	变量内容	解析结果
消息头：		
消息编码(NID_MESSAGE)	00001000	Msg8 列车数据确认
消息长度(L_MESSAGE)	0000001110	14字节
车载设备时钟(T_TRAIN)	00000000001100011001010000011000	32491760--9418 ms
请求确认的限定词(M_ACK)	1	要求确认
地区号(NID_C)	1001010011	大区号：74 分区号：3
应答器组编号(NID_BG)	00001000011000	车站编号:2 应答器单元编号:24
车载设备时钟(T_TRAIN)	00000000001100011001001001100000	32487360--9260 ms

图 8-4-11　RBC 应用层数据 3

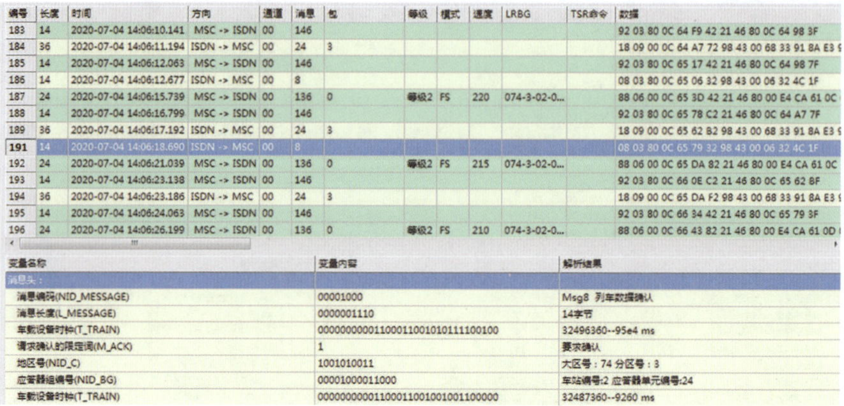

编号	长度	时间	方向	通道	消息	包	等级	模式	速度	LRBG	TSR命令	数据
183	14	2020-07-04 14:06:10.141	MSC -> ISDN	00	146							92 03 80 0C 64 F9 42 21 46 80 0C 64 98 3F
184	36	2020-07-04 14:06:11.194	ISDN -> MSC	00	24	3						18 09 00 0C 64 A7 72 98 43 00 68 33 91 8A E3
185	14	2020-07-04 14:06:12.063	MSC -> ISDN	00	146							92 03 80 0C 65 17 42 21 46 80 0C 64 98 7F
186	14	2020-07-04 14:06:12.677	ISDN -> MSC	00	8							08 03 80 0C 65 06 32 98 43 00 06 32 4C 1F
187	24	2020-07-04 14:06:15.739	MSC -> ISDN	00	136	0	等级2	FS	220	074-3-02-0...		88 06 00 0C 65 3D 42 21 46 80 00 E4 CA 61 0C
188	14	2020-07-04 14:06:16.799	MSC -> ISDN	00	146							92 03 80 0C 65 78 C2 21 46 80 0C 64 A7 7F
189	36	2020-07-04 14:06:17.192	ISDN -> MSC	00	24	3						18 09 00 0C 65 62 B2 98 43 00 68 33 91 8A E3
191	14	2020-07-04 14:06:18.690	ISDN -> MSC	00	8							08 03 80 0C 65 79 32 98 43 00 06 32 4C 1F
192	24	2020-07-04 14:06:21.039	MSC -> ISDN	00	136	0	等级2	FS	215	074-3-02-0...		88 06 00 0C 65 DA 82 21 46 80 00 E4 CA 61 0C
193	14	2020-07-04 14:06:23.138	MSC -> ISDN	00	146							92 03 80 0C 66 0E C2 21 46 80 0C 65 62 BF
194	36	2020-07-04 14:06:23.186	ISDN -> MSC	00	24	3						18 09 00 0C 65 DA F2 98 43 00 68 33 91 8A E3
195	14	2020-07-04 14:06:24.063	MSC -> ISDN	00	146							92 03 80 0C 66 34 42 21 46 80 0C 65 79 3F
196	24	2020-07-04 14:06:26.199	MSC -> ISDN	00	136	0	等级2	FS	210	074-3-02-0...		88 06 00 0C 66 43 82 21 46 80 00 E4 CA 61 0D

变量名称	变量内容	解析结果
消息头：		
消息编码(NID_MESSAGE)	00001000	Msg8 列车数据确认
消息长度(L_MESSAGE)	0000001110	14字节
车载设备时钟(T_TRAIN)	00000000001100011001010111100100	32496360--95e4 ms
请求确认的限定词(M_ACK)	1	要求确认
地区号(NID_C)	1001010011	大区号：74 分区号：3
应答器组编号(NID_BG)	00001000011000	车站编号:2 应答器单元编号:24
车载设备时钟(T_TRAIN)	00000000001100011001001001100000	32487360--9260 ms

图 8-4-12　RBC 应用层数据 4

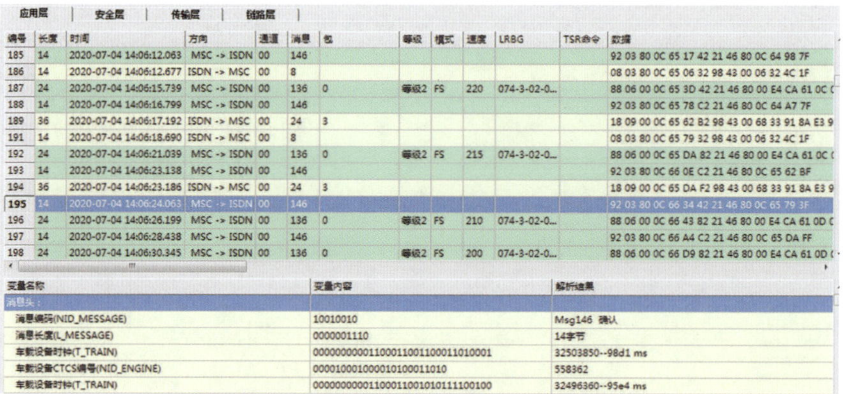

应用层 | 安全层 | 传输层 | 链路层

编号	长度	时间	方向	通道	消息	包	等级	模式	速度	LRBG	TSR命令	数据
185	14	2020-07-04 14:06:12.063	MSC -> ISDN	00	146							92 03 80 0C 65 17 42 21 46 80 0C 64 98 7F
186	14	2020-07-04 14:06:12.677	ISDN -> MSC	00	8							08 03 80 0C 65 06 32 98 43 00 06 32 4C 1F
187	24	2020-07-04 14:06:15.739	MSC -> ISDN	00	136	0	等级2	FS	220	074-3-02-0...		88 06 00 0C 65 3D 42 21 46 80 00 E4 CA 61 0C
188	14	2020-07-04 14:06:16.799	MSC -> ISDN	00	146							92 03 80 0C 65 78 C2 21 46 80 0C 64 A7 7F
189	36	2020-07-04 14:06:17.192	ISDN -> MSC	00	24	3						18 09 00 0C 65 62 B2 98 43 00 68 33 91 8A E3 9
191	14	2020-07-04 14:06:18.690	ISDN -> MSC	00	8							08 03 80 0C 65 79 32 98 43 00 06 32 4C 1F
192	24	2020-07-04 14:06:21.039	MSC -> ISDN	00	136	0	等级2	FS	215	074-3-02-0...		88 06 00 0C 65 DA 82 21 46 80 00 E4 CA 61 0C
193	14	2020-07-04 14:06:23.138	MSC -> ISDN	00	146							92 03 80 0C 66 0E C2 21 46 80 0C 65 62 BF
194	36	2020-07-04 14:06:23.186	ISDN -> MSC	00	24	3						18 09 00 0C 65 DA F2 98 43 00 68 33 91 8A E3 9
195	14	2020-07-04 14:06:24.063	MSC -> ISDN	00	146							92 03 80 0C 66 34 42 21 46 80 0C 65 79 3F
196	24	2020-07-04 14:06:26.199	MSC -> ISDN	00	136	0	等级2	FS	210	074-3-02-0...		88 06 00 0C 66 43 82 21 46 80 00 E4 CA 61 0D
197	14	2020-07-04 14:06:28.438	MSC -> ISDN	00	146							92 03 80 0C 66 A4 C2 21 46 80 0C 65 DA FF
198	24	2020-07-04 14:06:30.345	MSC -> ISDN	00	136	0	等级2	FS	200	074-3-02-0...		88 06 00 0C 66 D9 82 21 46 80 00 E4 CA 61 0D

变量名称	变量内容	解析结果
消息头：		
消息编码(NID_MESSAGE)	10010010	Msg146 确认
消息长度(L_MESSAGE)	0000001110	14字节
车载设备时钟(T_TRAIN)	00000000001100011001100011010001	32503850--98d1 ms
车载设备CTCS编号(NID_ENGINE)	000010001000010100011010	558362
车载设备时钟(T_TRAIN)	00000000001100011001010111100100	32496360--95e4 ms

图 8-4-13　RBC 应用层数据 5

因 RBC 向车载设备发送三次 M8 均未在规定时间内得到确认，RBC 停止向车载设备发送消息，导致无线连接超时（图 8-4-14、图 8-4-15）。

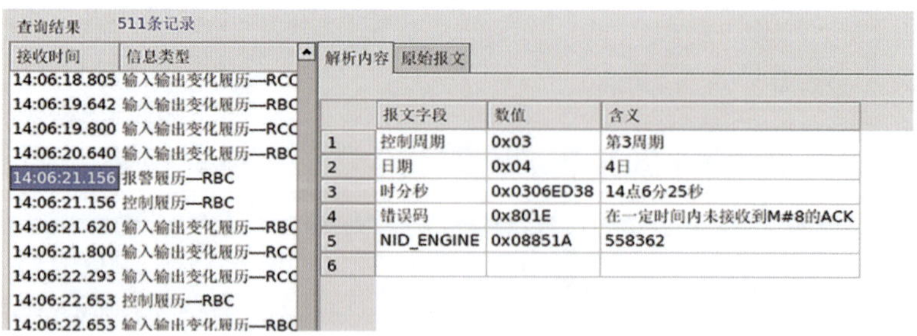

查询结果　511条记录

接收时间	信息类型
14:06:18.805	输入输出变化履历—RCC
14:06:19.642	输入输出变化履历—RBC
14:06:19.800	输入输出变化履历—RCC
14:06:20.640	输入输出变化履历—RBC
14:06:21.156	报警履历—RBC
14:06:21.156	控制履历—RBC
14:06:21.620	输入输出变化履历—RBC
14:06:21.800	输入输出变化履历—RCC
14:06:22.293	输入输出变化履历—RCC
14:06:22.653	控制履历—RBC
14:06:22.653	输入输出变化履历—RBC

解析内容 | 原始报文

	报文字段	数值	含义
1	控制周期	0x03	第3周期
2	日期	0x04	4日
3	时分秒	0x0306ED38	14点6分25秒
4	错误码	0x801E	在一定时间内未接收到M#8的ACK
5	NID_ENGINE	0x08851A	558362
6			

图 8-4-14　RBC 维护终端记录

应用层 | 安全层 | 传输层 | 链路层

编号	长度	时间	方向	通道	消息	包	等级	模式	速度	LRBG	TSR命令	数据
192	24	2020-07-04 14:06:21.039	MSC -> ISDN	00	136	0	等级2	FS	215	074-3-02-0...		88 06 00 0C 65 DA 82 21 46 80 00 E4 CA 61 0C
193	14	2020-07-04 14:06:23.138	MSC -> ISDN	00	146							92 03 80 0C 66 0E C2 21 46 80 0C 65 62 BF
194	36	2020-07-04 14:06:23.186	ISDN -> MSC	00	24	3						18 09 00 0C 65 DA F2 98 43 00 68 33 91 8A E3
195	14	2020-07-04 14:06:24.063	MSC -> ISDN	00	146							92 03 80 0C 66 34 42 21 46 80 0C 65 79 3F
196	24	2020-07-04 14:06:26.199	MSC -> ISDN	00	136	0	等级2	FS	210	074-3-02-0...		88 06 00 0C 66 43 82 21 46 80 00 E4 CA 61 0D
197	14	2020-07-04 14:06:28.438	MSC -> ISDN	00	146							92 03 80 0C 66 A4 C2 21 46 80 0C 65 DA FF
198	24	2020-07-04 14:06:30.345	MSC -> ISDN	00	136	0	等级2	FS	200	074-3-02-0...		88 06 00 0C 66 D9 82 21 46 80 00 E4 CA 61 0D
199	24	2020-07-04 14:06:33.961	MSC -> ISDN	00	136	0	等级2	FS	200	074-3-02-0...		88 06 00 0C 67 77 02 21 46 80 00 E4 CA 61 0D
200	24	2020-07-04 14:06:39.544	MSC -> ISDN	00	136	0	等级2	FS	195	074-3-02-0...		88 06 00 0C 68 05 82 21 46 80 00 E4 CA 61 0E 0
201	24	2020-07-04 14:06:45.542	MSC -> ISDN	00	136	0	等级2	FS	195	074-3-02-0...		88 06 00 0C 68 98 82 21 46 80 00 E4 CA 61 0E 0
202	24	2020-07-04 14:06:51.543	MSC -> ISDN	00	136	0	等级2	FS	195	074-3-02-0...		88 06 00 0C 69 31 82 21 46 80 00 E4 CA 61 0E 0
203	24	2020-07-04 14:06:57.557	MSC -> ISDN	00	136	0	等级2	FS	190	074-3-02-0...		88 06 00 0C 69 C7 82 21 46 80 00 E4 CA 61 0E 0
204	24	2020-07-04 14:06:58.161	MSC -> ISDN	00	136	0	等级2	FS	190	074-3-01-0...		88 06 00 0C 69 D6 82 21 46 80 00 E4 CA 60 81

图 8-4-15 RBC 应用层数据 1

三、处理方法

RBC 与列车建立通信后，收到列车 M129(列车数据)，回复 M8(列车数据确认)。其中，M_ACK＝1(要求确认)，等待列车确认时间为 6 s，如果 6 s 内未收到列车确认消息 M146，RBC 重新发送 M8，连续发送三次后，不再向车载发送任何消息。为解决由于部分车载回复消息过慢所导致的通信中断问题，通过优化 RBC 发送 M8 后等待车载确认时间值参数，由 6 s 改为 10 s。

案例四 探询帧逻辑

一、问题描述

列车车载设备报无线通信连接超时，由 C3 级降为 C2 级运行。

二、问题分析

1. 第一次呼叫

查看 PRI 接口数据如下。

09:32:11,107，RBC 向车载设备发送 N(R)＝13，PF＝1 的 RR 帧，表示 RBC 收到了车载设备发送的 N(S)＝13 之前的所有 I 帧，并且 RBC 已准备好接收车载设备发送的 N(S)＝13 的帧，并要求车载设备回复 PF＝1 的响应帧(第一次)。

09:32:16,888，RBC 向车载设备发送 N(R)＝15，PF＝1 的 RR 帧，表示 RBC 收到了车载设备发送的 N(S)＝15 之前的所有 I 帧，并且 RBC 已准备好接收车载设备发送的 N(S)＝15 的帧，并要求车载设备回复 PF＝1 的响应帧(第二次)。

09:32:21,357,RBC向车载设备发送N(R)=17,PF=1的RR帧,表示RBC收到了车载设备发送的N(S)=17之前的所有Ⅰ帧,并且RBC已准备好接收车载设备发送的N(S)=17的帧,并要求车载设备回复PF=1的响应帧(第三次)。

09:32:23,294,RBC向车载设备发送N(R)=17,PF=1的RR帧,表示RBC收到了车载设备发送的N(S)=17之前的所有Ⅰ帧,并且RBC已准备好接收车载设备发送的N(S)=17的帧,并要求车载设备回复PF=1的响应帧(第四次)。

09:32:23,826,车载设备向RBC发送N(R)=2,PF=1的RR帧,表示车载设备收到了RBC发送的N(S)=2之前的所有Ⅰ帧,并且已准备好接收RBC发送的N(S)=2的帧。

此时,RBC已经发送到序号N(S)=14的帧,因此RBC在收到了车载设备N(R)=2,PF=1的RR帧的回复后,立即重传了N(S)=2到N(S)=14的所有Ⅰ帧。

在RBC重传N(S)=2到N(S)=14的Ⅰ帧期间,09:32:24,029车载设备向RBC发送了N(S)=21,N(R)=10,表示车载设备收到了RBC发送的N(S)=10之前的所有Ⅰ帧。09:32:24,044车载设备向RBC发送SREJ选择性重传帧,要求RBC重传N(S)=10的帧。

09:32:24,779,RBC重传完N(S)=2到N(S)=14的Ⅰ帧后,对SREJ相应,再次重传N(S)=10到N(S)=13的Ⅰ帧。

09:32:25,013,RBC向ATP发送N(R)=22,PF=1的RR帧,表示RBC收到了车载设备发送的N(S)=22之前的所有Ⅰ帧,并且RBC已准备好接收车载设备发送的N(S)=22的帧,并要求车载设备回复PF=1的响应帧(第五次)。

09:32:25,560,车载设备向RBC发送N(R)=15,PF=1的RR帧,表示车载设备收到了RBC发送的N(S)=15之前的所有Ⅰ帧,并且已准备好接收RBC发送的N(S)=15的帧。

此时,RBC已经发送到序号N(S)=16的帧,因此RBC收到车载设备N(R)=15,PF=1的RR帧的回复后,立即重传了从序号N(S)=15开始的所有Ⅰ帧。

09:32:25,669,RBC向车载设备发送N(S)=17,N(R)=25,表示RBC向车载设备发送了N(S)=17帧,接收到了车载设备发送的N(S)=25之前的Ⅰ帧,等待N(S)=25的Ⅰ帧。

09:32:25,810,车载设备向RBC发送N(R)=17的RR帧,表示车载设备接收到了 RBC 发送的 N(S)＝17 之前的 I 帧，期望接收的下一帧为 RBC 发送的 N(S)＝17 的 I 帧。

09:32:25,950，RBC 向车载设备发送 N(S)＝17，N(R)＝26，表示 RBC 向车载设备重发了 N(S)＝17 帧，接收到了车载设备发送的 N(S)＝26 之前的 I 帧，等待 N(S)＝26 的 I 帧。

09:32:25,950，车载设备向 RBC 发送 N(R)＝17 的 I 帧，表示车载设备接收到了 RBC 发送的 N(S)＝17 之前的 I 帧，期望接收的下一帧为 RBC 发送的 N(S)＝17 的 I 帧。

此后，车载设备一直向 RBC 发送 N(R)＝17 的 I 帧，说明车载设备一直没有收到 RBC 发送的 N(S)＝17 的 I 帧(图 8-4-16)。

2023-04-21 09:32:25.294	G2586		DL	HDLC frame	I	OBU->RBC	Type=0 Addr=1 N(S)=24 N(R)=15 Pf=0
2023-04-21 09:32:25.513	G2586		DL	HDLC frame	I	OBU->RBC	Type=0 Addr=1 N(S)=25 N(R)=15 Pf=0
2023-04-21 09:32:25.560	G2586		DL	HDLC frame	RR	OBU->RBC	Type=1 Addr=3 N(R)=15 Pf=1
2023-04-21 09:32:25.622	G2586		DL	HDLC frame	RR	OBU->RBC	Type=1 Addr=3 N(R)=16 Pf=0
2023-04-21 09:32:25.810	G2586		DL	HDLC frame	RR	OBU->RBC	Type=1 Addr=3 N(R)=17 Pf=0
2023-04-21 09:32:25.950	G2586		DL	HDLC frame	I	OBU->RBC	Type=0 Addr=1 N(S)=26 N(R)=17 Pf=0
2023-04-21 09:32:25.982	G2586		DL	HDLC frame	I	OBU->RBC	Type=0 Addr=1 N(S)=27 N(R)=17 Pf=0
2023-04-21 09:32:26.310	G2586		DL	HDLC frame	I	OBU->RBC	Type=0 Addr=1 N(S)=28 N(R)=17 Pf=0
2023-04-21 09:32:27.779	G2586		DL	HDLC frame	RR	OBU->RBC	Type=1 Addr=1 N(R)=17 Pf=1
2023-04-21 09:32:29.779	G2586		DL	HDLC frame	RR	OBU->RBC	Type=1 Addr=1 N(R)=17 Pf=1
2023-04-21 09:32:31.544	G2586		DL	HDLC frame	I	OBU->RBC	Type=0 Addr=1 N(S)=29 N(R)=17 Pf=0
2023-04-21 09:32:31.575	G2586		DL	HDLC frame	I	OBU->RBC	Type=0 Addr=1 N(S)=30 N(R)=17 Pf=0
2023-04-21 09:32:31.794	G2586		DL	HDLC frame	RR	OBU->RBC	Type=1 Addr=1 N(R)=17 Pf=1
2023-04-21 09:32:33.779	G2586		DL	HDLC frame	RR	OBU->RBC	Type=1 Addr=1 N(R)=17 Pf=1
2023-04-21 09:32:35.778	G2586		DL	HDLC frame	RR	OBU->RBC	Type=1 Addr=1 N(R)=17 Pf=1

图 8-4-16　第一次呼叫 PRI 接口数据 1

09:32:37,122 RBC 向 MSC 发送 DISCONNECT 拆链(图 8-4-17)。

B	C	G	H	I	J	K	R	AA
序号	触发时间	车次	线路	Layer	消息类型	子类型	Direction	Explain
1228	2023-04-21 09:32:25.982	G2586		DL	HDLC frame	I	OBU->RBC	Type=0 Addr=1 N(S)=27 N(R)=17 Pf=0
1233	2023-04-21 09:32:26.029	G2586		DL	HDLC frame	I	RBC->OBU	Type=0 Addr=3 N(S)=18 N(R)=26 Pf=0
1234	2023-04-21 09:32:26.075	G2586		DL	HDLC frame	I	RBC->OBU	Type=0 Addr=3 N(S)=19 N(R)=26 Pf=0
1235	2023-04-21 09:32:26.107	G2586		DL	HDLC frame	I	RBC->OBU	Type=0 Addr=3 N(S)=20 N(R)=26 Pf=0
1238	2023-04-21 09:32:26.138	G2586		DL	HDLC frame	I	RBC->OBU	Type=0 Addr=3 N(S)=21 N(R)=28 Pf=0
1241	2023-04-21 09:32:26.310	G2586		DL	HDLC frame	I	OBU->RBC	Type=0 Addr=1 N(S)=28 N(R)=17 Pf=0
1246	2023-04-21 09:32:26.435	G2586		DL	HDLC frame	I	RBC->OBU	Type=0 Addr=3 N(S)=22 N(R)=29 Pf=0
1249	2023-04-21 09:32:27.779	G2586		DL	HDLC frame	RR	OBU->RBC	Type=1 Addr=1 N(R)=17 Pf=1
1250	2023-04-21 09:32:27.904	G2586		DL	HDLC frame	RR	RBC->OBU	Type=1 Addr=1 N(R)=29 Pf=1
1251	2023-04-21 09:32:28.154	G2586		DL	HDLC frame	I	RBC->OBU	Type=0 Addr=3 N(S)=23 N(R)=29 Pf=0
1253	2023-04-21 09:32:28.232	G2586		DL	HDLC frame	I	RBC->OBU	Type=0 Addr=3 N(S)=24 N(R)=29 Pf=0
1255	2023-04-21 09:32:28.279	G2586		DL	HDLC frame	I	RBC->OBU	Type=0 Addr=3 N(S)=25 N(R)=29 Pf=0
1260	2023-04-21 09:32:29.779	G2586		DL	HDLC frame	RR	OBU->RBC	Type=1 Addr=1 N(R)=17 Pf=1
1261	2023-04-21 09:32:29.872	G2586		DL	HDLC frame	RR	RBC->OBU	Type=1 Addr=1 N(R)=29 Pf=1
1262	2023-04-21 09:32:30.091	G2586		DL	HDLC frame	RR	RBC->OBU	Type=1 Addr=3 N(R)=29 Pf=1
1263	2023-04-21 09:32:31.544	G2586		DL	HDLC frame	I	OBU->RBC	Type=0 Addr=1 N(S)=29 N(R)=17 Pf=0
1265	2023-04-21 09:32:31.575	G2586		DL	HDLC frame	I	OBU->RBC	Type=0 Addr=1 N(S)=30 N(R)=17 Pf=0
1270	2023-04-21 09:32:31.685	G2586		DL	HDLC frame	I	RBC->OBU	Type=0 Addr=3 N(S)=26 N(R)=31 Pf=0
1273	2023-04-21 09:32:31.794	G2586		DL	HDLC frame	RR	OBU->RBC	Type=1 Addr=1 N(R)=17 Pf=1
1274	2023-04-21 09:32:31.872	G2586		DL	HDLC frame	RR	RBC->OBU	Type=1 Addr=1 N(R)=31 Pf=1
1275	2023-04-21 09:32:32.154	G2586		DL	HDLC frame	I	RBC->OBU	Type=0 Addr=3 N(S)=27 N(R)=31 Pf=0
1280	2023-04-21 09:32:33.779	G2586		DL	HDLC frame	RR	OBU->RBC	Type=1 Addr=1 N(R)=17 Pf=1
1281	2023-04-21 09:32:35.778	G2586		DL	HDLC frame	RR	OBU->RBC	Type=1 Addr=1 N(R)=17 Pf=1
1282	2023-04-21 09:32:37.122	G2586		Physical	Signaling	DISCONNECT	STU-CC->MSC	DISCONNECT CAUSE:Cause_Value=16,Cause_
1283	2023-04-21 09:32:37.247	G2586		Physical	Signaling	RELEASE	MSC->STU-CC	
1284	2023-04-21 09:32:37.247	G2586		Physical	Signaling	RELEASE COMP	STU-CC->MSC	

图 8-4-17　第一次呼叫 PRI 接口数据 2

2. 第二次呼叫

列车第二次呼叫 RBC 后，在建立安全连接过程中：

09:32:47,216，RBC 向车载设备发送 AU2(第二验证消息)后，未收到车载设备发送的 AU3(第三验证消息)。

09:32:47,810，车载设备向 RBC 发送 DI，断开安全连接(图 8-4-18)。

触发时间	机车号	车次号	线路	Layer	消息类型	子类型	Direction
2023-04-21 09:32:46.169	556102			Safety	SAPDU	AU1	OBU->RBC
2023-04-21 09:32:46.278	556102			DL	HDLC frame	RR	RBC->OBU
2023-04-21 09:32:47.185	556102			DL	HDLC frame	I	RBC->OBU
2023-04-21 09:32:47.185	556102			Net	NPDU	Data	RBC->OBU
2023-04-21 09:32:47.216	556102			DL	HDLC frame	I	RBC->OBU
2023-04-21 09:32:47.216	556102			Net	NPDU	Data	RBC->OBU
2023-04-21 09:32:47.216	556102			Transport	TPDU	CC	RBC->OBU
2023-04-21 09:32:47.216	556102			Safety	SAPDU	AU2	RBC->OBU
2023-04-21 09:32:47.778	556102			DL	HDLC frame	RR	OBU->RBC
2023-04-21 09:32:47.810	556102			DL	HDLC frame	I	OBU->RBC
2023-04-21 09:32:47.810	556102			Net	NPDU	Data	OBU->RBC
2023-04-21 09:32:47.810	556102			Transport	TPDU	DR	OBU->RBC
2023-04-21 09:32:47.810	556102			Safety	SAPDU	DI	OBU->RBC
2023-04-21 09:32:47.935	556102			DL	HDLC frame	I	RBC->OBU
2023-04-21 09:32:47.935	556102			Net	NPDU	Data	RBC->OBU
2023-04-21 09:32:47.935	556102			Transport	TPDU	DC	RBC->OBU
2023-04-21 09:32:48.481	556102			DL	HDLC frame	DISC	OBU->RBC
2023-04-21 09:32:48.560	556102			DL	HDLC frame	UA	RBC->OBU
2023-04-21 09:32:49.075	556102			Physical	Signaling	DISCONNECT	MSC->STU-CC
2023-04-21 09:32:49.138	556102			Physical	Signaling	RELEASE	STU-CC->MSC
2023-04-21 09:32:49.278	556102			Physical	Signaling	RELEASE COMP	MSC->STU-CC

图 8-4-18　第二次呼叫 PRI 接口数据

3. 第三次呼叫

列车第三次呼叫 RBC 后，在安全连接建立后：

09:33:02,122，车载设备向 RBC 发送 M156，通信会话结束。

09:33:04,653，RBC 向车载设备回复 M39 通信会话结束确认，RBC 与车载设备连接正常挂断(图 8-4-19)。

触发时间	机车号	线路	Layer	消息类型	子类型
2023-04-21 09:32:53.919	556102		Physical	Signaling	SETUP
2023-04-21 09:32:53.950	556102		Physical	Signaling	CALL PROC
2023-04-21 09:32:53.950	556102		Physical	Signaling	ALERTING
2023-04-21 09:32:53.950	556102		Physical	Signaling	CONNECT
2023-04-21 09:32:54.513	556102		Physical	Signaling	CONNECT ACK
2023-04-21 09:32:56.731	556102		Safety	SAPDU	AU1
2023-04-21 09:32:57.716	556102		Safety	SAPDU	AU2
2023-04-21 09:32:58.481	556102		Safety	SAPDU	AU3
2023-04-21 09:32:59.122	556102		Safety	SAPDU	AR
2023-04-21 09:33:02.122	556102		Safety	SAPDU	DT
2023-04-21 09:33:02.122	556102		Application	APDU	M156 Termination of a communication session
2023-04-21 09:33:04.653	556102		Safety	SAPDU	DT
2023-04-21 09:33:04.653	556102		Application	APDU	M39 Acknowledgement of termination of a comm
2023-04-21 09:33:06.122	556102		Safety	SAPDU	DI
2023-04-21 09:33:07.372	556102		Physical	Signaling	DISCONNECT
2023-04-21 09:33:07.372	556102		Physical	Signaling	RELEASE
2023-04-21 09:33:07.466	556102		Physical	Signaling	RELEASE COMP

图 8-4-19　第三次呼叫 PRI 接口数据

三、处理方法

车载设备第一次呼叫 RBC 后，因 RBC 未收到车载设备对 RBC 发送的 I 帧的确认回复，所以连续多次发送 PF=1 的 RR 帧等待数据重传。在重传过程中，又频繁收到车载设备回复的 SREJ 帧重复重传数据。此过程中，RBC 发送的探寻次数超过 5 次，所以向 MSC 发送 DISCONNECT 拆链，导致与列车无线连接超时。车载设备第二次呼叫 RBC 后，在建立安全连接的过程中，车载设备主动拆链引起连接超时。车载设备第三次呼叫 RBC 后，车载设备主动结束通信会话，导致列车降级运行，RBC 逻辑处理正常。

案例五　通道异常

一、问题描述

列车车载设备报无线连接超时制动。

二、问题分析

1. RBC 向列车发送 M3 行车许可（时间戳 4493000），在通信侧 PRI 口数据中未记录到该消息（图 8-4-20）。

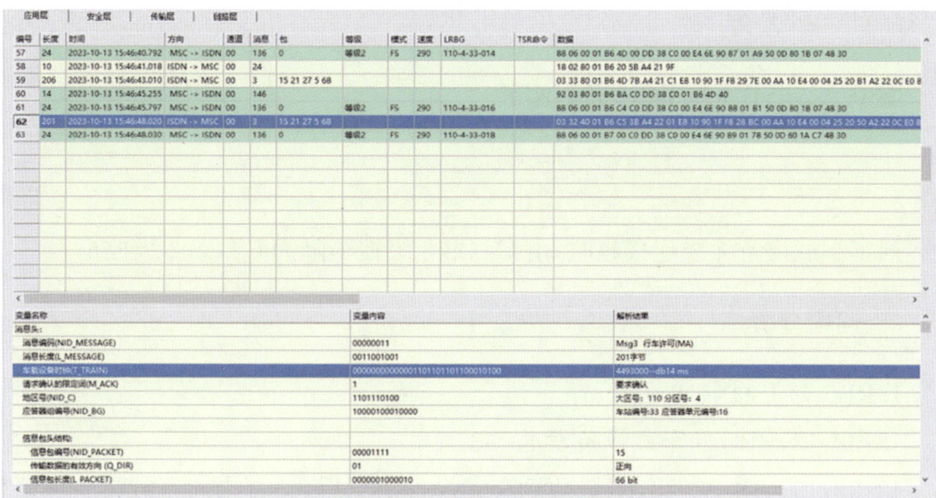

图 8-4-20　RBC 应用层数据

2. 列车向 RBC 发送的两个 M136(车载时间戳分别为 4501400、4507930)RBC 均未收到,PRI 接口数据如图 8-4-21 所示。

序号	记录时间	信令方向	CTCS ID	帧类型	链路层	应用层	发送方T_Train	确认对方T_Train
552	2023-10-13 15:46:53. 145493	OBC --> RBC	226531	APDU		136: Train Position Report	4495390ms	
553	2023-10-13 15:46:53. 145490	OBC --> RBC	226531	HDLC	I Frame : B			
554	2023-10-13 15:46:53. 230350	RBC --> OBC	226531	HDLC	I Frame : A			
555	2023-10-13 15:46:53. 358809	RBC --> OBC	226531	V.110帧失步				
556	2023-10-13 15:46:54. 297437	OBC --> RBC	226531	HDLC	RR Frame : A			
557	2023-10-13 15:46:55. 193630	OBC --> RBC	226531	HDLC	RR Frame : B			
558	2023-10-13 15:46:57. 241697	OBC --> RBC	226531	HDLC	RR Frame : B			
559	2023-10-13 15:46:59. 033659	OBC --> RBC	226531	HDLC	I Frame : B			
560	2023-10-13 15:46:59. 033613	OBC --> RBC	226531	HDLC	I Frame : B			
561	2023-10-13 15:46:59. 033662	OBC --> RBC	226531	APDU		136: Train Position Report	4501400ms	
562	2023-10-13 15:46:59. 033660	OBC --> RBC	226531	TPDU				
563	2023-10-13 15:46:59. 033661	OBC --> RBC	226531	SaPDU				
564	2023-10-13 15:46:59. 289619	OBC --> RBC	226531	HDLC	RR Frame : B			
565	2023-10-13 15:47:01. 209687	OBC --> RBC	226531	HDLC	RR Frame : B			
566	2023-10-13 15:47:03. 513615	OBC --> RBC	226531	HDLC	RR Frame : B			
567	2023-10-13 15:47:05. 049571	OBC --> RBC	226531	HDLC	I Frame : B			
568	2023-10-13 15:47:05. 049532	OBC --> RBC	226531	HDLC	I Frame : B			
569	2023-10-13 15:47:05. 049572	OBC --> RBC	226531	TPDU				
570	2023-10-13 15:47:05. 049573	OBC --> RBC	226531	SaPDU				
571	2023-10-13 15:47:05. 049574	OBC --> RBC	226531	APDU		136: Train Position Report	4507390ms	
572	2023-10-13 15:47:06. 543958	MSC --> RBC	226531	DISCONNECT				
573	2023-10-13 15:47:06. 548968	RBC --> MSC	226531	RELEASE COMPLETE				
574	2023-10-13 15:47:06. 841728	OBC --> RBC	226531	V.110帧失步				

图 8-4-21　三接口监测 PRI 接口数据

3. 15:47:06,MSC 向 RBC 发送 DISCONNECT 断开连接。

MSC 与 RBC3 间收发数据异常,结合通信侧相关通道报警,判断 RBC3 与 MSC 间连接通道异常。

三、处理方法

查看 RBC 信号传送数据监测预警平台网管软件,RBC 侧与 GSM-R 连接通道 8 有告警。对通道 8 的同轴电缆接头进行检查,发现同轴电缆 BNC 接头焊接不良,重新焊接通道 8-BNC 接头,恢复正常。

案例六　ISDN 与 RCC 通信中断

一、问题描述

列车车载设备无线连接超时,由 CTCS-3 级控车降为 CTCS-2 级控车。

二、问题分析

1. RBC 的 ISDN1 日志分析

18:32:12,RBC 向车载设备发送 M3。

18:32:15—18:32:28,RBC 收到车载设备消息后,一直未向车载设备回复任何应用层消息(图 8-4-22)。

应用层 | 安全层 | 传输层 | 链路层

编号	长度	时间	方向	通道	消息	包	等级	模式	速度	LRBG	TSR命令
252	24	2022-08-15 18:32:09.810	MSC -> ISDN	00	136	0	等级2	FS	245	088-3-16-015	
253	24	2022-08-15 18:32:10.317	MSC -> ISDN	00	136	0	等级2	FS	245	088-3-16-017	
254	10	2022-08-15 18:32:12.214	ISDN -> MSC	00	24						
255	201	2022-08-15 18:32:12.719	ISDN -> MSC	00	3	15 21 27 5					
257	14	2022-08-15 18:32:15.265	MSC -> ISDN	00	146						
258	24	2022-08-15 18:32:19.814	MSC -> ISDN	00	136	0	等级2	FS	245	088-3-16-019	
259	24	2022-08-15 18:32:21.831	MSC -> ISDN	00	136	0	等级2	FS	245	088-3-16-021	
260	24	2022-08-15 18:32:25.309	MSC -> ISDN	00	136	0	等级2	FS	245	088-3-16-023	
261	24	2022-08-15 18:32:28.531	MSC -> ISDN	00	136	0	等级2	FS	245	088-3-16-025	

图 8-4-22　RBC 应用层数据

18:32:30,在链路层,MSC 向 ISDN 服务器发送 DISC 断开连接(图 8-4-23)。

应用层 | 安全层 | 传输层 | 链路层

编号	长度	时间	方向	通道	帧	类型	序号
1456	13	2022-08-15 18:32:28.531	MSC -> ISDN	00	I		
1457	14	2022-08-15 18:32:28.543	ISDN -> MSC	00	I		
1458	07	2022-08-15 18:32:29.222	MSC -> ISDN	00	S	RR	43
1459	19	2022-08-15 18:32:30.150	MSC -> ISDN	00	I		
1460	15	2022-08-15 18:32:30.160	ISDN -> MSC	00	I		
1461	07	2022-08-15 18:32:30.812	MSC -> ISDN	00	S	RR	44
1462	06	2022-08-15 18:32:30.812	MSC -> ISDN	00	U	DISC	
1463	06	2022-08-15 18:32:30.815	ISDN -> MSC	00	U	UA	

图 8-4-23　RBC 应用层数据

2. 维护终端记录分析

列车在 RBC 控制范围内运行。18:32:17,RCC 检测到 ISDN1 设备故障,随后释放连接通道(图 8-4-24)。

18:32:18,RCC 检测到 ISDN1 故障恢复(图 8-4-25)。

RBC 通过 ISDN 设备与车载设备进行通信,ISDN 通过内部交换机与 RCC 进行消息交互。RBC 内部网络连接如图 8-4-26 所示。

RBC 的 RCC 子系统每个周期(500 ms)向 ISDN 发送心跳请求,ISDN 在该周期内回复。RCC 如果 3 个周期(1.5 s)收不到 ISDN 回复,就判定通信超时,认为该通道异常,导向安全,复位 RCC 与该 ISDN 的所有通道。

RCC 判断与 ISDN 间通信连接超时的配置时间为 1.5 s。在现场应用过程中,当 ISDN 向 RCC 发送的心跳信息出现了短暂延迟,导致 RCC 未在 1.5 s 时间内收到 ISDN 的信息,RCC 就会判断与 ISDN 间通信超时并清除与列车的安全连接;安全连接中断后,RBC 不向车载设备回复任何应用层消息,最终导致列车无线超时。

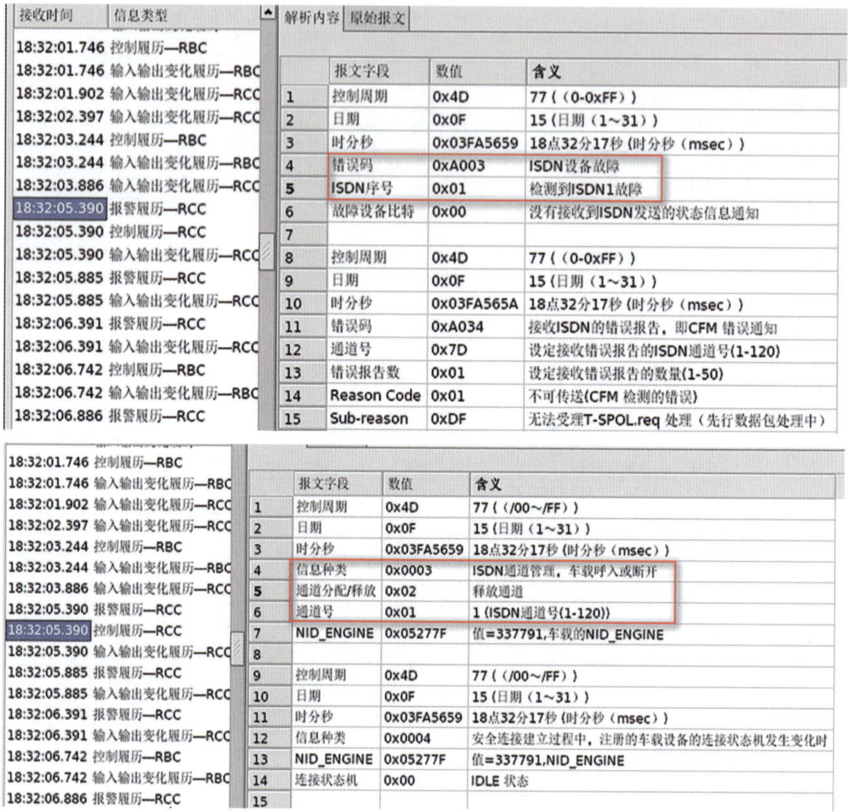

图 8-4-24　维护终端记录 1

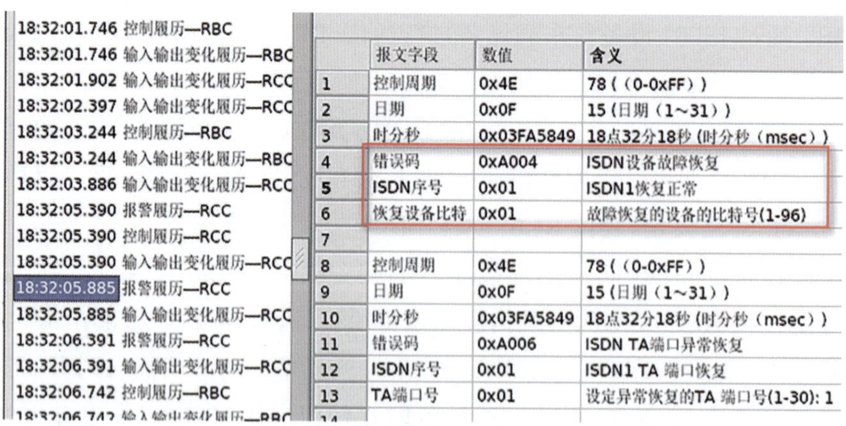

图 8-4-25　维护终端记录 2

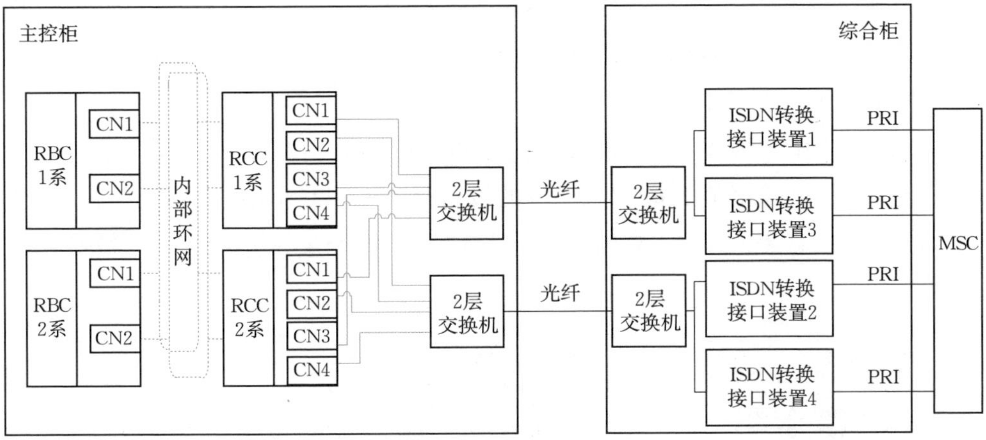

图 8-4-26　RBC 内部网络连接

三、处理方法

优化 ISDN 软件，在既有心跳回复的基础上增加了定期心跳回复，提高了 ISDN 与 RCC 通信的稳定性。同时，优化 RCC 软件配置参数，将 RCC 判断与 ISDN 通信连接超时的时间由 1.5 s 修改为 6 s，既能够提高 RCC 与 ISDN 的连接稳定性，也不会影响 RBC 与列车的正常通信。

案例七　RBC 与联锁通信中断

一、故障描述

8 月 30 日，RBC 与车站一联锁发生通信中断，RBC 向车站一范围内的多趟列车发送无条件紧急停车消息，列车紧急制动停车。RBC 与车站一联锁通信中断后约 5 s，连接自动恢复。

8 月 31 日，RBC 与车站二联锁发生两次通信中断，列车均收到无条件紧急停车消息，紧急制动停车。

二、故障分析

经分析确认，以上三次 RBC 向车载设备发送无条件紧急停车的原因，均与 RBC 与联锁之间通信中断有关，其中 8 月 30 日是 RBC 与车站一联锁通信中断，

8 月 31 日是与车站二联锁通信中断两次。三次 RBC 与联锁中断的原因相同，均为 RBC 检测到 EC 计数的状态(延迟)超过警报值导致。

查看 RBC 的日志：

1. 11:00:18.810，RBC 的Ⅱ系(主系)输出报警信息：“[RBC]接收 EC 计数的状态(延迟)超过警报值的报文”，对应的设备号为 CBI2(车站一)，如图 8-4-27 所示。该报警信息表示 RBC 判断接收车站一联锁安全层消息的 EC 计数已超过阈值。

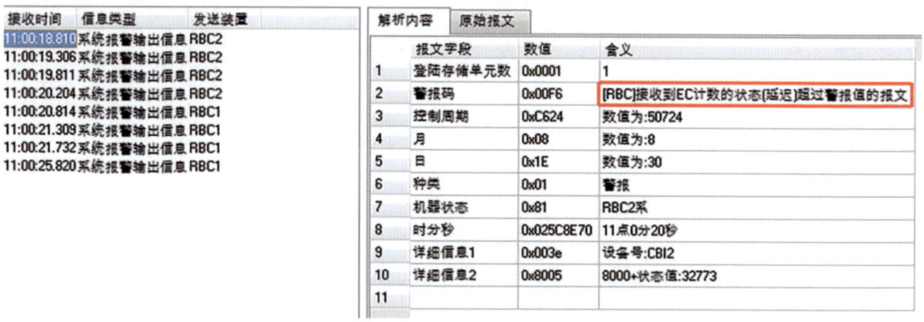

接收时间	信息类型	发送装置
11:00:18.810	系统报警输出信息	RBC2
11:00:19.306	系统报警输出信息	RBC2
11:00:19.811	系统报警输出信息	RBC2
11:00:20.204	系统报警输出信息	RBC2
11:00:20.814	系统报警输出信息	RBC1
11:00:21.309	系统报警输出信息	RBC1
11:00:21.732	系统报警输出信息	RBC1
11:00:25.820	系统报警输出信息	RBC1

解析内容 原始报文

	报文字段	数值	含义
1	登陆存储单元数	0x0001	1
2	警报码	0x00F6	[RBC]接收到EC计数的状态(延迟)超过警报值的报文
3	控制周期	0xC624	数值为:50724
4	月	0x08	数值为:8
5	日	0x1E	数值为:30
6	种类	0x01	警报
7	机器状态	0x81	RBC2系
8	时分秒	0x025C8E70	11点0分20秒
9	详细信息1	0x003e	设备号:CBI2
10	详细信息2	0x8005	8000+状态值:32773
11			

图 8-4-27　EC 值异常信息

2. 11:00:19.306，RBC 的Ⅱ系(主系)输出报警信息：“SAI 切断显示信息的接收”，如图 8-4-28 所示，EC 计数超过阈值，RBC 判断与车站一联锁之间的安全连接中断。

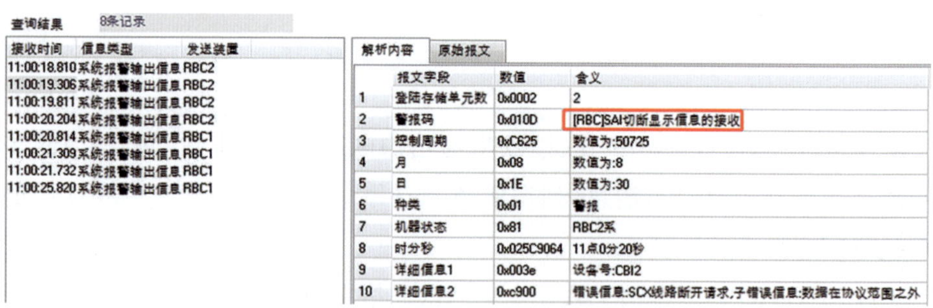

查询结果　8条记录

接收时间	信息类型	发送装置
11:00:18.810	系统报警输出信息	RBC2
11:00:19.306	系统报警输出信息	RBC2
11:00:19.811	系统报警输出信息	RBC2
11:00:20.204	系统报警输出信息	RBC2
11:00:20.814	系统报警输出信息	RBC1
11:00:21.309	系统报警输出信息	RBC1
11:00:21.732	系统报警输出信息	RBC1
11:00:25.820	系统报警输出信息	RBC1

解析内容 原始报文

	报文字段	数值	含义
1	登陆存储单元数	0x0002	2
2	警报码	0x010D	[RBC]SAI切断显示信息的接收
3	控制周期	0xC625	数值为:50725
4	月	0x08	数值为:8
5	日	0x1E	数值为:30
6	种类	0x01	警报
7	机器状态	0x81	RBC2系
8	时分秒	0x025C9064	11点0分20秒
9	详细信息1	0x003e	设备号:CBI2
10	详细信息2	0xc900	错误信息:SCX线路断开请求,子错误信息:数据在协议范围之外

图 8-4-28　RBC 主动切断 SAI 层消息接收

3. 11:00:19.811，RBCⅡ系检测到与车站一联锁 1 系 2 网的逻辑通道状态变为故障，如图 8-4-29 所示。

4. 11:00:22，RBC 判断与车站一联锁应用层连接断开后，RBC 导向安全侧，向列车发送无条件紧急停车消息，如图 8-4-30 所示。

查询结果　8条记录

接收时间	信息类型	发送装置
11:00:18.810	系统报警输出信息	RBC2
11:00:19.306	系统报警输出信息	RBC2
11:00:19.811	系统报警输出信息	RBC2
11:00:20.204	系统报警输出信息	RBC2
11:00:20.814	系统报警输出信息	RBC1
11:00:21.309	系统报警输出信息	RBC1
11:00:21.732	系统报警输出信息	RBC1
11:00:25.820	系统报警输出信息	RBC1

解析内容　原始报文

	报文字段	数值	含义
1	登陆存储单元数	0x0002	2
2	警报码	0x00B4	[RBC检测到逻辑线路变为故障
3	控制周期	0xC626	数值为:50726
4	月	0x08	数值为:8
5	日	0x1E	数值为:30
6	种类	0x01	警报
7	机器状态	0x81	RBC2系
8	时分秒	0x025C9259	11点0分21秒
9	详细信息1	0x0603	ETH插槽号:安装插槽的S-7,逻辑线路号:CBI的1系CN2
10	详细信息2	0x003e	被连接设备的号(255:设定为广播):CBI2

图 8-4-29　RBC 与联锁通信的逻辑通道故障

	报文字段	数值	含义
1	控制周期	0x29	第41周期
2	日期	0x1E	30日
3	时分秒	0x025C98C8	11点0分22秒
4	错误码	0x800C	CBI 连接状态
5	CBI 设备号	0x003E	62(范围：61-63)
6	CBI 连接状态	0x00	0(0表示连接断开，1表示连接开始)
7			

	报文字段	数值	含义
8	控制周期	0x29	第41周期
9	日期	0x1E	30日
10	时分秒	0x025C98CD	11点0分22秒
11	错误码	0x8005	无条件紧急停车
12	车载设备ID(NID_ENGINE)	0x10F00F	该车载设备的CTCS ID为: 1110031
13	停车原因	0x02	RBC指示
14			
15	控制周期	0x29	第41周期
16	日期	0x1E	30日
17	时分秒	0x025C98CD	11点0分22秒
18	错误码	0x8005	无条件紧急停车
19	车载设备ID(NID_ENGINE)	0x111770	该车载设备的CTCS ID为: 1120112
20	停车原因	0x02	RBC指示
21			
22	控制周期	0x29	第41周期
23	日期	0x1E	30日
24	时分秒	0x025C98CD	11点0分22秒
25	错误码	0x8005	无条件紧急停车
26	车载设备ID(NID_ENGINE)	0x037F0C	该车载设备的CTCS ID为: 229132
27	停车原因	0x02	RBC指示

图 8-4-30　RBC 向车载设备发送无条件紧急停车

根据《CTCS-3 级列控系统无线闭塞中心(RBC)接口规范　第 1 部分：RBC-CBI 接口》附录表 C. 1 规定，采用协议三时，该阈值 $\Delta_{alarm} \leqslant 5$，RBC 设置的阈值为 5。这个阈值是安全连接 SAI 中的参数，由于 RBC 和 CBI 之间建立一个安全连接，则只有一个阈值。该值在安萨尔多平台 RBC 和日立平台 RBC 引进时即定义为 5，沿用至今，经过多年的使用，没有安全风险。该阈值越大，则可以容忍的丢包或 EC 跳变情况越多，可用性越高，因此在取值时考虑取为 5。

综上分析，RBC判断收到的安全层消息EC计数值超过报警阈值，与联锁之间安全连接断开。随后RBC导向安全侧，向处于该联锁范围内的C3级完全监控模式下的列车发送无条件紧急停车消息。

三、RBC设备侧连接情况

RBC系统接入信号安全数据网，与CBI、TSRS以及相邻RBC经由信号安全数据网建立通信。RBC单元经冗余二层交换机(L2)接入安全数据网的三层交换机(L3)，与CBI、相邻RBC建立通信；IFC-T单元经冗余二层交换机(L2)接入安全数据网的三层交换机(L3)，与TSRS建立通信，接入网络部分如图8-4-31所示。

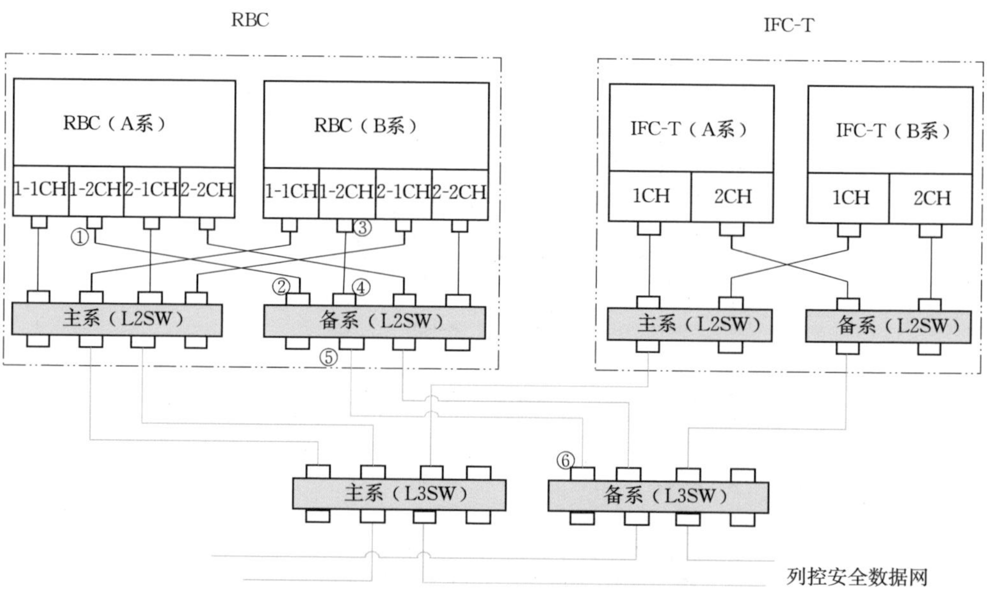

图8-4-31　安全数据网接入示意

四、故障排查情况

8月30日RBC和车站一联锁通信中断，经数据分析，为RBCⅡ系检测判断与车站一联锁A系右网的通道故障，判断故障点应在③→④网线通道、备系(L2SW)交换机、⑤→⑥光纤通道、安全数据网备系(L3SW)交换机(图8-4-32)。

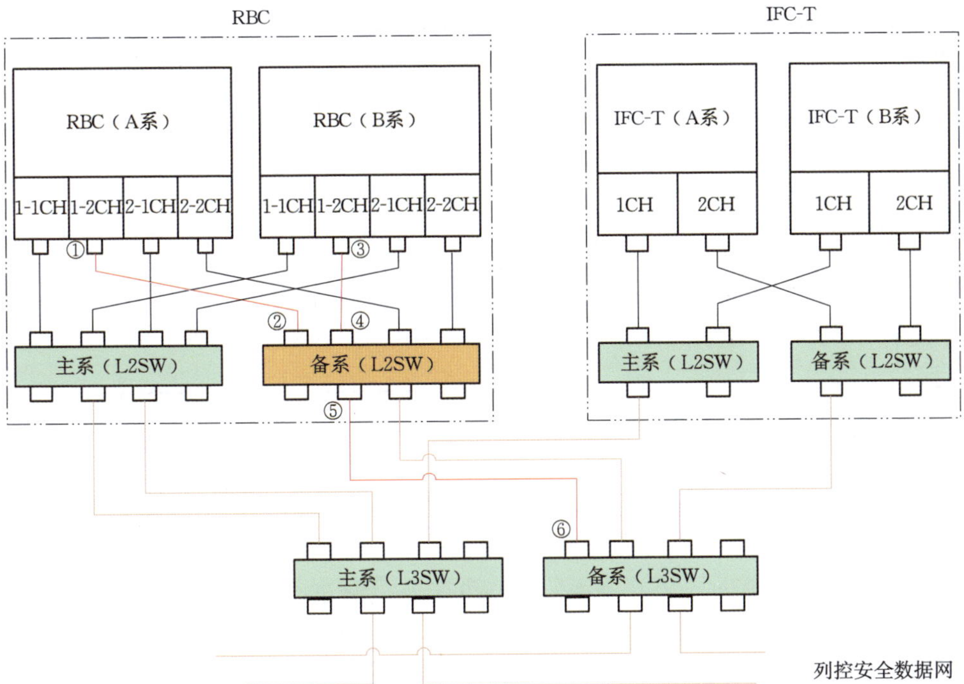

图 8-4-32　安全数据网接入示意

8 月 31 日再次出现 RBC 和车站一联锁、车站二联锁安全连接断开的情况，其中 RBC 的Ⅰ系和Ⅱ系均出现了与联锁通信 Δ_{alarm} 值超限的情况，寻找故障共因点，可排除 RBC 接口板的问题，故障点锁定在 RBC 备系（L2SW）交换机、⑤→⑥光纤通道和安全数据网备系（L3SW）交换机。为了防止现场再出现类似问题，于 8 月 31 日 10:34 将 RBC 备系（L2SW）交换机关闭后，截至 8 月 31 日运营结束未再发生与 CBI 通信中断的现象。

对 8 月 30 日和 8 月 31 日两天数据进行排查，8 月 31 日 RBC 还发生了三次与车站联锁单通道通信中断的报警，总计六次，总结见表 8-4-1。

表 8-4-1　数据排查总结

编号	时间	中断的联锁	故障前主系	通道中断报警
1	8 月 30 日 11:00:18	车站一	2 系	RBC1 的 2 系与车站一联锁 1 系右网通道故障
2	8 月 31 日 06:56:59	无	1 系	RBC1 的 1 系与车站二联锁 2 系右网通道故障

续上表

编号	时间	中断的联锁	故障前主系	通道中断报警
3	8 月 31 日 07:00:21	无	2 系	RBC1 的 1 系与车站一联锁 2 系右网通道故障
4	8 月 31 日 08:11:36	车站二	2 系	—
5	8 月 31 日 09:46:01	无	1 系	RBC1 的 2 系与车站二联锁 2 系右网通道故障
6	8 月 31 日 09:58:44	车站二	1 系	—

通过以上统计可以看出：

1. RBC1 在 1 系作为主系和 2 系作为主系时，均发生过与联锁中断的情况。

2. RBC1 与联锁之间的通道中断报警，均为右网通道故障。

对 8 月 31 和 9 月 1 日在备系(L2SW)交换机侧进行"抓包"分析，8 月 31 日"抓包"数据中 RBC 向 CBI 发送的消息和 CBI 向 RBC 发送的消息均频繁出现 TCP 消息重传、"粘包"的现象，每间隔 3 分钟左右至少会出现 1 次；9 月 1 日凌晨继续排除故障，将 RBC 备系(L2SW)交换机上电重启后，再进行抓包数据分析，"抓包"1 h 30 min 左右，右网通道数据未再出现 TCP 消息"粘包"情况(图 8-4-33、图 8-4-34)。

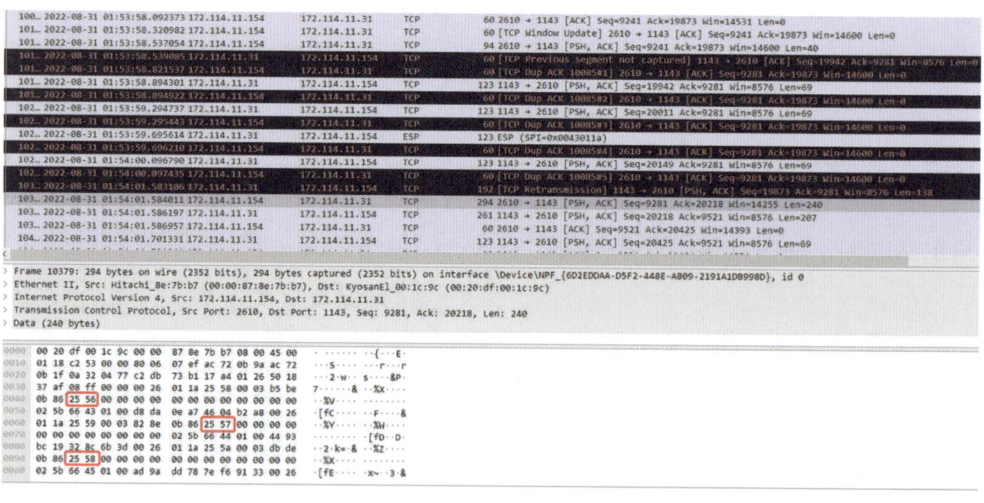

图 8-4-33　8 月 31 日"抓包"数据

No.	Time	Source	Destination	Protocol	Length	Info
77	2022-09-01 02:24:48.113000	172.114.11.154	172.114.11.31	TCP	94	2610 → 4498 [PSH, ACK] Seq=41 Ack=139 Win=14600 Len=40
92	2022-09-01 02:24:48.374341	172.114.11.31	172.114.11.154	TCP	123	4498 → 2610 [PSH, ACK] Seq=139 Ack=81 Win=5840 Len=69
125	2022-09-01 02:24:48.614007	172.114.11.154	172.114.11.31	TCP	94	2610 → 4498 [PSH, ACK] Seq=81 Ack=208 Win=14600 Len=40
134	2022-09-01 02:24:48.776415	172.114.11.31	172.114.11.154	TCP	123	4498 → 2610 [PSH, ACK] Seq=208 Ack=121 Win=5840 Len=69
165	2022-09-01 02:24:49.114966	172.114.11.154	172.114.11.31	TCP	94	2610 → 4498 [PSH, ACK] Seq=121 Ack=277 Win=14600 Len=40
174	2022-09-01 02:24:49.178231	172.114.11.31	172.114.11.154	TCP	123	4498 → 2610 [PSH, ACK] Seq=277 Ack=161 Win=5840 Len=69
206	2022-09-01 02:24:49.578874	172.114.11.31	172.114.11.154	TCP	123	4498 → 2610 [PSH, ACK] Seq=346 Ack=161 Win=5840 Len=69
212	2022-09-01 02:24:49.615674	172.114.11.154	172.114.11.31	TCP	94	2610 → 4498 [PSH, ACK] Seq=161 Ack=415 Win=14600 Len=40
244	2022-09-01 02:24:49.980036	172.114.11.31	172.114.11.154	TCP	123	4498 → 2610 [PSH, ACK] Seq=415 Ack=201 Win=5840 Len=69
251	2022-09-01 02:24:50.117120	172.114.11.154	172.114.11.31	TCP	94	2610 → 4498 [PSH, ACK] Seq=201 Ack=484 Win=14600 Len=40
267	2022-09-01 02:24:50.381199	172.114.11.31	172.114.11.154	TCP	123	4498 → 2610 [PSH, ACK] Seq=484 Ack=241 Win=5840 Len=69
299	2022-09-01 02:24:50.616089	172.114.11.154	172.114.11.31	TCP	94	2610 → 4498 [PSH, ACK] Seq=241 Ack=553 Win=14600 Len=40
308	2022-09-01 02:24:50.782132	172.114.11.31	172.114.11.154	TCP	123	4498 → 2610 [PSH, ACK] Seq=553 Ack=281 Win=5840 Len=69
339	2022-09-01 02:24:51.117058	172.114.11.154	172.114.11.31	TCP	94	2610 → 4498 [PSH, ACK] Seq=281 Ack=622 Win=14600 Len=40
347	2022-09-01 02:24:51.182444	172.114.11.31	172.114.11.154	TCP	123	4498 → 2610 [PSH, ACK] Seq=622 Ack=321 Win=5840 Len=69
380	2022-09-01 02:24:51.583918	172.114.11.31	172.114.11.154	TCP	123	4498 → 2610 [PSH, ACK] Seq=691 Ack=321 Win=5840 Len=69
386	2022-09-01 02:24:51.615215	172.114.11.154	172.114.11.31	TCP	94	2610 → 4498 [PSH, ACK] Seq=321 Ack=760 Win=14600 Len=40
417	2022-09-01 02:24:51.984708	172.114.11.31	172.114.11.154	TCP	123	4498 → 2610 [PSH, ACK] Seq=760 Ack=361 Win=5840 Len=69

图 8-4-34　9 月 1 日“抓包”数据

9 月 2 日凌晨继续排除故障，通过在 RBC 备系（L2SW）交换机和安全数据网备系（L3SW）交换机侧不断插拔网线、光纤，模拟通道不稳定故障现象，未复现与联锁通信 Δ_{alarm} 值超限的现象，可排除网线、⑤→⑥光纤通道和安全数据网备系（L3SW）交换机的原因。

综上分析，判断该次故障原因为 RBC 备系（L2SW）交换机工作状态异常导致。在 8 月 31 日关闭、重启该交换机后，交换机工作状态恢复正常，RBC 与 CBI 通信未再次发生故障。

该故障是 RBC 内部右网交换机工作异常，导致 RBC 与联锁之间安全连接断开，继而触发 RBC 向车载设备发送 UEM。RBC 之前未发生过类似问题，日常通过盯控维护终端报警未发现问题。

RBC 和 CBI 之间采用了 RSSP-Ⅱ铁路信号安全通信协议，两个设备之间建立一个安全连接。当 RBC 收不到消息或收到异常数据时，会触发安全连接断开。安全连接断开后，底层也拆链，网络上的双系 4 通道 TCP 层均断开，随后再启动重连机制。通道的冗余机制是物理通道冗余，可以保证当一个通道故障没有数据传输时，可以从其他的通道进行数据收发。使用 RSSP-Ⅱ安全通信协议的设备均采用类似的冗余机制，即两个设备之间存在多个物理通道连接，但只建立一个安全连接。

在该场景下，右网交换机存在丢包、粘包等异常情况。即使 RBC 的左网交换机正常工作，但由于右网交换机的异常，当 RBC 在某一时间段内从右网连续收到大量数据时，RBC 安全层出现 EC 计数超过阈值的情况，RBC 与联锁之间安全连接断开，随后 RBC 与联锁之间的 4 个物理通道也断开。

综上分析，由于 RBC 柜的备系（L2SW）交换机工作状态异常，右网数据存在频繁的丢包、粘连的情况，RBC 与联锁之间安全连接断开，继而向列车发送无条件紧急停车消息。

五、处理方法

1.9 月 2 日凌晨，现场对 RBC 柜的备系(L2SW)交换机进行了更换，换下交换机的故障原因待返厂后进一步检测。

2. 对其他未更换的交换机进行状态检查和抓包数据确认，将状态异常的交换机进行更换，防止类似故障的再次发生。

3. 研究 RBC 与 CBI 通信中断后处理机制优化：由向车载设备发送无条件紧急停车，改为让车载设备降级至 CTCS-2 等级运行，提高系统的可用性。

案例八 厂家一 RBC 与厂家二 RBC 接口问题

一、问题描述

在实验室进行厂家一 RBC 与厂家二 RBC5 之间的接口测试。在进行上行正向移交试验时，厂家一 RBC 作为移交 RBC，发送的授权相关信息请求长度最大为 20 km，而厂家二 RBC 作为接收 RBC 回复的授权相关信息长度一直为 5 841 m。列车通过移交边界时行车许可长度不足，速度最低时降至 200 km/h 左右，达不到线路运行速度要求。

二、线路情况说明

厂家一 RBC 与厂家二 RBC 的上行分界在 6262G 与 6242G 之间，6242G 之后即进入车站。车站出站设置 X/XF 出站口 C2/C3 等级转换，其中 C2/C3 等级转换执行点在 6188G 末端的 B6168 应答器处(图 8-4-35)。

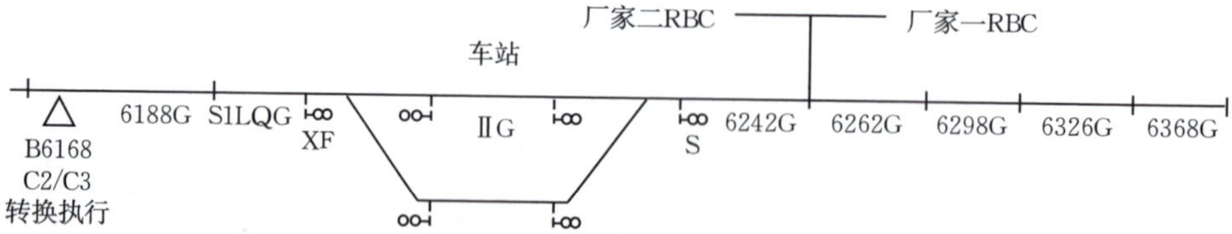

图 8-4-35 RBC 分界示意

三、场景说明

在实验室测试 RBC 接口时，测试场景如下：

列车上行正向由厂家一 RBC（移交方）向厂家二 RBC（接收方）运行，车站排列上行正线通过进路。

移交启动后，MA 越过移交边界。列车在厂家一 RBC（移交方）范围内时，MA 终点一直在车站 S1LQG 末端，不再向前延伸（图 8-4-36）。

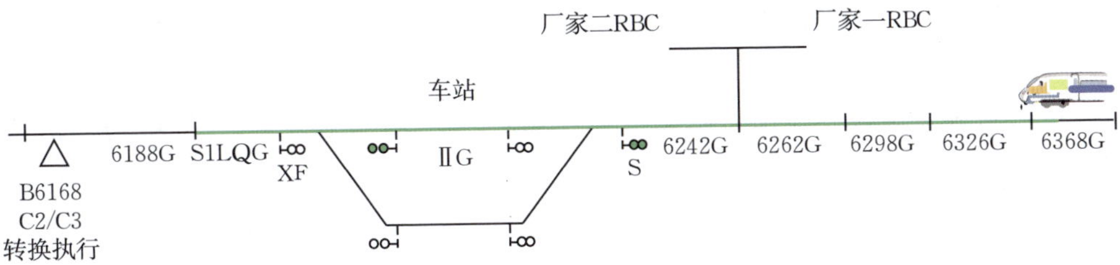

图 8-4-36　移交方 MA 示意 1

列车即将通过移交边界应答器时，行车许可长度最短为 5 841 m，列车速度降至约 200 km/h（图 8-4-37）。

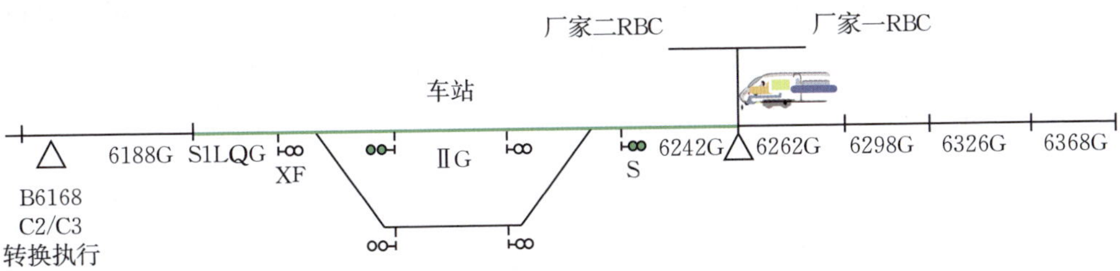

图 8-4-37　移交方 MA 示意 2

直到列车通过移交边界，由厂家二 RBC（接收 RBC）控车后，RBC 向列车发送的 MA 才延伸至最远处，后续列车正常运行（图 8-4-38）。

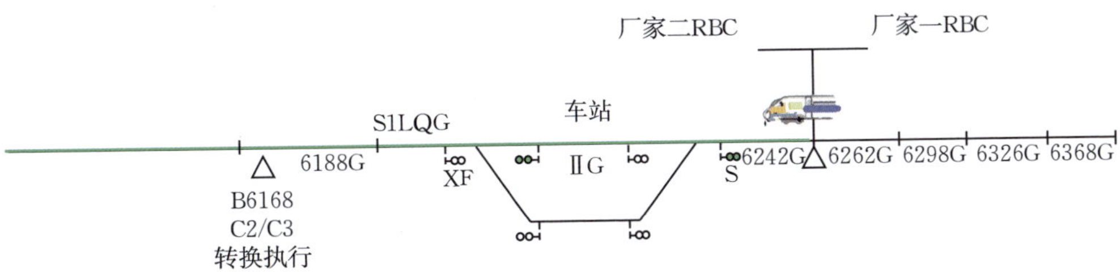

图 8-4-38　接收方 MA 示意

四、问题分析

经分析，该问题是厂家一 RBC 与厂家二 RBC 之间的移交场景问题。

根据接口协议《CTCS-3 级列控系统无线闭塞中心(RBC)接口规范 第 4 部分：RBC-RBC 接口》(Q/CR 621.4—2017)要求，移交开启后，厂家一 RBC 作为移交 RBC，向接收 RBC 发送 M202 消息(授权相关信息请求)，消息中的字段 Q_REMAINLEVELTRANSITION=0，表示不允许接收 RBC 发送等级转换数据(规范中取值 0 或者 1 均可)。

车站外方 6188G 末端存在 C2/C3 等级转换执行应答器。根据厂家二 RBC 处理逻辑，如果授权相关信息延伸覆盖 6188G，则需要发送 C2/C3 等级转换信息包，这样就违反了移交 RBC 发送的 M202 消息的要求。因此，厂家二 RBC 发送的授权相关信息终点一直在 S1LQG 末端，导致移交列车在厂家一 RBC 范围内运行时，行车许可终点也一直在 S1LQG 末端，运行速度不能满足线路最高允许速度要求。

厂家二 RBC 控制范围内均为 C3 等级线路，作为接收 RBC 应向移交 RBC 发送足够长的授权相关信息，以满足列车运行要求。出站口 C2/C3 等级转换的布置适用于 C2 等级列车转 C3 等级，不应影响 C3 等级下的列车的移交。

五、处理方法

厂家一 RBC 修改软件：

1. 向厂家二 RBC 发送 M202 消息(授权相关信息请求)中，允许接收 RBC 发送等级转换数据。

2. 能够正常处理厂家二 RBC 发送的带等级转换数据的 MA 信息。

案例九　向 RBC 发送大量数据导致 RBC 宕机

一、问题描述

CTC 短时间内向 RBC 发送大量数据，导致 RBC 在一个周期内收到超过 40 包地面设备的消息后，RBC 宕机。

二、问题分析

从日志分析，RBC 连续二十多秒每 500 ms 周期都收到 CTC 发送的大量数据。宕机原因为 TVME8240 通信板在一周期内收到的地面设备消息超过了 40 包，TVME8240 通信板宕机后，主控宕机。

三、处理方法

经分析确定，CTC 侧短时间内发送大量数据的原因，是其接口机 A 系（主系）的软件出现异常，发生了短时间的“死机”状态，缓存了大量数据，在其状态恢复后，向 RBC 发送大量数据。CTC 侧增加“看门狗”，防止出现死机后缓存数据的现象。

案例十　目标速度跳变问题

一、问题描述

列车目标速度在 0 km/h、160 km/h、240 km/h 间多次跳变，计划区控车模式曲线多次跳变。

二、场景说明

1. 线路情况

下行正向拉通试验，排列车站一ⅠG 往线二支线方向的通过进路（X-ⅠG，XⅠ-SCN，如图 8-4-40 中浅绿色所示）。下行线路的应答器布置、线路情况示意如图 8-4-39 所示。

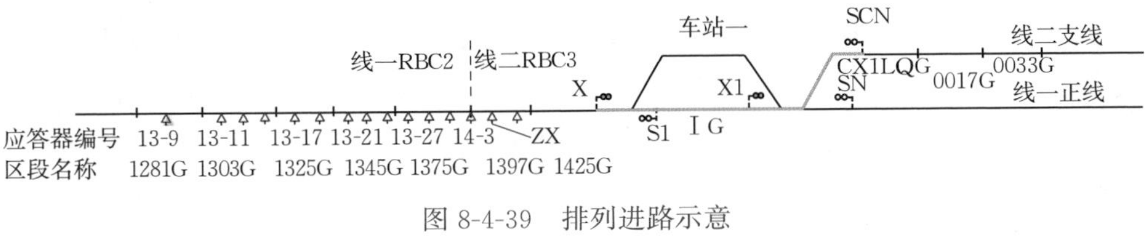

图 8-4-39　排列进路示意

2. 车载设备码序防护

列车（装备 300T 型列控车载设备）由移交 RBC2 向接收 RBC3 运行。车站一办理了直进弯出通过进路。列车在移交 RBC2 范围内，MA 到达移交边界时，移交开启，MA 延伸过移交边界。

列车运行至 1325G 时，地面码序为 L3 码，车载设备开始进行码序防护处理。

在 C3 等级下，车载设备上报给 RBC 的应答器 LRBG 编号为 13-17，车站一联锁向 RBC3 发送了通过进路开放的信息，RBC 可以将 MA 延伸至最远，终点至 0017G 末端（图 8-4-40 中绿线），长度约 16.2 km。

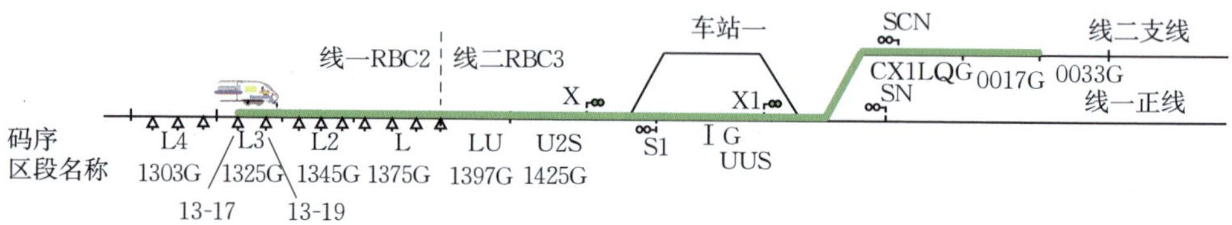

图 8-4-40　MA 示意 1

3. 目标速度跳变

根据 300T 型车载设备的处理，L3 码下收到 RBC 发送的 16.2 km 的 MA 时，车载设备先使用该许可，DMI 显示目标速度为 160 km/h。5 s 后，车载设备截短许可至 C2 级 MA 的终点，DMI 显示目标速度变为 0 km/h（图 8-4-41）。

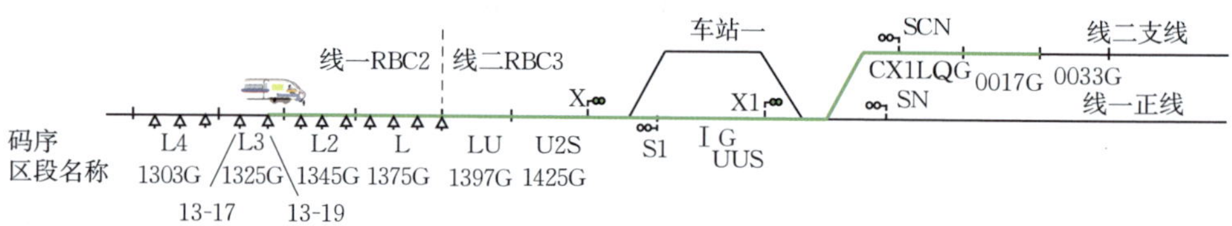

图 8-4-41　MA 示意 2

当 300T 型车载设备更新 13-19 应答器时，RBC 向车载设备发送 MA，终点不变，长度约 15.4 km。车载设备收到该 MA 后，DMI 显示目标速度跳变回 160 km/h。5 s 后，车载设备再次截短该 MA，DMI 显示目标速度变为 0 km/h。

后续在 L3、L2、L、LU 码下，车载设备每经过一个新的应答器，RBC 均向车载设备发送一次终点为 0017G 末端的 MA，车载设备收到该 MA 后，先显示高的目标速度，再根据 C2 的 MA 进行截短，导致 DMI 显示的目标速度出现跳变。

三、不同车型验证

针对上述场景，在实验室使用 300T、300S、300H 型车载设备进行仿真测试验证，结果如下：

1. 300T 型车载设备仿真测试

与现场现象一致，出现目标速度跳变的情况。

2. 300S 和 300H 型车载设备仿真测试

未出现目标速度跳变的情况。经确认，300S 和 300H 型车载设备在触发码序防护截短许可后，如果再收到 RBC 发送的长 MA，不直接使用长 MA 计算目标速度，而是与当前码序防护的结果进行比较后，再使用更短的许可进行目标速度计算。

四、类似场景测试

在实验室使用 300T 型车载设备增加侧线通过类似场景测试。

1. 车站一侧线通过

列车由 RBC2 向 RBC3 下行正向运行，排列车站一侧线 3G 通过进路（图 8-4-42）。

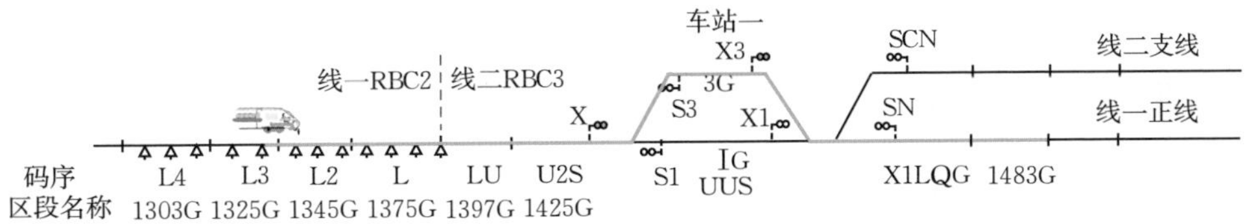

图 8-4-42　MA 示意 3

与现场试验时排列直进弯出的进路类似，300T 型车载设备也出现了目标速度跳变的情况。

2. 车站二侧线通过

以 RBC2 的车站二侧通为例，不涉及移交。

根据 RBC2 的数据配置，正线 MA 最长为 20 km，侧线 MA 最长为 10 km。排列侧通进路，当列车运行至 0647G，码序为 L3 时，C3 的 MA 长度约 10 km，终点为车站二 3G 末端。该长度与 C2 的 MA 长度接近，未出现目标速度跳变情况（图 8-4-43）。

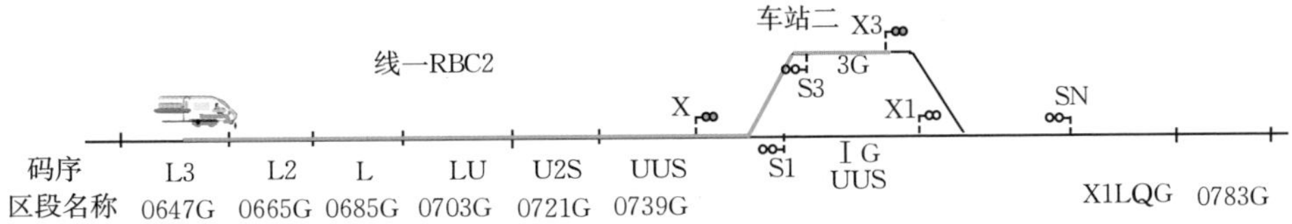

图 8-4-43　MA 示意 4

当列车继续运行至 0665G，码序为 L2 码时，C3 的 MA 长度约 10 km，终点为 X1LQG 末端，出现一次目标速度变化的情况(图 8-4-44)。

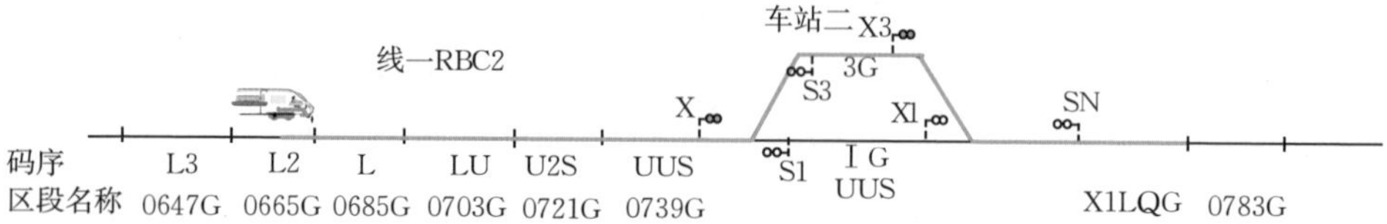

图 8-4-44　MA 可示意 5

后续运行中未再出现目标速度跳变情况。

3. 场景比对

经以上 1 和 2 两个场景的比对，在排列侧线通过进路时，如果不涉及移交(例如车站二)，RBC 发送的行车许可长度为 10 km 左右，与 C2 的 MA 基本一致，不会出现明显的速度跳变情况。如果涉及移交(如车站一)，C3 发送的 MA 长度可达 10～20 km，300T 型车载设备会出现码序防护截短，目标速度跳变情况。

五、处理方法

当以下情况出现时，300T 型车载设备会出现目标速度跳变的情况。

1. 排列侧线通过或直进弯出的进路。

2. RBC 向列车发送的 MA 比 C2 的许可更长。

3. 300T 型车载设备触发码序防护。

后续车载结合软件升级，修改该处理逻辑。

第五节　特殊场景

案例一　RBC 移交问题

一、问题描述

列车报“无条件紧急制动、列车冒进确认”停车，重启车载设备后开车。

二、问题分析

列车由线一 RBC1 向线二 RBC7 移交(图 8-5-1)。

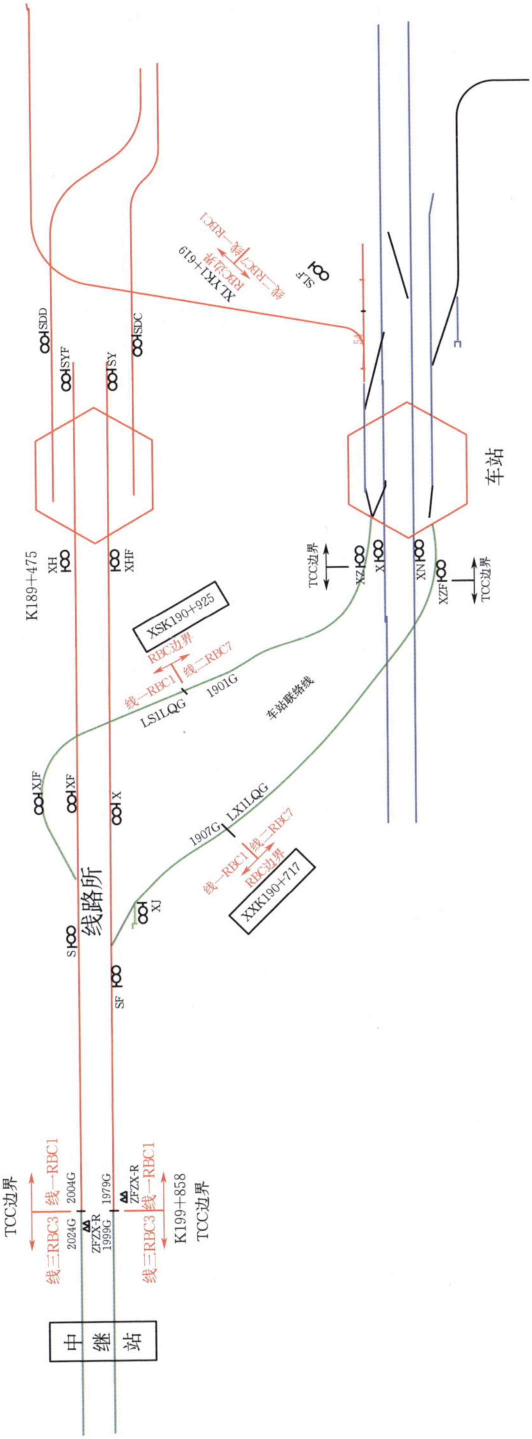
车站
线路所
中继站
车站联络线
TCC边界
RBC边界
线一RBC1
线二RBC7
线三RBC3
XSK190+925
XXK190+717
K189+475
K199+858
XL YK1+619
LS1LQG
LX1LQG
1901G
1907G
2004G
2024G
1979G
1999G
ZFZX-R
SDD
SYF
SY
SDC
SLF
XH
XHF
XJF
XF
X
XJ
S
SF
XZ
XN
XZF

图8-5-1　站场平面图

16:39:34,RBC 向车载设备发送的 MA 延伸至 RBC 边界,线一 RBC1 向线二 RBC7 发送 M201 启动移交(图 8-5-2)。

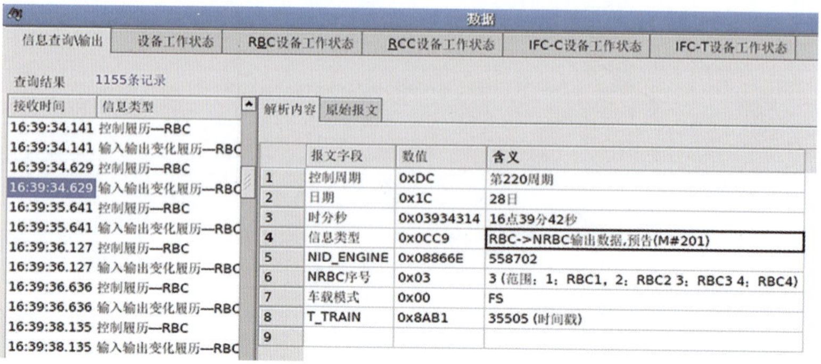

图 8-5-2 维护终端记录

16:39:36,线二 RBC7 向线一 RBC1 发送长度为 1 138 m 的 RRI,MA 到车站 XZ 进站信号机处。随后,RBC 间正常交互消息(图 8-5-3)。

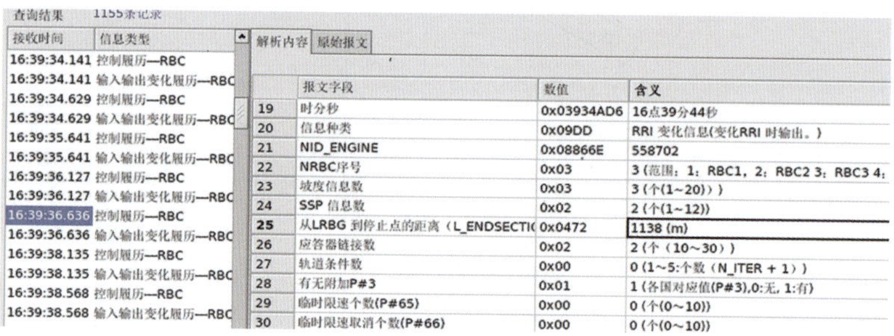

图 8-5-3 维护终端记录

16:44:15,车载设备向线一 RBC1 发送位置报告 M136,LRBG 为 074-3-01-034,D_LRBG=18.8 m,列车速度 40 km/h,列车等级 C3,FS 模式。074-3-01-034 应答器为线一 RBC1 和线二 RBC7 边界应答器组,说明此时列车车头已经越过 RBC 边界,如图 8-5-4 至图 8-5-6 所示。

16:44:16,线一 RBC1 向线二 RBC7 发送 M203,即通告列车车头已驶过边界。

根据《无线闭塞中心设备技术规范》Q/CR 715—2019 规定:

"5.6.8 若移交 RBC 判断列车最大安全前端通过了移交执行边界,则移交 RBC 应向接收 RBC 发送列车通告信息。"

应用层 | 安全层 | 传输层 | 链路层

编号	长度	时间	方向	通道	消息	包	等级	模式	速度	LRBG	TSR命令	数据
1246	10	2023-04-28 16:44:00.958	ISDN -> MSC	02	24							18 02 80 0F
1247	94	2023-04-28 16:44:02.460	ISDN -> MSC	02	3	15 21 27 5 3						03 17 80 0F
1248	14	2023-04-28 16:44:04.288	MSC -> ISDN	02	146							92 03 80 0F
1249	24	2023-04-28 16:44:06.070	MSC -> ISDN	02	136	0	等级2	FS	45	074-3-01-030		88 06 00 0F
1250	10	2023-04-28 16:44:08.463	ISDN -> MSC	02	24							18 02 80 0F
1251	24	2023-04-28 16:44:10.337	MSC -> ISDN	02	136	0	等级2	FS	40	074-3-01-030		88 06 00 0F
1252	24	2023-04-28 16:44:12.068	MSC -> ISDN	02	136	0	等级2	FS	40	074-3-01-030		88 06 00 0F
1253	10	2023-04-28 16:44:14.461	ISDN -> MSC	02	24							18 02 80 0F
1254	24	2023-04-28 16:44:15.609	MSC -> ISDN	02	136	0	等级2	FS	40	074-3-01-034		88 06 00 0F
1255	86	2023-04-28 16:44:17.957	ISDN -> MSC	02	3	15 21 27 5 3						03 15 80 0F
1256	14	2023-04-28 16:44:20.032	MSC -> ISDN	02	146							92 03 80 0F
1257	24	2023-04-28 16:44:21.583	MSC -> ISDN	02	136	0	等级2	FS	40	074-3-01-034		88 06 00 0F
1258	10	2023-04-28 16:44:23.962	ISDN -> MSC	02	24							18 02 80 0F
1259	24	2023-04-28 16:44:27.571	MSC -> ISDN	02	136	0	等级2	FS	30	074-3-01-034		88 06 00 0F
1260	10	2023-04-28 16:44:29.955	ISDN -> MSC	02	24							18 02 80 0F
1261	24	2023-04-28 16:44:33.580	MSC -> ISDN	02	136	0	等级2	FS	25	074-3-01-034		88 06 00 0F
1262	10	2023-04-28 16:44:35.950	ISDN -> MSC	02	24							18 02 80 0F

变量名称	变量内容	解析结果
最近相关应答器组编号(NID_LRBG)	100101001100000100100010	大区号:74 分区号:3 车站编号:1 应答器单元编号:34
最近相关的应答器组与列车估计前端之间的距离(D_LRBG)	000000010111100	188(单位：10cm)
相对于LRBG 方向的列车朝向(Q_DIRLRBG)	01	正向
估计列车前端位于LRBG 哪一侧(Q_DLRBG)	01	正向
负误差(L_DOUBTOVER)	000000001100111	103(单位：10cm)
正误差(L_DOUBTUNDER)	000000001101010	106(单位：10cm)
列车完整性状态的限定词(Q_LENGTH)	00	无列车完整性信息
列车实际速度(V_TRAIN)	0001000	8(分辨率：5km/h)
相对于LRBG 方向的列车运行方向(Q_DIRTRAIN)	01	正向
车载设备工作模式(M_MODE)	0000	完全监督模式(FS)
当前操作等级(M_LEVEL)	011	等级2

图 8-5-4　应用层数据

序号	应答器名称	应答器编号	里程	设备类型	用途
1	BXJF-1	074-3-01-026-1	XSK191+650	有源	FJZ
2	BXJF-2	074-3-01-026-2	XSK191+645	无源	FJZ
3	BXJF-3	074-3-01-026-3	XSK191+640	无源	FJZ
4	B1914-1	074-3-01-028-1	XSK191+430	无源	DD
5	B1914-2	074-3-01-028-2	XSK191+425	有源	DD
6	B1912-1	074-3-01-030-1	XSK191+130	无源	Q
7	B1912-2	074-3-01-030-2	XSK191+125	无源	Q
8	B1910-1	074-3-01-034-1	XSK190+931	无源	ZX-R/FZX-R
9	B1910-2	074-3-01-034-2	XSK190+926	无源	ZX-R/FZX-R
10	B1900	074-3-01-032	XSK190+037	无源	DW
11	BXZ-1	069-4-05-119-1	XSK189+827	无源	JZ
12	BXZ-2	069-4-05-119-2	XSK189+822	无源	JZ
13	BXZ-3	069-4-05-119-3	XSK189+817	有源	JZ

图 8-5-5　074-3-01-034 应答器用途

2023-04-28 16:44:15	ertmsmessage221	0	receiver = Message to, peerType = RBC, str_size = 6, str = XYRBC1, n:
2023-04-28 16:44:16	ertmsmessage203	0	receiver = Message from, peerType = RBC, str_size = 6, str = XYRBC1,
2023-04-28 16:44:16	ertmsmessage205	0	receiver = Message to, peerType = RBC, str_size = 6, str = XYRBC1, n:

图 8-5-6　log 数据

16:44:55，车载设备向线一 RBC1 发送位置报告 M136，LRBG 编号为 074-3-01-034，D_LRBG＝296.6 m，L_DOUBTUNDER＝20 m，列车速度 0 km/h，列车等级 C3，列车模式 FS(完全监控)。列车在 K190＋614 处停车，列车车长 420 m，列车车尾未越过移交边界，因此列车与 RBC 通信未断开。根据《CTCS-3 级列控系统总体技术规范》Q/CR 661—2018 规定：

“7.7.5　当列车最小安全后端越过 RBC 切换应答器组时，车载设备终止原在用电台与移交 RBC 间的通信会话。若移交前车载仅单电台正常，则车载设备应重新开始呼叫接收 RBC，并完成列车注册及申请行车许可。”

16:45:26，因列车单电台原因，一直在与线一 RBC1 通话，未与线二 RBC7 建立通信。因此，线二 RBC7 无法判断列车实际位置，并根据线一 RBC1 发送的 M203 消息开始计时。

计时 70 s 后，线二 RBC7 判断列车移交超时，并向线一 RBC 发送 M204 取消移交消息。根据《无线闭塞中心设备技术规范》Q/CR 715—2019 规定：

“5.6.28　若接收 RBC 在接受移交 RBC 的通告消息后配置时间内未收到列车最大安全前端通过移边界的位置报告，则接收 RBC 应认为移交流程失败并清除车载设备数据。”

此运行场景下，列车与接收 RBC 未建立通信，根据移交 RBC 发送的 M203（移交通告消息）计时 70 s 后，判断移交失败，因此向移交 RBC 发送 M204 取消移交。

线一 RBC1 收到接收线二 RBC7 的取消移交消息后，线一 RBC1 将 MA 缩短至移交边界。因列车车头已经越过移交边界，列车越过了 EoA，故线一 RBC1 向列车发送 M16，列车无条件紧急停车（图 8-5-7）。

16:45:31，列车因收到线一 RBC1 发送的无条件紧急停车命令，转为 TR 冒进模式（见图 8-5-8）。

三、处理方法

列车单电台工作，当列车车头越过移交边界后，列车在区间停车，且列车最小安全后端未越过移交边界。移交流程未结束，列车停车后，线一 RBC1 收到线二 RBC7 发送的取消移交消息 M204，导致 MA 缩短至移交边界。此时，线一 RBC1 判断列车越过 EoA，向列车发送无条件紧急停车命令，列车转为冒进模式。线一 RBC1、线二 RBC7 处理正常。

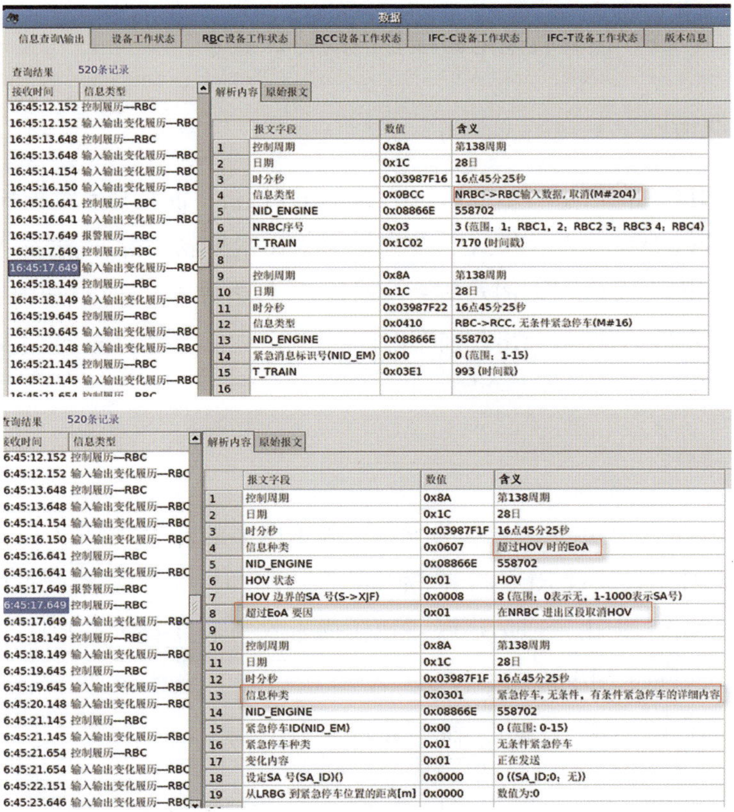

图 8-5-7　维护终端记录

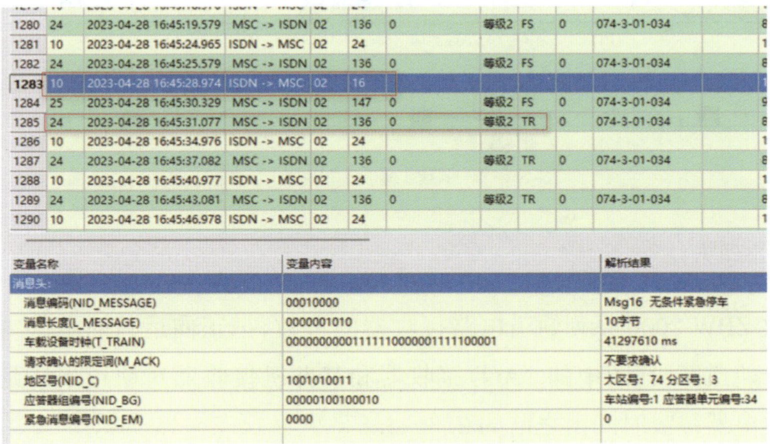

图 8-5-8　应用层数据

案例二　RBC 边界轨道电路接收器的特殊要求

一、问题描述

对于采用 C3 系统的区段，前后两车正常追踪运行。前车驶出当前 RBC 管辖边界，后车采用 C3 级完全监控模式。当前车越过 RBC 管辖边界，完全进入下一个闭塞分区时，如遇到 TCC、CBI、RBC 等系统通信延时，边界内方轨道（如图 8-5-9 中的 3BG）占用信息传输延时，会出现前车瞬间“飞车”现象，导致后车的 MA 短时间越过前车。

二、问题分析

以图 8-5-9 为例，003 信号点为 RBC1 和 RBC2 的分界，也是 CBI、TCC 的设备管辖分界，B 车在通过 RBC 边界、完全占用 3BG 时，A 车应该通过 RBC1 收到至 003 处的 MA。但由于通信延迟，RBC1 尚未收到来自 RBC2 送来的 3BG 占用条件，RBC1 实际将 MA 错误延长。

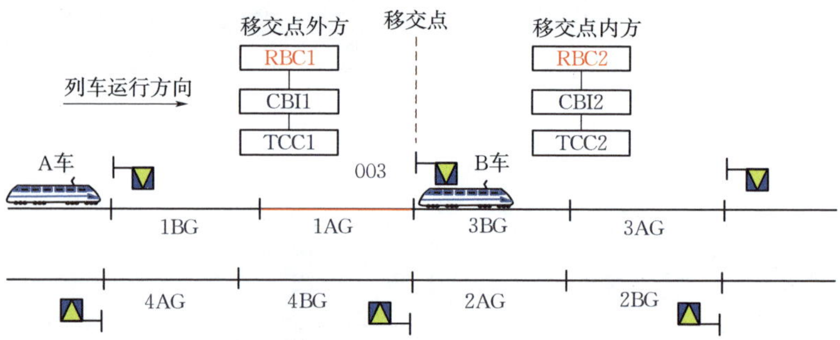

图 8-5-9　RBC 移交边界区段示意

三、处理方法

修改 ZPW-2000 系列轨道电路接收器的参数，把正向运行时 RBC 移交点外方第一个轨道区段（图中的 1AG）接收器和其并机接收器对轨道出清延时处理，使轨道继电器缓吸时间由之前的 2.3～2.8 s 变为 14.3～14.8 s。

对于反向运行，采用自动站间闭塞方式，由 CBI 根据 TCC 提供的区间状态控制出站信号开放，因此可不考虑反向移交点外方第一个轨道区段延时吸起。

案例三　特殊场景下动车组收 CEM 停车解决方案

一、问题描述

300T 型车载设备先后多次自车站股道内发车后，运行至 SN 信号机位置（与区间一离去标志牌 00101 并置）出现列车冒进，如图 8-5-10 所示。

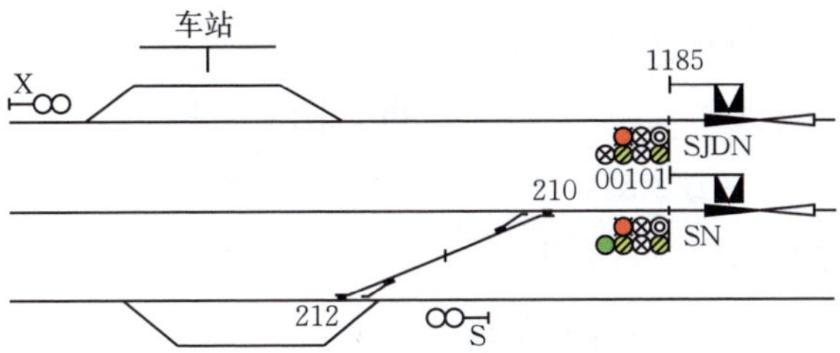

图 8-5-10　站场示意

二、问题分析

列车自股道内 UUS 码发车后，在道岔区无码，司机控制列车低速运行（20 km/h 以下）。经过 0101 标志牌位置处绝缘节后，前方股道区段占用，RBC 向列车发送有条件紧急停车命令。列车通过计算，判断最小安全前端未经过绝缘节，接受该有条件紧急停车命令，车载设备转入冒进模式，输出制动后停车。

三、处理方法

1. 延时发送有条件紧急停车消息 CEM

CEM 紧急停车消息为安全相关信息，该信息应及时发送至列车以保证行车安全，因此不建议进行 RBC 延时发送 CEM 的修改。

2. 咽喉区增加定位应答器

根据车站站场图，如增加定位应答器，仅可在 210 号道岔与 SN 信号机（标志牌 0101 并置）间增加定位应答器。该区域长度为 109 m，增加应答器后将不满足应答器组间距 200 m 的规范要求。且增加应答器需要修改车站 TCC 所有股道至 SN 信号机（标志牌 0101 并置）的接、发进路报文和 RBC 软件，所以不建议采用该方案。

3. 针对列车接收 CEM 并触发冒进的问题，可以通过提高列车运行速度的方式来避免，建议在 SN 信号机位置（标志牌 0101 并置）列车以不低于 30 km/h 的速度通过。

计算该速度考虑的因素如下：

(1)RBC 发送 CEM 的条件

RBC 从联锁收到闭塞占用信息后，根据车载位置报告判断车头还未进入该闭塞分区，则向列车发送至该闭塞分区始端的 CEM。

因此，低速运行接收 CEM 的最不利情形为列车发送位置报告时，车头刚好要进入闭塞分区，且 RBC 在收到下一次位置报告(车头已进入该闭塞分区)前满足发送 CEM 的条件(以最短的时间获得占用信息)。

(2)列车第一轮对(近似为列车车头)进入闭塞分区至 RBC 发送 CEM 的时间最小值为：GJ 落下时间(1.8 s)＋列控中心采集时间(0.2 s)＋列控中心向联锁发送占用信息处理时间(0.5 s)＋联锁向 RBC 发送占用信息处理时间(0.5 s)＝3 s。

(3)RBC 发送 CEM 至车载设备接收到 CEM 的通信延迟平均时间 1.5 s。

(4)列车最低速度计算：

列车过读误差按发生问题时的 36 m 计算，要使列车不接受 CEM，需在收到 CEM 时前至少走完过读误差的距离。故列车速度 v 应满足 $v\times(3\ \text{s}+1.5\ \text{s})>36\ \text{m}$，即 v 应大于 8 m/s(28.8 km/h)。

案例四　RBC 重启后无法与相邻 RBC 建立连接

一、问题描述

RBC2 重启后，无法与 RBC3 建立连接，需同步重启 RBC3 后才能恢复通信。

二、问题分析

安全数据网左网在中继 12 设三层交换机，通过子网防火墙边界与中继 11 三层交换机互联；右网在中继 13 设三层交换机，通过子网防火墙边界与车站三层交换机互联。

在中继 12 子网边界外方防火墙设置抓包交换机，进行数据分析(图 8-5-11)。

23:30，在中继 12 串接抓包交换机后，RBC2 与 RBC3 左网通信恢复。

00:26，重启 RBC2 后，通信中断。

查看 RBC3 处交换机数据，SYN 连接包正常发出(图 8-5-12)。

查看中继 12“抓包”交换机，SYN 连接包正常发出(见图 8-5-13)。

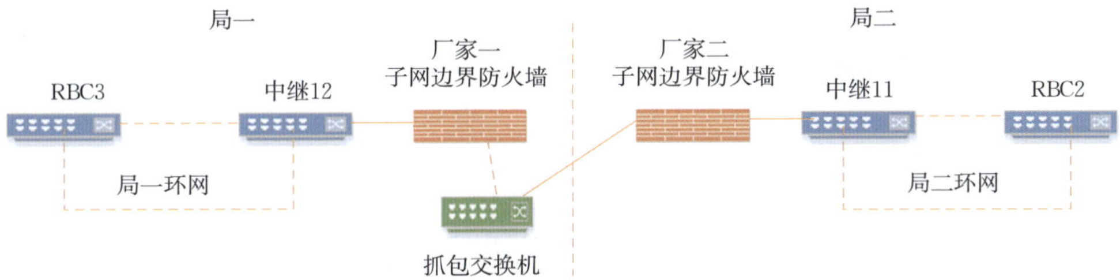

图 8-5-11　防火墙连接示意

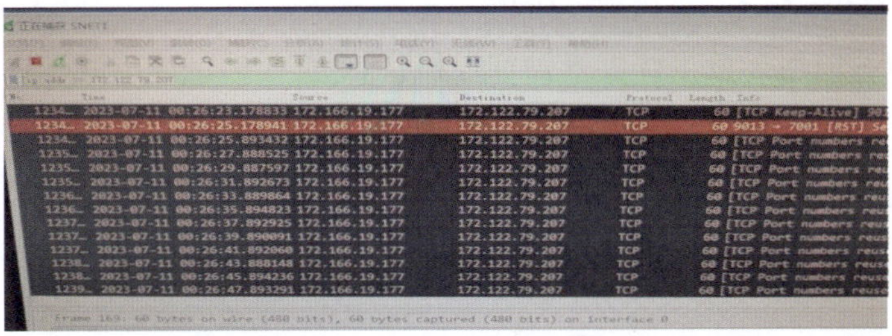

图 8-5-12　交换机“抓包”数据 1

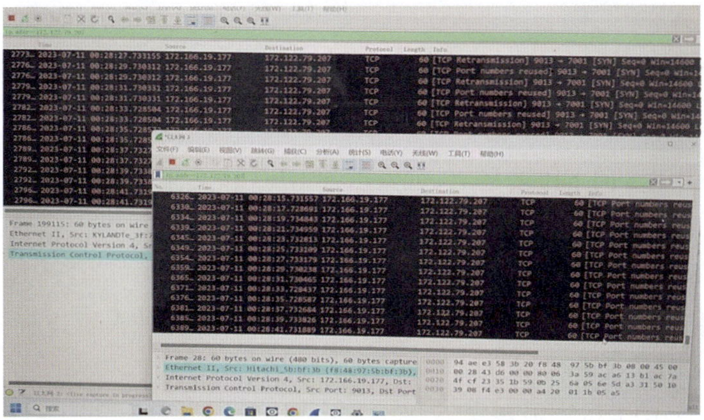

图 8-5-13　交换机“抓包”数据 2

查看中继 11 交换机数据，未收到 SYN 包。

00:45，关闭中继 11 网络安全设备 bypass1；00:54，关闭网络安全设备，bypass1、2 网络恢复，RBC2 与 RBC3 通信正常。

三、处理方法

中继 11 及车站网络安全设备对 RBC3 发送的 SYN 数据进行了拦截，临时关闭网络安全设备，后续对网安设备进行完善。

案例五　特殊场景导致的移交失败

一、问题描述

列车在车站一ⅡG发车，列车由RBC2向RBC3移交，列车与RBC3建立通信后在1772G停车，试验模拟移交RBC2范围内列车前方紧邻闭塞分区1794G占用。列车进入冒进模式，之后人工出清1794G。列车由PT（冒后）模式转OS模式，最后转为FS模式，但列车行车许可未延伸过移交边界。

移交边界示意如图8-5-14所示。

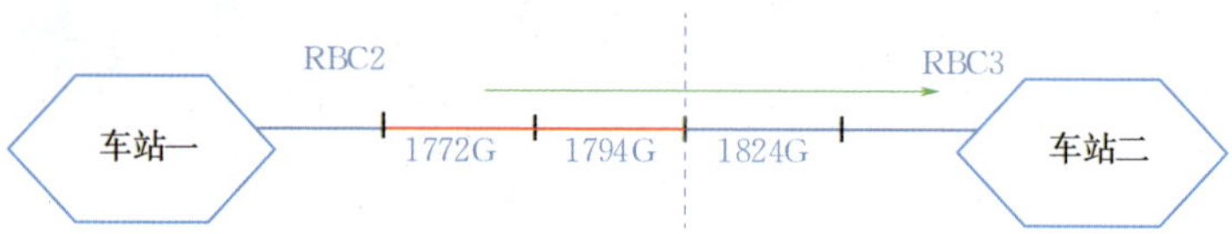

图8-5-14　移交边界示意

二、问题分析

1. 过程分析

列车由RBC2向RBC3移交，进入正常RBC移交流程后，列车与RBC3成功建立通信。

09:25:38，因试验要求，人工占用列车前方紧邻区段1794G，RBC2向列车发送有条件紧急停车，列车接受有条件紧急停车命令后进入冒进模式，RBC2向RBC3发送M204取消移交。

09:25:38，因RBC2取消移交，RBC3向列车发送M24+P42断开连接。

由于试验车辆车载设备型号为300S，300S在移交流程取消后仍会不断地呼叫之前的接收RBC，因此在09:26:13，列车以PT模式呼叫接收RBC3，RBC3不接受PT模式列车呼叫，向列车发送M24+P42断开连接。

09:26:37，列车转为OS模式后再次呼叫RBC3，RBC3与列车建立通信（RBC支持列车在LRBG可识别时以OS模式呼叫接收RBC）。

09:27:17，列车转为FS模式，RBC2向RBC3启动移交。由于该移交列车的ID与之前已经建立通信连接的列车ID相同，RBC3判断本RBC中已经存在该列车，不允许重复的列车ID开启移交，向RBC2发送M204取消移交，列车行车许可无法延伸过移交边界。

之后，RBC2 每隔 3 s 向 RBC3 发送启动移交消息，RBC3 均基于相同原因取消移交。

2. 分析结论

列车从 RBC2 向 RBC3 移交，列车运行在 RBC2 范围内 1772G 时，模拟移交 RBC2 范围内列车前方紧邻闭塞分区 1794BG 占用。占用 1794G 后，列车接受 RBC2 发送的有条件紧急停车 CEM，列车进入冒进模式，RBC2 向 RBC3 发送 M204 取消移交，RBC3 断开与列车连接。

移交流程取消后，列车再次以 PT 模式呼叫接收 RBC3，RBC3 断开与列车通信。列车转 OS 后再次呼叫接收 RBC3 并与 RBC3 建立连接(此时移交流程并未启动，列车未收到 RBC 切换命令 P131，不应持续呼叫接收 RBC3)，列车在 RBC2 范围内完成 TAF 流程后转 FS 模式。RBC2 向 RBC3 发送 M201 开启移交流程，因 RBC3 判断本 RBC 范围内已经存在连接的列车(已经建立通信列车的 NID_ENGINE 与移交列车的 NID_ENGINE 相同)，RBC 不为已经建立连接的重复列车开启移交，因此 RBC3 向 RBC2 发送取消移交。

3. RBC 接受列车呼叫逻辑

RBC3 将 RBC 移交点外方两个闭塞分区配置为 RBC 可识别区域(图 8-5-15)。

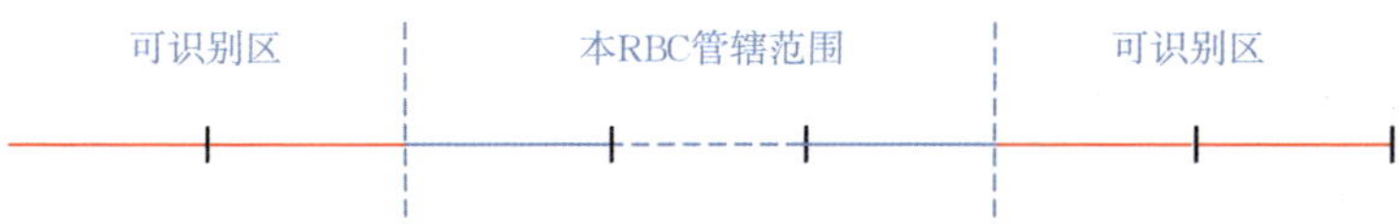

图 8-5-15　RBC 可识别区域示意

(1)当列车发送的位置报告中，LRBG 不在 RBC 的管辖范围及识别范围内，且不为移交列车时，RBC 会向列车发送 P42 包断开连接。

(2)当列车发送的位置报告中，LRBG 可识别且列车位置位于可识别区，若列车以 TR、PT 模式呼叫接收 RBC 时，RBC 会向列车发送 P42 包断开连接。

(3)当列车发送的位置报告中，LRBG 可识别且列车位置位于可识别区，若列车以 OS 模式呼叫接收 RBC 时，RBC 接受列车呼叫，不向列车发送 P42 包断开连接；已经建立连接后，若车载设备转为 FS 模式，RBC 会维持通信连接。

(4)当列车呼叫本 RBC 成功后，对于相邻 RBC 发起的相同列车 ID 号的移交，本 RBC 会进行列车 ID 校核，判断本 RBC 范围内已经存在连接的列车，则

RBC 不为已经建立连接的重复列车开启移交，向相邻 RBC 发送 M204。

(5)车载设备收到 P42 断开连接后，重呼逻辑为：

300H 型车载设备：RBC 移交时，车载设备收到接收 RBC 发送的 P42 断开连接后不会重呼，之后需等待收到移交 RBC 发送 P131 才会呼叫前方接收 RBC。

300S 型车载设备：300S 在移交流程取消后转 OS 模式，但仍会使用之前的移交流程中的 RBC 向车载设备发送的 RBC 切换命令(P131)呼叫接收 RBC。此时移交流程并未开启，RBC 未向列车发送新的 RBC 切换命令 P131。根据 TB/T 3483—2017《CTCS-3 级列控车载设备技术条件》中的 7.3.6.1，车载设备转为 OS 模式后应该删除 RBC 切换命令，不应使用之前移交流程中的 RBC 切换命令(P131)呼叫接收 RBC。

三、处理方法

由于 300S 型车载设备的修改难度较大，计划从 RBC 侧进行修改以解决该问题。修改 RBC 配置数据，将 RBC 边界范围外的识别区域仅配置 1 个 SA，这样当 300S 型车载设备在移交流程取消转 OS 模式后，在 RBC 识别范围外呼叫接收 RBC 时，接收 RBC 主动断开与列车的通信，不影响后续移交流程的开启。该配置修改对正常移交流程无影响。

案例六　RBC 间参数不适配导致列车无线超时

一、问题描述

列车由 RBC1 向 RBC2 运行过程中无线连接超时。

二、问题分析

列车二运行在列车一之后，下行正向由 RBC1 向 RBC2 运行(图 8-5-16)。

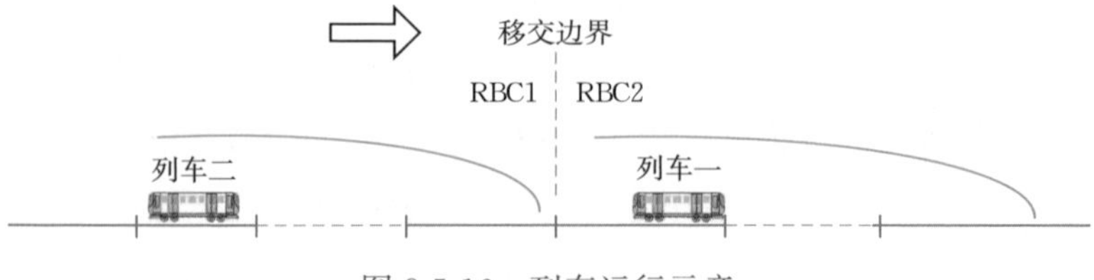

图 8-5-16　列车运行示意

由于问题 3 中列车一在移交过程中，呼叫 RBC2 失败，RBC2 作为接收 RBC 保持移交状态 120 s，等待列车最大安全前端通过边界的位置报告。

RBC1 作为移交 RBC，如果 70 s 内收不到接收 RBC 发送的列车一的 M222 接管消息，则判断移交结束。

RBC1 判断列车一移交结束后，当列车二 MA 到达移交边界，RBC1 为列车二开启移交流程，并向 RBC2 发送 M201 预告消息。由于 RBC2 在等待前车列车一的位置报告，仍然在 120 s 计时当中，不回复 RBC1 发送的为列车二开启移交的 M201 消息。RBC1 收不到 M201 的确认，不向列车二发送消息，列车无线连接超时降级。

三、处理方法

该问题为 RBC 之间互联互通问题，RBC1 与 RBC2 之间的移交参数在以上场景不适配。修改 RBC2 的参数，由 120 s 改为 65 s，适配 RBC1。

案例七　移交过程中 RBC 发送 UEM

一、问题详细描述

列车在中继 13 以 C3 等级 OS 模式发车，上行线正向。列车以 C3 等级完全监控模式运行至 RBC 切换点前 K179＋900 左右，断开双 MT 电源后恢复(试验条件)，列车越过 RBC 切换点触发 EB 制动停车(停于 K177＋662)，司机缓解制动，列车进入冒进冒后模式。

二、问题分析

列车上行正向运行，由 RBC3 向 RBC2 运行，移交开启，列车与两个 RBC 均建立了通信会话。

1. 交权开启进行试验

列车运行至移交边界前，操作断开双 MT 电源，列车与两个 RBC 均无线超时(图 8-5-17)。

2. 边界后首区段占用

列车向前运行至接收 RBC2 范围，RBC2 收到移交边界后首区段 1794G 占

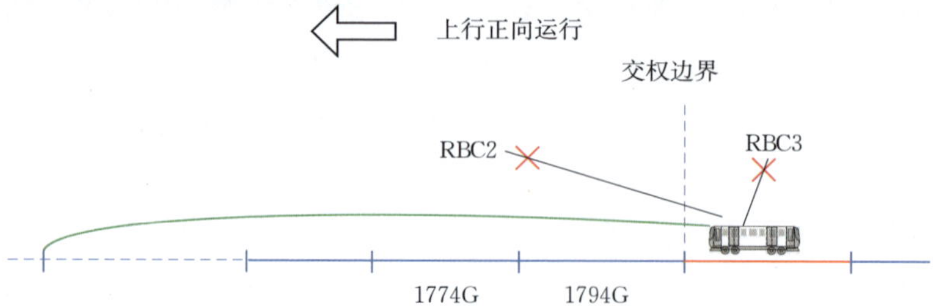

图 8-5-17　列车移交示意

用，RBC2 启动计时器（21 s）等待列车越过边界的位置报告或移交 RBC3 发送的 M203（通告消息），以判断 1794G 的占用是否为移交列车占用（图 8-5-18）。

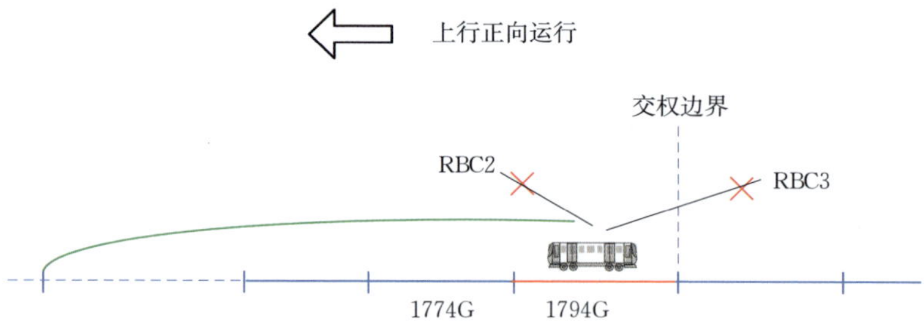

图 8-5-18　列车移交示意

3. 接收 RBC 判断边界后首区段异常占用

由于列车与两个 RBC 均发生无线连接超时，21 s 内，接收 RBC2 未收到列车发送的最大安全前端越过边界的位置报告，也未收到移交 RBC3 发送的通告消息（M203，移交 RBC 发送给接收 RBC，表示移交列车通过移交边界）。计时器超时后，接收 RBC 判断边界后首区段 1794G 异常占用，同时将发送给接收方的授权信息缩短为 0（图 8-5-19）。

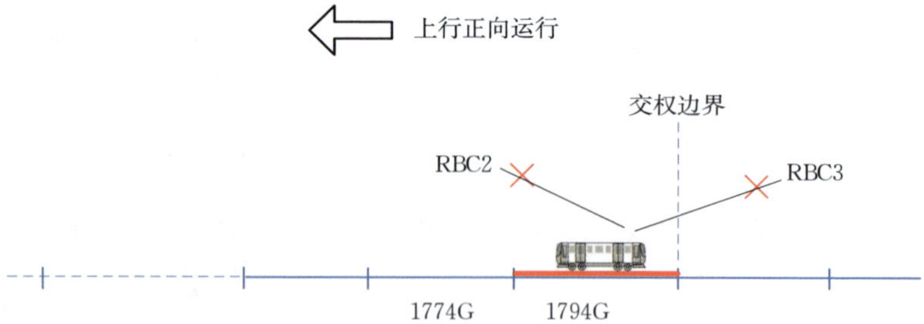

图 8-5-19　列车移交示意

当列车恢复 MT 并重新与接收 RBC2 建立通信会话后，由于 RBC 判断 1794G 异常占用，RBC 向列车发送无条件紧急停车 UEM，同时向列车发送断开命令。

案例八　因码控逻辑导致特殊地点偶发 C3 级降 C2 级

一、降级情况

09 月 01 日，列车由 C3 级转为 C2 级运行。

09 月 02 日～09 月 04 日，列车均在同一地点出现降级。

二、处理分析

1. 超时概况

超时过程为列车与接收 RBC2 建立通信后，列车主动发送 M156 断开连接，导致接收 RBC2 不再向移交 RBC5 发送 M221 消息。

70 s 后接收 RBC2 删除列车，移交 RBC5 发送的 M202 被接收 RBC2 丢弃，导致移交 RBC5 判断移交超时而不回复列车消息。

列车 20 s 后判断通信中断，向移交 RBC5 发送 P4(无线一致性：无线超时)报警，移交 RBC5 向接收 RBC2 发送 M204 取消移交。

2. 数据分析

(1)RBC 数据分析

列车与接收 RBC 通信中断：

22:10:16，列车向 RBC2 发送 M156(通信会话结束)；

22:10:16，RBC2 向列车发送 M39(通信会话结束确认)；

22:10:19，列车与 RBC2 断开连接(图 8-5-20)。

接收 RBC 删除列车并丢弃 M202：

22:11:29，RBC2 计时移交列车中断超过 70 s，将列车删除；

22:11:31，RBC2 再次收到关于列车的移交信息，因此车已删除，丢弃此消息(图 8-5-21)。

移交 RBC 判断通信超时：

22:11:32，列车向 RBC5 发送 M136 位置报告；

时间	日志类型	事件标识	详细信息
2020-09-01 22:10:13	iladcrsctim	0	il = 3, oid = 6, status = Train, ma = Train Reserved MA A
2020-09-01 22:10:15	ertmsmessage221	0	receiver = Message to, peerType = RBC, str_size = 6, str
2020-09-01 22:10:16	stpdatafromtrain	0	server_id = 2, peer_etcs_id_type = train, peer_etcs_id =
2020-09-01 22:10:16	ertmsmessage205	0	receiver = Message from, peerType = RBC, str_size = 6, st
2020-09-01 22:10:16	tms_ad_crsc_dynamict...	0	str_size = 9, str = broadcast, nid_engine = 1250702, nid_
2020-09-01 22:10:16	stpdatatotrain	0	server_id = 2, peer_etcs_id_type = train, peer_etcs_id =
2020-09-01 22:10:17	ertmsmessage221	0	receiver = Message to, peerType = RBC, str_size = 6, str
2020-09-01 22:10:18	ertmsmessage202	0	receiver = Message from, peerType = RBC, str_size = 6, st
2020-09-01 22:10:18	ertmsmessage205	0	receiver = Message to, peerType = RBC, str_size = 6, str
2020-09-01 22:10:18	ertmsmessage205	0	receiver = Message from, peerType = RBC, str_size = 6, st
2020-09-01 22:10:18	lcrscauth	0	nTrain = 1, nFunction = lcrscOkToSendAuthA, nRoutes = 2,
2020-09-01 22:10:19	stpdatafromtrain	0	server_id = 4, peer_etcs_id_type = train, peer_etcs_id =
2020-09-01 22:10:19	lcrscauth	0	nTrain = 0, nFunction = lcrscOkToSendAuthA, nRoutes = 9,
2020-09-01 22:10:19	stpdatatotrain	0	server_id = 4, peer_etcs_id_type = train, peer_etcs_id =
2020-09-01 22:10:19	tms_ad_crsc_dynamict...	0	str_size = 9, str = broadcast, nid_engine = 557961, nid_o
2020-09-01 22:10:19	stpdisconnectind	0	server_id = 2, peer_etcs_id_type = train, peer_etcs_id =

图 8-5-20　log 数据记录

时间	日志类型	事件标识	详细信息
2020-09-01 22:11:29	lcrscho	0	nTrain = 1, nBorder = 3, nEvent = 59
2020-09-01 22:11:29	alarmgroupdlayer_a	6	identity = 171288, status = Pulse, nbr_reactivations =
2020-09-01 22:11:29	tms_ad_crsc_dynamict...	0	str_size = 9, str = broadcast, nid_engine = 1250702, n
2020-09-01 22:11:29	tms_ad_crsc_dynamict...	0	str_size = 9, str = broadcast, nid_engine = 1250702, n
2020-09-01 22:11:29	iladcrsctim	0	il = 3, oid = 4, status = No Train, ma = No MA, positi
2020-09-01 22:11:31	iladcrscsam	0	il = 3, oid = 0, routetype = Normal Route, status = Us
2020-09-01 22:11:31	alarmgrouprim_a	8	identity = 171289, status = Pulse, nbr_reactivations =

图 8-5-21　log 数据记录

22:11:32，由于收到列车位置报告，移交 RBC5 向接收 RBC2 发送 M202 移交消息；

22:11:32，RBC5 向列车回复 M24 通常消息（图 8-5-22）。

2020-09-01 22:11:32	stpdatafromtrain	0	server_id = 4, peer_etcs_id_type = train, peer_etcs_id = 1250702,
2020-09-01 22:11:32	lcrscauth	0	nTrain = 0, nFunction = lcrscOkToSendAuthA, nRoutes = 3, nFirstRout
2020-09-01 22:11:32	ertmsmessage202	0	receiver = Message to, peerType = RBC, str_size = 6, str = LNRBC2,
2020-09-01 22:11:32	ertmsmessage205	0	receiver = Message from, peerType = RBC, str_size = 6, str = JHRBC6
2020-09-01 22:11:32	stpdatatotrain	0	server_id = 4, peer_etcs_id_type = train, peer_etcs_id = 1250702,
2020-09-01 22:11:32	tms_ad_crsc_dynamict...	0	str_size = 9, str = broadcast, nid_engine = 1250702, nid_operation

图 8-5-22　log 数据记录

22:11:33，因移交 RBC5 判断 7 s 内没有收到接收 RBC2 消息，判断该列车移交超时（图 8-5-23）。

详细信息

receiver = Message to, peerType = RBC, str_size = 6, str = LNRBC2, nid_message = Cancellation, nRbcNID_C = 555, nNID_RBC = 5, nNID_ENGINE = 1250702, nBgNID_C = 298, nNID_BG = 5667, nT_RBC = 232363093, nM_ACK = 0

序号	时间	日志类型	事件标识	详细信息
37954	2020-09-01 22:11:33	alarmgrouprim_a	11	identity = 231565, status = Pulse, nbr_reactivations = 1, nbr_
37955	2020-09-01 22:11:33	lcrscho	0	nTrain = 0, nBorder = 4, nEvent = 60
37956	2020-09-01 22:11:33	alarmgroupcbr2_crsc_a	4	identity = 231566, status = Pulse, nbr_reactivations = 1, nbr_

图 8-5-23　log 数据记录

列车判断通信超时并发送 P4 报警：

22:11:38、22:11:44、22:11:50，列车三次发送 M136，移交 RBC5 因判断移交超时不回复列车消息；

22:12:04，列车向移交 RBC5 发送 M136＋P4（无线一致性：无线超时）报警（图 8-5-24）。

2020-09-01 22:11:38	stpdatafromtrain	0	server_id = 4, peer_etcs_id_type = train, peer_etcs_id = 1250702,
2020-09-01 22:11:44	stpdatafromtrain	0	server_id = 4, peer_etcs_id_type = train, peer_etcs_id = 1250702,
2020-09-01 22:11:50	stpdatafromtrain	0	server_id = 4, peer_etcs_id_type = train, peer_etcs_id = 1250702,
2020-09-01 22:12:04	stpdatafromtrain	0	server_id = 2, peer_etcs_id_type = train, peer_etcs_id = 1250702,

图 8-5-24 log 数据记录

RBC 间取消移交：

22:12:04，移交 RBC5 因收到列车无线超时报警，向接收 RBC2 发送 M204 取消移交（图 8-5-25）。

2020-09-01 22:12:04	stpdatafromtrain	0	server_id = 2, peer_etcs_id_type = train, peer_etcs_id = 1250702,
2020-09-01 22:12:04	alarmgrouprbl_a	17	identity = 231575, status = Pulse, nbr_reactivations = 1, nbr_secor
2020-09-01 22:12:04	ertmsmessage204	0	receiver = Message to, peerType = RBC, str_size = 6, str = LNRBC2,

图 8-5-25 log 数据记录

（2）车载数据分析

22:10:10，车载设备在 U 码下接收到 RBC 发送的，MA 延伸至 4 240 m。因 RBC C3 行车许可与 C2 行车许可相差大于 100 m，触发码序防护逻辑，将行车许可缩短至 U 码对应边界 2 930 m；因行车许可截取至交权边界，小于 P131 包描述的移交点距离（2 931 m），故车载设备断开了与接收 RBC 的连接。

三、其他情况

1. 列车自 08 月 28 日开始运行，至 09 月 03 日运行了 7 天，均使用 300T 担当。

2. 09 月 1 日～09 月 03 日连续 3 天列车出现 C3 级降 C2 级运行情况（不同车），其他 4 天未出现降级。

3. 对列车降级车次和不降级车次收码情况进行了统计分析，除 08 月 28 日发车是 HU 变 LU 外，其他均是 HU 变 U 码发车，且接收 U 码时长均为 40 s 左右。

4. 300T码序监控逻辑。当C3等级MA比码控MA长100 m时启动码序监控逻辑，持续超过2 s时截取MA；当码控MA比C3等级MA长100 m时退出监控。

四、分析总结

经过对历史降级情况进行分析，确定降级原因如下：

1. 列车在车站发车前，地面码第一次变化为HU变U码(前方二离去有列车占用)，此时车载设备存在2种可能。

(1)情况1-1(常见情况)：C3等级MA先于U码接收时，此时300T启动码序监控逻辑；

(2)情况1-2：U码先于C3等级MA码接收时，此时300T不启动码序监控逻辑。

2. 车站地面码第二次变化为U码变LU码(前方列车出清二离去)，同时存在2种可能。

(1)情况2-1(常见情况)：C3等级MA先于LU码接收；

(2)情况2-2：LU码先于C3等级MA码接收。

3. 按照300T处理逻辑，在U变LU时，有两种可能会出现码控逻辑启用并截短C3等级MA的情况。

第一种是情况1-1与情况2-1同时满足时，列车一旦收到C3等级MA时，立即会执行码控逻辑，对C3等级MA按照U码进行截短；

第二种是情况2-1满足，且持续时间超过2 s。

结论：该降级问题为车地结合部问题，存在较高的发生概率。

五、处理方法

针对降级集中发生的列车，提出如下解决方案。

方案一：通过CTC优化运行时分。初步建议晚触发发车进路1 min，基本可以避免列车在股道内发车时接收到U码，能规避降级问题的出现。

方案二：将列车由正线3道调整到侧线5道发车，UUS/UU码时因列车不会启用码控逻辑，可避免该问题的出现。

第六节　软件缺陷

案例一　RBC 发送 UEM

一、问题描述

车载设备紧急制动停车。

二、问题分析

在 06:26:07.4(周期 68121558),列车向前运行占用车站一 791G,RBC 判断列车前方紧邻区段占用,发送 CEM。

在 06:26:07.9(周期 68121559),RBC1 与车站一 CBI 通信中断。

在 RBC 发送 791G 的 CEM 有条件紧急停车信息,等待列车回复确认信息期间,发生了车站一 CBI 与 RBC 通信中断的情况,导致 RBC 的断开命令 M24＋P42 未发送出去,造成 RBC 向列车发送 UEM 无条件紧急停车,列车冒进。

RBC 在发送 CEM 消息,等待确认期间,不能向车载设备发送断开命令。

三、处理方法

修改 RBC 软件,在以上场景下可以发送断开命令。

案例二　MA 反复伸缩

一、问题描述

列车 C3 行车许可出现反复伸缩问题。

二、问题分析

查看 RBC3 的 eventlog 数据,分析如下:

(1)列车一(本车)

16:22:09,RBC 收到列车发送的 M136 位置报告,最近相关应答器组 NID_LRBG＝9750281(应答器编号 074-3-07-009,B2673 应答器组),列车头部越过该应答器 763 m。

16:22:09，RBC 向列车发送 M3，长度 5 008 m，行车许可终点为 2723 信号牌。

16:22:09，RBC 再次向列车发送 M3，长度 3 616 m，行车许可终点为 XⅠ信号机，MA 出现缩短（图 8-6-1）。

时间	日志类型	事件标识	详细信息
2021-01-25 16:22:09	stpdatafromtrain	0	server_id = 3, peer_etcs_id_type = train, peer_etcs_id = 337272,
2021-01-25 16:22:09	stpdatatotrain	0	server_id = 3, peer_etcs_id_type = train, peer_etcs_id = 337272,
2021-01-25 16:22:09	stpdatatotrain	0	server_id = 3, peer_etcs_id_type = train, peer_etcs_id = 337272,

图 8-6-1　eventlog 数据记录 1

16:22:12，RBC 收到列车发送的 M132 请求 MA，最近相关应答器组为 NID_LRBG＝9750283（应答器编号 074-3-07-011，B2681 应答器组），列车头部越过该应答器 44 m。

16:22:12，RBC 向列车发送 M3 行车许可，行车许可长度 4 226 m，行车许可终点为 2723 信号牌。

16:22:12，RBC 再次向列车发送 M3 行车许可，行车许可长度为 2 834 m，行车许可终点为 XI 信号机，MA 再次出现缩短（图 8-6-2）。

时间	日志类型	事件标识	详细信息
2021-01-25 16:22:12	stpdatafromtrain	0	server_id = 3, peer_etcs_id_type = train, peer_etcs_id = 337272,
2021-01-25 16:22:12	stpdatatotrain	0	server_id = 3, peer_etcs_id_type = train, peer_etcs_id = 337272,
2021-01-25 16:22:12	stpdatatotrain	0	server_id = 3, peer_etcs_id_type = train, peer_etcs_id = 337272,
2021-01-25 16:22:12	stpdatatotrain	0	server_id = 3, peer_etcs_id_type = train, peer_etcs_id = 337272,

图 8-6-2　event log 数据记录 2

（2）列车二（前车，图 8-6-3）

2021-01-25 16:22:08	stpdatafromtrain	0	server_id = 2, peer_etcs_id_type = train, peer_etcs_id = 556421,

图 8-6-3　event loglog 数据记录 3

查看前车信息，16:22:08，列车发送 M136＋P0 位置报告，列车基于 B2721（074-3-07-029）报告位置，列车实际位置 K272＋879。列车已过 1LQ 信号标志牌（K272＋237），距离前方应答器 B2731（074-3-07-031，K273＋031）还有 152 m。列车已驶出 1LQ（信号标志牌 K272＋237）。

列车完全驶入 2LQ 区段，但距离本区段第一个应答器 152 m。

RBC 根据列车最大 MA 范围（列车位置前方 20 km）内闭塞分区空闲情况向列车发送延长 MA。同时，每周期进行防护检查时，RBC 软件除了正常的

MA 范围内闭塞分区空闲/占用外，多检查了 MA 外方第一个闭塞分区占用状态和列车位置。当 MA 外方第一个闭塞分区占用，且闭塞分区入口至该闭塞分区第一组应答器之间有车(根据列车位置报告定位)时，RBC 向后车发送缩短 MA，如图 8-6-4 所示。

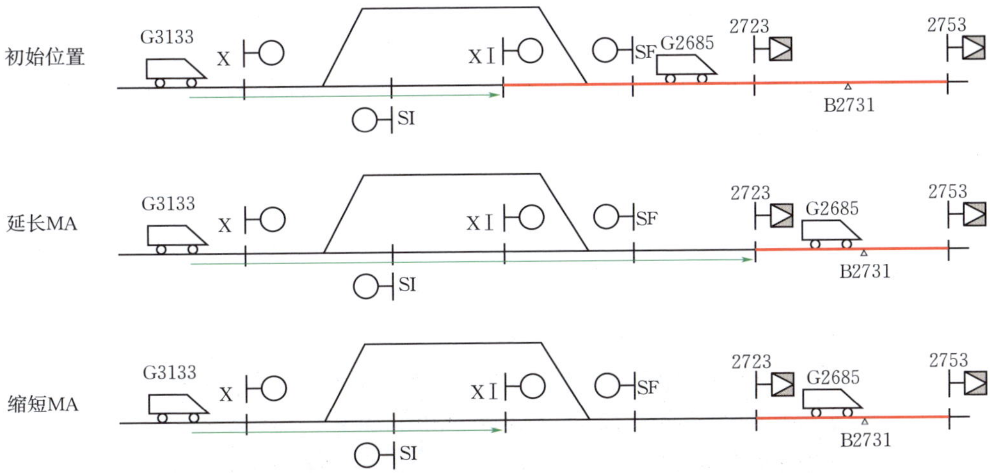

图 8-6-4　行车许可示意

①前车占用 XⅠ→2723 进路，RBC 给后车发送 MA 终点到 XⅠ。

②随着前车出清车站一离去区段，联锁向 RBC 发送 XⅠ→2723 进路空闲。RBC 收到该进路空闲后，向后车延长 MA 到 2723 信号点。

③RBC 进行防护检查，发现在 MA 终点外方 2723→2753 进路占用，且 2723→B2731 应答器组之间有列车。RBC 对后车进行防护，将后车 MA 缩短至 XⅠ信号机。

④当 RBC 再次收到后车位置报告，RBC 重复②③步骤，在前车收到 B2731 应答器信息前，会重发触发后车 MA 延长、缩短的情况。

该问题的原因为 RBC 软件既有问题，一旦触发就会影响运行效率，无安全风险。

三、处理方法

升级软件解决该问题。

软件修改后逻辑：RBC 检查 MA 范围内闭塞分区状态变化，即当 MA 范围内进路突然由空闲变为占用时，RBC 采取安全措施，向后车发送缩短 MA 或发送 CEM(有条件紧急制动)。

案例三　错误重置 T1 定时器引起的异常拆链

一、问题描述

列车车载设备(300H 型)显示无线连接超时并输出制动，速度由 346 km/h 降至 327 km/h(未降级)。

二、问题分析

1. RBC3 数据分析(图 8-6-5)

时间	日志类型	事件标识	详细信息
2023-11-18 17:41:52	stpdatafromtrain	0	info = Data from peer train 1230542, server_id = 4, p
2023-11-18 17:41:53	stpdatatotrain	0	info = Data to peer train 1230542, server_id = 4, pe
2023-11-18 17:41:55	stpdatafromtrain	0	info = Data from peer train 1230542, server_id = 4, p
2023-11-18 17:41:55	stpdatatotrain	0	info = Data to peer train 1230542, server_id = 4, pe
2023-11-18 17:42:01	stpdatafromtrain	0	info = Data from peer train 1230542, server_id = 4, p
2023-11-18 17:42:01	stpdatatotrain	0	info = Data to peer train 1230542, server_id = 4, pe
2023-11-18 17:42:02	stpdatafromtrain	0	info = Data from peer train 1230542, server_id = 4, p
2023-11-18 17:42:03	stpdatatotrain	0	info = Data to peer train 1230542, server_id = 4, pe
2023-11-18 17:42:04	stpdatafromtrain	0	info = Data from peer train 1230542, server_id = 4, p
2023-11-18 17:42:04	stpdatafromtrain	0	info = Data from peer train 1230542, server_id = 4, p
2023-11-18 17:42:04	stpdatatotrain	0	info = Data to peer train 1230542, server_id = 4, pe
2023-11-18 17:42:05	stpdatatotrain	0	info = Data to peer train 1230542, server_id = 4, pe
2023-11-18 17:42:07	stpdatafromtrain	0	info = Data from peer train 1230542, server_id = 4, p
2023-11-18 17:42:07	stpdatafromtrain	0	info = Data from peer train 1230542, server_id = 4, p
2023-11-18 17:42:08	stpdatatotrain	0	info = Data to peer train 1230542, server_id = 4, pe
2023-11-18 17:42:09	stpdatafromtrain	0	info = Data from peer train 1230542, server_id = 4, p
2023-11-18 17:42:09	stpdatatotrain	0	info = Data to peer train 1230542, server_id = 4, pe
2023-11-18 17:42:12	stpdatafromtrain	0	info = Data from peer train 1230542, server_id = 4, p
2023-11-18 17:42:13	stpdatatotrain	0	info = Data to peer train 1230542, server_id = 4, pe
2023-11-18 17:42:13	stpdisconnectind	0	info = Disconnect indication from peer train 1230542,

图 8-6-5　log 数据记录

17:41:52，RBC 收到列车发送的 M136 列车位置报告，T_TRAIN＝3085061。

17:41:53，RBC 向列车发送 M24 通常消息，T_TRAIN＝3085067。

17:41:55，RBC 收到列车发送的 M136 列车位置报告，T_TRAIN＝3085341。

17:41:55，RBC 向列车发送 M3 行车许可消息，T_TRAIN＝3085346。

17:42:01，RBC 收到列车发送的 M136 列车位置报告，T_TRAIN＝3085941。

17:42:01,RBC 向列车发送 M3 行车许可消息(未被对方确认),T_TRAIN=3085947。

17:42:02,RBC 收到列车发送的 M136 列车位置报告,T_TRAIN=3086061。

17:42:03,RBC 向列车发送 M24 通常消息,T_TRAIN=3086067。

17:42:04,RBC 收到列车发送的 M136 列车位置报告,T_TRAIN=3086221。

17:42:04,RBC 收到列车发送的 M136 列车位置报告,T_TRAIN=3086261。

17:42:04,RBC 向列车发送 M3 行车许可消息(未被对方确认),T_TRAIN=3086225。

17:42:05,RBC 向列车发送 M3 行车许可消息(未被对方确认),T_TRAIN=3086270。

17:42:07,RBC 收到列车发送的 M146 确认消息,对 T_TRAIN=3085346 的 M3 行车许可消息进行确认。

17:42:07,RBC 收到列车发送的 M132 请求行车许可,T_TRAIN=3086541。

17:42:08,RBC 向列车发送 M3 行车许可消息(未被对方确认),T_TRAIN=3086549。

17:42:09,RBC 收到列车发送的 M136 列车位置报告,T_TRAIN=3086701。

17:42:09,RBC 向列车发送 M3 行车许可消息(未被对方确认),T_TRAIN=3086707。

17:42:12,RBC 收到列车发送的 M136 列车位置报告,T_TRAIN=3087061。

17:42:13,RBC 向列车发送 M3 行车许可消息(未被对方确认),T_TRAIN=3087071。

17:42:13,列车与 RBC 通信中断。

2. 通信侧数据分析(图 8-6-6)

17:24:33.536638,OBC 向 RBC 发送 N(S)=26,N(R)=21 和 N(S)=27,N(R)=21 的 I 帧,组成 M136 列车位置报告,T_TRAIN=30850610。

2023-11-18 17:24:33. 536638	OBC --> RBC	G74	通过	HDLC	I Frame : B					S:26,R:21		
2023-11-18 17:24:33. 536681	OBC --> RBC	G74	通过	HDLC	I Frame : B					S:27,R:21		
2023-11-18 17:24:33. 536682	OBC --> RBC	G74	通过	TPDU		DT:10						
2023-11-18 17:24:33. 536683	OBC --> RBC	G74	通过	SaPDU		--->	SaPDU DT					
2023-11-18 17:24:33. 536684	OBC --> RBC	G74	通过	APDU			--->	136：Train Position Report	30850610ms			
2023-11-18 17:24:33. 624508	RBC --> OBC	G74	通过	HDLC	RR Frame : B						R:27	响应帧(F位为0)
2023-11-18 17:24:33. 624556	RBC --> OBC	G74	通过	HDLC	RR Frame : B						R:28	响应帧(F位为0)
2023-11-18 17:24:33. 624605	RBC --> OBC	G74	通过	HDLC	I Frame : A						S:21,R:28	
2023-11-18 17:24:33. 624606	RBC --> OBC	G74	通过	TPDU		AK:11						
2023-11-18 17:24:34. 136504	RBC --> OBC	G74	通过	HDLC	I Frame : A						S:22,R:28	
2023-11-18 17:24:34. 136505	RBC --> OBC	G74	通过	TPDU		DT:8						
2023-11-18 17:24:34. 136506	RBC --> OBC	G74	通过	SaPDU		--->	SaPDU DT					
2023-11-18 17:24:34. 136507	RBC --> OBC	G74	通过	APDU			--->	24：General message	30850670ms			
2023-11-18 17:24:34. 176664	OBC --> RBC	G74	通过	HDLC	RR Frame : A					R:22		响应帧(F位为0)
2023-11-18 17:24:34. 688634	OBC --> RBC	G74	通过	HDLC	I Frame : B					S:28,R:23		
2023-11-18 17:24:34. 688635	OBC --> RBC	G74	通过	TPDU		AK:9						
2023-11-18 17:24:34. 776390	RBC --> OBC	G74	通过	HDLC	RR Frame : B						R:29	响应帧(F位为0)

图 8-6-6　通信侧 PRI 数据记录 1

17:24:33.624605，RBC 向 OBC 发送 N(S)＝21，N(R)＝28 的 I 帧，为传输层 AK，对 OBC 发送的 M136 消息进行确认。

17:24:34.136504，RBC 向 OBC 发送 N(S)＝22，N(R)＝28 的 I 帧，为 M24 通常消息，T_TRAIN＝30850670。

17:24:34.688634，OBC 向 RBC 发送 N(S)＝28，N(R)＝23 的 I 帧，为传输层 AK，对 RBC 发送的 M24 消息进行确认(图 8-6-7)。

2023-11-18 17:24:36. 352542	OBC --> RBC	G74	通过	HDLC	I Frame : B					S:29,R:23		
2023-11-18 17:24:36. 352590	OBC --> RBC	G74	通过	HDLC	I Frame : B					S:30,R:23		
2023-11-18 17:24:36. 352591	OBC --> RBC	G74	通过	TPDU		DT:11						
2023-11-18 17:24:36. 352592	OBC --> RBC	G74	通过	SaPDU		--->	SaPDU DT					
2023-11-18 17:24:36. 352593	OBC --> RBC	G74	通过	APDU			--->	136：Train Position Report	30853410ms			
2023-11-18 17:24:36. 440447	RBC --> OBC	G74	通过	HDLC	RR Frame : B						R:30	响应帧(F位为0)
2023-11-18 17:24:36. 440493	RBC --> OBC	G74	通过	HDLC	RR Frame : B						R:31	响应帧(F位为0)
2023-11-18 17:24:36. 440542	RBC --> OBC	G74	通过	HDLC	I Frame : A						S:23,R:31	
2023-11-18 17:24:36. 440543	RBC --> OBC	G74	通过	TPDU		AK:12						
2023-11-18 17:24:36. 824369	RBC --> OBC	G74	通过	HDLC	I Frame : A						S:24,R:31	
2023-11-18 17:24:36. 952404	RBC --> OBC	G74	通过	HDLC	I Frame : A						S:25,R:31	
2023-11-18 17:24:36. 952475	RBC --> OBC	G74	通过	HDLC	I Frame : A						S:26,R:31	
2023-11-18 17:24:36. 992589	OBC --> RBC	G74	通过	HDLC	RR Frame : A					R:24		响应帧(F位为0)
2023-11-18 17:24:37. 080382	RBC --> OBC	G74	通过	HDLC	I Frame : A						S:27,R:31	
2023-11-18 17:24:37. 080383	RBC --> OBC	G74	通过	TPDU		DT:9						
2023-11-18 17:24:37. 208418	RBC --> OBC	G74	通过	HDLC	I Frame : A						S:28,R:31	
2023-11-18 17:24:37. 208495	RBC --> OBC	G74	通过	HDLC	I Frame : A						S:29,R:31	
2023-11-18 17:24:37. 336404	RBC --> OBC	G74	通过	HDLC	I Frame : A						S:30,R:31	
2023-11-18 17:24:37. 376566	OBC --> RBC	G74	通过	HDLC	RR Frame : A					R:25		响应帧(F位为0)
2023-11-18 17:24:37. 376639	OBC --> RBC	G74	通过	HDLC	RR Frame : A					R:26		响应帧(F位为0)
2023-11-18 17:24:37. 464348	RBC --> OBC	G74	通过	HDLC	I Frame : A						S:31,R:31	
2023-11-18 17:24:37. 464349	RBC --> OBC	G74	通过	TPDU		DT:10						
2023-11-18 17:24:37. 464426	RBC --> OBC	G74	通过	HDLC	I Frame : A						S:32,R:31	
2023-11-18 17:24:37. 464475	RBC --> OBC	G74	通过	HDLC	I Frame : A						S:33,R:31	
2023-11-18 17:24:37. 464476	RBC --> OBC	G74	通过	TPDU		DT:11						
2023-11-18 17:24:37. 464477	RBC --> OBC	G74	通过	SaPDU		--->	SaPDU DT					
2023-11-18 17:24:37. 464478	RBC --> OBC	G74	通过	APDU			--->	3：MA	30853460ms			

图 8-6-7　通信侧 PRI 数据记录 2

17:24:36.352542，OBC 向 RBC 发送 N(S)＝29、N(R)＝23、N(S)＝30，N(R)＝23 的 I 帧，组成 M136 列车位置报告，T_TRAIN＝30853410。

17:24:36.440542，RBC 向 OBC 发送 N(S)＝23、N(R)＝31 的 I 帧，为传输层 AK，对 OBC 发送的 M132 消息进行确认。

17:24:36.824369，RBC 向 OBC 发送 N(S)＝24～N(S)＝33 的 I 帧，组成 M3 行车许可消息，T_TRAIN＝30853460(DT:9、DT:10、DT:11)。

此后，在车地数据交互过程中，RBC 依次向 OBC 发送 N(S)＝35 至 N(S)＝44 组成的 M3 行车许可消息，T_TRAIN＝30859470(DT：12、DT：13、DT：14)，N(S)＝46 的 M24 通常消息，T_TRAIN＝30860670(DT：15)，N(S)＝49 至 N(S)＝58 组成的 M3 行车许可消息，T_TRAIN＝30862250(DT：16、DT：17、DT：18)，N(S)＝59～N(S)＝×××组成的 M3 行车许可消息(DT：19 至 DT：X)。截至 RBC 发送拆链消息，OBC 的传输层 AK 消息序号才更新至 AK：14，导致 ISDN 软件传输层尚未被确认的 DT 消息数量超过协议规定的初始信用值(15)，触发 RBC 向 OBC 发送 DISCONNECT 进行拆链，车地通信连接中断(图 8-6-8)。

2023-11-18 17:24:37. 504514	OBC --> RBC	G74	通过	HDLC	RR Frame : A					R:27		响应帧(F位为0)
2023-11-18 17:24:37. 592490	RBC --> OBC	G74	通过	HDLC	RR Frame : B						R:32	响应帧(F位为0)
2023-11-18 17:24:37. 632540	OBC --> RBC	G74	通过	HDLC	I Frame : B					S:31,R:28		
2023-11-18 17:24:37. 632541	OBC --> RBC	G74	通过	TPDU		AK:10						
2023-11-18 17:24:37. 632620	OBC --> RBC	G74	通过	HDLC	RR Frame : A					R:29		响应帧(F位为0)
2023-11-18 17:24:37. 889242	OBC --> RBC	G74	失败									
2023-11-18 17:24:39. 552575	OBC --> RBC	G74	通过	HDLC	RR Frame : B					R:32		命令帧(P位为1)
2023-11-18 17:24:39. 640402	RBC --> OBC	G74	通过	HDLC	RR Frame : B						R:32	响应帧(F位为1)
2023-11-18 17:24:41. 600464	OBC --> RBC	G74	通过	HDLC	RR Frame : B					R:32		命令帧(P位为1)
2023-11-18 17:24:41. 688238	RBC --> OBC	G74	通过	HDLC	RR Frame : B						R:32	响应帧(F位为1)
2023-11-18 17:24:42. 240407	OBC --> RBC	G74	通过	HDLC	I Frame : B					S:32,R:32		
2023-11-18 17:24:42. 240408	OBC --> RBC	G74	通过	TPDU		AK:11						
2023-11-18 17:24:42. 328292	RBC --> OBC	G74	通过	HDLC	RR Frame : B						R:33	响应帧(F位为0)
2023-11-18 17:24:42. 368429	OBC --> RBC	G74	通过	HDLC	I Frame : B					S:33,R:32		
2023-11-18 17:24:42. 368478	OBC --> RBC	G74	通过	HDLC	I Frame : B					S:34,R:32		
2023-11-18 17:24:42. 368479	OBC --> RBC	G74	通过	TPDU		DT:12						
2023-11-18 17:24:42. 368480	OBC --> RBC	G74	通过	SaPDU		--->	SaPDU DT					
2023-11-18 17:24:42. 368481	OBC --> RBC	G74	通过	APDU			--->	136: Train Position Report	30859410ms			
2023-11-18 17:24:42. 456249	RBC --> OBC	G74	通过	HDLC	RR Frame : B						R:34	响应帧(F位为0)
2023-11-18 17:24:42. 456297	RBC --> OBC	G74	通过	HDLC	RR Frame : B						R:35	响应帧(F位为0)
2023-11-18 17:24:42. 456304	RBC --> OBC	G74	通过	HDLC	I Frame : A						S:34,R:35	
2023-11-18 17:24:42. 456305	RBC --> OBC	G74	通过	TPDU		AK:13						
2023-11-18 17:24:42. 584301	RBC --> OBC	G74	通过	HDLC	I Frame : A						S:35,R:35	
2023-11-18 17:24:42. 712282	RBC --> OBC	G74	通过	HDLC	I Frame : A						S:36,R:35	
2023-11-18 17:24:42. 712354	RBC --> OBC	G74	通过	HDLC	I Frame : A						S:37,R:35	
2023-11-18 17:24:42. 840223	RBC --> OBC	G74	通过	HDLC	I Frame : A						S:38,R:35	
2023-11-18 17:24:42. 840224	RBC --> OBC	G74	通过	TPDU		DT:12						
2023-11-18 17:24:42. 968248	RBC --> OBC	G74	通过	HDLC	I Frame : A						S:39,R:35	
2023-11-18 17:24:42. 968333	RBC --> OBC	G74	通过	HDLC	I Frame : A						S:40,R:35	
2023-11-18 17:24:43. 096288	RBC --> OBC	G74	通过	HDLC	I Frame : A						S:41,R:35	
2023-11-18 17:24:43. 224335	RBC --> OBC	G74	通过	HDLC	I Frame : A						S:42,R:35	
2023-11-18 17:24:43. 224336	RBC --> OBC	G74	通过	TPDU		DT:13						
2023-11-18 17:24:43. 224411	RBC --> OBC	G74	通过	HDLC	I Frame : A						S:43,R:35	
2023-11-18 17:24:43. 352305	RBC --> OBC	G74	通过	HDLC	I Frame : A						S:44,R:35	
2023-11-18 17:24:43. 352306	RBC --> OBC	G74	通过	TPDU		DT:14						
2023-11-18 17:24:43. 352307	RBC --> OBC	G74	通过	SaPDU		--->	SaPDU DT					
2023-11-18 17:24:43. 352308	RBC --> OBC	G74	通过	APDU			--->	3: MA	30859470ms			
2023-11-18 17:24:43. 520518	OBC --> RBC	G74	通过	HDLC	I Frame : B					S:35,R:32		
2023-11-18 17:24:43. 520567	OBC --> RBC	G74	通过	HDLC	I Frame : B					S:36,R:32		
2023-11-18 17:24:43. 520568	OBC --> RBC	G74	通过	TPDU		DT:13						
2023-11-18 17:24:43. 520569	OBC --> RBC	G74	通过	SaPDU		--->	SaPDU DT					
2023-11-18 17:24:43. 520570	OBC --> RBC	G74	通过	APDU			--->	136: Train Position Report	30860610ms			
2023-11-18 17:24:43. 608332	RBC --> OBC	G74	通过	HDLC	RR Frame : B						R:36	响应帧(F位为0)
2023-11-18 17:24:43. 763800	RBC --> OBC	G74	通过	HDLC	RR Frame : B						R:37	响应帧(F位为0)
2023-11-18 17:24:43. 763807	RBC --> OBC	G74	通过	HDLC	I Frame : A						S:45,R:37	
2023-11-18 17:24:43. 763808	RBC --> OBC	G74	通过	TPDU		AK:14						
2023-11-18 17:24:44. 120332	RBC --> OBC	G74	通过	HDLC	I Frame : A						S:46,R:37	
2023-11-18 17:24:44. 120333	RBC --> OBC	G74	通过	TPDU		DT:15						
2023-11-18 17:24:44. 120334	RBC --> OBC	G74	通过	SaPDU		--->	SaPDU DT					
2023-11-18 17:24:44. 120335	RBC --> OBC	G74	通过	APDU			--->	24: General message	30860670ms			
2023-11-18 17:24:44. 160436	OBC --> RBC	G74	通过	HDLC	RR Frame : B					R:32		命令帧(P位为1)
2023-11-18 17:24:44. 248283	RBC --> OBC	G74	通过	HDLC	RR Frame : B						R:37	响应帧(F位为1)
2023-11-18 17:24:45. 184396	OBC --> RBC	G74	通过	HDLC	I Frame : B					S:37,R:32		
2023-11-18 17:24:45. 184445	OBC --> RBC	G74	通过	HDLC	I Frame : B					S:38,R:32		
2023-11-18 17:24:45. 184446	OBC --> RBC	G74	通过	TPDU		DT:14						
2023-11-18 17:24:45. 184447	OBC --> RBC	G74	通过	SaPDU		--->	SaPDU DT					
2023-11-18 17:24:45. 184448	OBC --> RBC	G74	通过	APDU			--->	136: Train Position Report	30862210ms			
2023-11-18 17:24:45. 272263	RBC --> OBC	G74	通过	HDLC	RR Frame : B						R:38	响应帧(F位为0)
2023-11-18 17:24:45. 272311	RBC --> OBC	G74	通过	HDLC	RR Frame : B						R:39	响应帧(F位为0)
2023-11-18 17:24:45. 272360	RBC --> OBC	G74	通过	HDLC	I Frame : A						S:47,R:39	
2023-11-18 17:24:45. 272361	RBC --> OBC	G74	通过	TPDU		AK:15						

图 8-6-8　通信侧 PRI 数据记录

2023-11-18 17:24:45. 568359	OBC --> RBC	G74	通过	HDLC	I Frame : B					S:39,R:32		
2023-11-18 17:24:45. 568407	OBC --> RBC	G74	通过	HDLC	I Frame : B					S:40,R:32		
2023-11-18 17:24:45. 568408	OBC --> RBC	G74	通过	TPDU		DT:15						
2023-11-18 17:24:45. 568409	OBC --> RBC	G74	通过	SaPDU		--->	SaPDU DT					
2023-11-18 17:24:45. 568410	OBC --> RBC	G74	通过	APDU			--->	136：Train Position Report	30862610ms			
2023-11-18 17:24:45. 656320	RBC --> OBC	G74	通过	HDLC	RR Frame : B						R:40	响应帧(F位为0)
2023-11-18 17:24:45. 656368	RBC --> OBC	G74	通过	HDLC	RR Frame : B						R:41	响应帧(F位为0)
2023-11-18 17:24:45. 656416	RBC --> OBC	G74	通过	HDLC	I Frame : A						S:48,R:41	
2023-11-18 17:24:45. 656417	RBC --> OBC	G74	通过	TPDU		AK:16						
2023-11-18 17:24:45. 784255	RBC --> OBC	G74	通过	HDLC	I Frame : A						S:49,R:41	
2023-11-18 17:24:45. 824350	OBC --> RBC	G74	通过	HDLC	REJ Frame : A							
2023-11-18 17:24:45. 912226	RBC --> OBC	G74	通过	HDLC	I Frame : A						S:50,R:41	
2023-11-18 17:24:45. 912301	RBC --> OBC	G74	通过	HDLC	I Frame : A						S:51,R:41	
2023-11-18 17:24:46. 040164	RBC --> OBC	G74	通过	HDLC	I Frame : A						S:52,R:41	
2023-11-18 17:24:46. 040165	RBC --> OBC	G74	通过	TPDU		DT:16						
2023-11-18 17:24:46. 168293	RBC --> OBC	G74	通过	HDLC	I Frame : A						S:53,R:41	
2023-11-18 17:24:46. 168375	RBC --> OBC	G74	通过	HDLC	I Frame : A						S:54,R:41	
2023-11-18 17:24:46. 296347	RBC --> OBC	G74	通过	HDLC	I Frame : A						S:55,R:41	
2023-11-18 17:24:46. 424149	RBC --> OBC	G74	通过	HDLC	I Frame : A						S:56,R:41	
2023-11-18 17:24:46. 424150	RBC --> OBC	G74	通过	TPDU		DT:17						
2023-11-18 17:24:46. 424226	RBC --> OBC	G74	通过	HDLC	I Frame : A						S:57,R:41	
2023-11-18 17:24:46. 552184	RBC --> OBC	G74	通过	HDLC	I Frame : A						S:58,R:41	
2023-11-18 17:24:46. 552185	RBC --> OBC	G74	通过	TPDU		DT:18						
2023-11-18 17:24:46. 552186	RBC --> OBC	G74	通过	SaPDU		--->	SaPDU DT					
2023-11-18 17:24:46. 552187	RBC --> OBC	G74	通过	APDU			--->	3：MA	30862250ms			
2023-11-18 17:24:46. 552274	RBC --> OBC	G74	通过	HDLC	I Frame : A						S:32,R:41	
2023-11-18 17:24:46. 680154	RBC --> OBC	G74	通过	HDLC	I Frame : A						S:33,R:41	
2023-11-18 17:24:46. 680155	RBC --> OBC	G74	通过	TPDU		DT:11						
2023-11-18 17:24:46. 680156	RBC --> OBC	G74	通过	SaPDU		--->	SaPDU DT					
2023-11-18 17:24:46. 680204	RBC --> OBC	G74	通过	HDLC	I Frame : A						S:46,R:41	
2023-11-18 17:24:46. 680205	RBC --> OBC	G74	通过	TPDU		DT:15						
2023-11-18 17:24:46. 680206	RBC --> OBC	G74	通过	SaPDU		--->	SaPDU DT					
2023-11-18 17:24:46. 680207	RBC --> OBC	G74	通过	APDU			--->	24：General message	30860670ms			
2023-11-18 17:24:46. 808227	RBC --> OBC	G74	通过	HDLC	I Frame : A						S:59,R:41	
2023-11-18 17:24:46. 808301	RBC --> OBC	G74	通过	HDLC	I Frame : A						S:60,R:41	
2023-11-18 17:24:46. 936345	RBC --> OBC	G74	通过	HDLC	I Frame : A						S:61,R:41	
2023-11-18 17:24:47. 104392	OBC --> RBC	G74	通过	HDLC	I Frame : B					S:41,R:34		
2023-11-18 17:24:47. 104393	OBC --> RBC	G74	通过	TPDU		AK:12						
2023-11-18 17:24:47. 192267	RBC --> OBC	G74	通过	HDLC	RR Frame : B						R:42	响应帧(F位为0)
2023-11-18 17:24:47. 320204	RBC --> OBC	G74	通过	HDLC	I Frame : A						S:62,R:42	
2023-11-18 17:24:47. 320205	RBC --> OBC	G74	通过	TPDU		DT:19						
2023-11-18 17:24:47. 448151	RBC --> OBC	G74	通过	HDLC	I Frame : A						S:63,R:42	
2023-11-18 17:24:47. 960182	RBC --> OBC	G74	通过	HDLC	RR Frame : B						R:43	响应帧(F位为0)
2023-11-18 17:24:48. 000354	OBC --> RBC	G74	通过	HDLC	I Frame : B					S:42,R:34		
2023-11-18 17:24:48. 000355	OBC --> RBC	G74	通过	TPDU		DT:16						
2023-11-18 17:24:48. 000356	OBC --> RBC	G74	通过	SaPDU		--->	SaPDU DT					
2023-11-18 17:24:48. 000357	OBC --> RBC	G74	通过	APDU			--->	146：Acknowledgement	30865010ms			
2023-11-18 17:24:48. 384358	OBC --> RBC	G74	通过	HDLC	I Frame : B					S:43,R:34		
2023-11-18 17:24:48. 384405	OBC --> RBC	G74	通过	HDLC	I Frame : B					S:44,R:34		
2023-11-18 17:24:48. 384406	OBC --> RBC	G74	通过	TPDU		DT:17						
2023-11-18 17:24:48. 384407	OBC --> RBC	G74	通过	SaPDU		--->	SaPDU DT					
2023-11-18 17:24:48. 384408	OBC --> RBC	G74	通过	APDU			--->	132：MA Request	30865410ms			
2023-11-18 17:24:48. 472176	RBC --> OBC	G74	通过	HDLC	RR Frame : B						R:44	响应帧(F位为0)
2023-11-18 17:24:48. 472222	RBC --> OBC	G74	通过	HDLC	RR Frame : B						R:45	响应帧(F位为0)
2023-11-18 17:24:49. 920378	OBC --> RBC	G74	通过	HDLC	I Frame : B					S:45,R:34		
2023-11-18 17:24:49. 920425	OBC --> RBC	G74	通过	HDLC	I Frame : B					S:46,R:34		
2023-11-18 17:24:49. 920426	OBC --> RBC	G74	通过	TPDU		DT:18						
2023-11-18 17:24:49. 920427	OBC --> RBC	G74	通过	SaPDU		--->	SaPDU DT					
2023-11-18 17:24:49. 920428	OBC --> RBC	G74	通过	APDU			--->	136：Train Position Report	30867010ms			
2023-11-18 17:24:50. 008116	RBC --> OBC	G74	通过	HDLC	RR Frame : B						R:46	响应帧(F位为0)
2023-11-18 17:24:50. 008162	RBC --> OBC	G74	通过	HDLC	RR Frame : B						R:47	响应帧(F位为0)
2023-11-18 17:24:52. 056174	RBC --> OBC	G74	通过	HDLC	RR Frame : A						R:47	命令帧(P位为1)
2023-11-18 17:24:52. 608219	OBC --> RBC	G74	通过	HDLC	RR Frame : A					R:34		响应帧(F位为1)
2023-11-18 17:24:52. 696157	RBC --> OBC	G74	通过	HDLC	I Frame : A						S:34,R:47	
2023-11-18 17:24:52. 696214	RBC --> OBC	G74	通过	HDLC	I Frame : A						S:35,R:47	
2023-11-18 17:24:52. 824180	RBC --> OBC	G74	通过	HDLC	I Frame : A						S:36,R:47	
2023-11-18 17:24:52. 952053	RBC --> OBC	G74	通过	HDLC	I Frame : A						S:37,R:47	
2023-11-18 17:24:52. 952130	RBC --> OBC	G74	通过	HDLC	I Frame : A						S:38,R:47	
2023-11-18 17:24:52. 952131	RBC --> OBC	G74	通过	TPDU		DT:12						
2023-11-18 17:24:53. 080223	RBC --> OBC	G74	通过	HDLC	I Frame : A						S:39,R:47	
2023-11-18 17:24:53. 208001	RBC --> OBC	G74	通过	HDLC	I Frame : A						S:40,R:47	
2023-11-18 17:24:53. 335989	RBC --> OBC	G74	通过	HDLC	I Frame : A						S:41,R:47	
2023-11-18 17:24:53. 336066	RBC --> OBC	G74	通过	HDLC	I Frame : A						S:42,R:47	
2023-11-18 17:24:53. 336067	RBC --> OBC	G74	通过	TPDU		DT:13						
2023-11-18 17:24:53. 464076	RBC --> OBC	G74	通过	HDLC	I Frame : A						S:43,R:47	
2023-11-18 17:24:53. 464124	RBC --> OBC	G74	通过	HDLC	I Frame : A						S:44,R:47	
2023-11-18 17:24:53. 464125	RBC --> OBC	G74	通过	TPDU		DT:14						
2023-11-18 17:24:53. 464126	RBC --> OBC	G74	通过	SaPDU		--->	SaPDU DT					
2023-11-18 17:24:53. 464127	RBC --> OBC	G74	通过	APDU			--->	3：MA	30859470ms			
2023-11-18 17:24:53. 464173	RBC --> OBC	G74	通过	HDLC	I Frame : A						S:45,R:47	
2023-11-18 17:24:53. 464174	RBC --> OBC	G74	通过	TPDU		AK:14						
2023-11-18 17:24:53. 504295	OBC --> RBC	G74	通过	HDLC	I Frame : B					S:47,R:38		
2023-11-18 17:24:53. 592029	RBC --> OBC	G74	通过	HDLC	I Frame : A						S:46,R:47	
2023-11-18 17:24:53. 592030	RBC --> OBC	G74	通过	TPDU		DT:15						
2023-11-18 17:24:53. 592031	RBC --> OBC	G74	通过	SaPDU		--->	SaPDU DT					
2023-11-18 17:24:53. 592032	RBC --> OBC	G74	通过	APDU			--->	24：General message	30860670ms			
2023-11-18 17:24:53. 592078	RBC --> OBC	G74	通过	HDLC	I Frame : A						S:47,R:47	
2023-11-18 17:24:53. 592079	RBC --> OBC	G74	通过	TPDU		AK:15						
2023-11-18 17:24:53. 592127	RBC --> OBC	G74	通过	HDLC	I Frame : A						S:48,R:47	

图 8-6-8　通信侧 PRI 数据记录(续)

2023-11-18 17:24:53. 592128	RBC --> OBC	G74	通过	TPDU		AK:16						
2023-11-18 17:24:53. 632285	OBC --> RBC	G74	通过	HDLC	I Frame : B					S:48,R:38		
2023-11-18 17:24:53. 632286	OBC --> RBC	G74	通过	TPDU		DT:19						
2023-11-18 17:24:53. 632287	OBC --> RBC	G74	通过	SaPDU		--->	SaPDU DT					
2023-11-18 17:24:53. 632288	OBC --> RBC	G74	通过	APDU			--->	136: Train Position Report	30870610ms			
2023-11-18 17:24:53. 632333	OBC --> RBC	G74	通过	HDLC	I Frame : B					S:49,R:39		
2023-11-18 17:24:53. 632334	OBC --> RBC	G74	通过	TPDU		AK:13						
2023-11-18 17:24:53. 720092	RBC --> OBC	G74	通过	HDLC	I Frame : A						S:49,R:47	
2023-11-18 17:24:53. 848047	RBC --> OBC	G74	通过	HDLC	I Frame : A						S:50,R:47	
2023-11-18 17:24:53. 848131	RBC --> OBC	G74	通过	HDLC	I Frame : A						S:51,R:47	
2023-11-18 17:24:53. 888286	OBC --> RBC	G74	通过	HDLC	I Frame : B					S:50,R:43		
2023-11-18 17:24:53. 888287	OBC --> RBC	G74	通过	TPDU		AK:14						
2023-11-18 17:24:53. 960609	RBC --> MSC	G74	通过	DISCONNECT								

图 8-6-8　通信侧 PRI 数据记录(续)

根据《信息技术　开放系统互连　提供连接方式运输服务的协议》(GB/T 12500—2008、ISO/IEC 8073:1997)相关要求,列车收到 RBC 发送的 DT 消息后应该回复 AK 消息。

3. 分析总结

因通信侧与 OBC 交互数据异常,引起 RBC 经由通信 PRI 口向车载侧发送的 I 帧未及时地被 OBC 进行确认,造成 OBC 侧传输层 AK 消息的序号更新缓慢,同时由于叠加国产化 ISDN 软件错误重置 T1 计时器,RBC 未能及时向 OBC 发送 P=1 的探寻帧,最终导致 ISDN 软件传输层未被确认的 DT 消息数量超过协议规定的初始信用值(15),触发 RBC 发送 DISCONNECT 拆链,车地通信连接中断。

根据 ISO 7776 标准的要求,在车地数据交互过程中,发送方每次发送信息帧 I 帧后,应启动 T1 定时器(2 s)。若发送方在 T1 时间内未收到正确的接收响应,应向接收方补发丢失的信息帧。在数据帧丢失的情况下,如果车地交互数据较为密集,导致 ISDN 软件在 T1 时间内收到车载设备监控帧(RR、RNR),国产化 ISDN 软件会重置 T1 定时器,导致 ISDN 软件未能及时发送 P=1 的探寻帧,进而造成 RBC 未能及时向车载设备补发丢失的 I 帧。

三、处理方法

自主化 ISDN 软件中,修改了本问题中关于 T1 定时器判断逻辑的问题。

案例四　RBC 宕机

一、问题描述

RBC2 宕机,重启后恢复。

二、问题分析

列车上行正向由 RBC2 向 RBC1 运行，移交正常开启（图 8-6-9）。

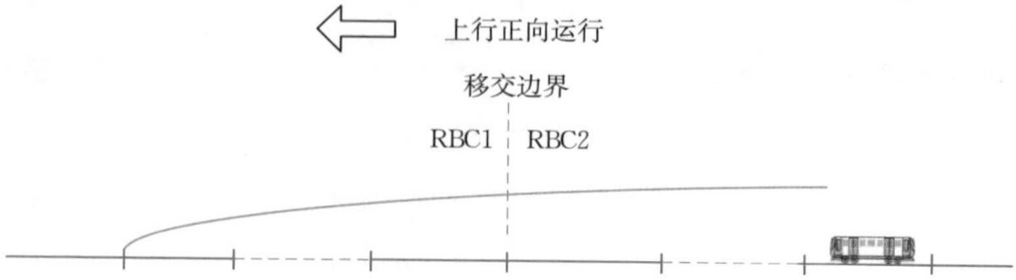

图 8-6-9　RBC 移交示意

RBC2 在处理列车移交过程中，列车最小后端驶出移交边界，RBC 向列车发送 M24＋P42 断开通信会话，在 RBC 等待列车回复 M156（通信会话结束确认）期间，RBC2 收到了 TSRS 下发的覆盖 RBC2 与 RBC1 边界的限速执行命令（图 8-6-10）。

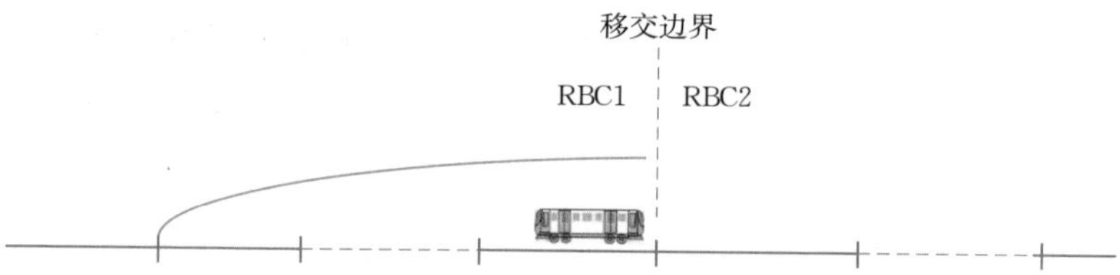

图 8-6-10　RBC 移交示意

RBC2 收到 TSRS 下发的限速执行命令后，生成了向 RBC1 发送 M202（授权相关信息请求）的命令。在处理该命令时，RBC2 检查移交列车状态失败，触发防护性宕机（图 8-6-11）。

三、处理方法

修改 RBC 软件，在以上场景下（列车已驶出移交边界），移交 RBC 不再向接收 RBC 发送 M202 消息。

案例五　RBC2 Ⅱ系自动重启

一、问题描述

RBC2 Ⅱ系（主系）于 01:48 单系自动重启。

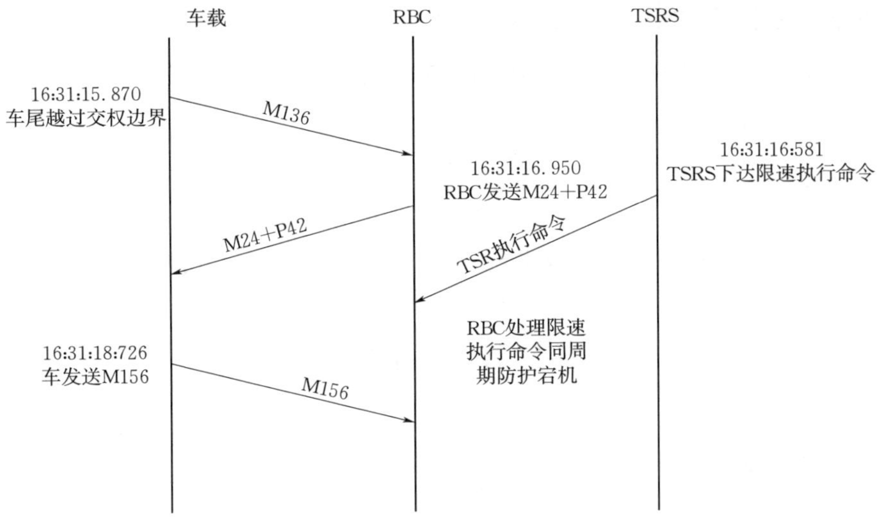

图 8-6-11 列车、RBC、TSRS 间会话过程

二、问题分析

1. 查看 RBC2 Ⅰ系统重启日志,分析如图 8-6-12、图 8-6-13 所示。

```
../etc/StpKeyFile OK
synchronizerA: activated at time 1683739875:361740
starting A
UtilA: activated at time 1683739875:362239
```

图 8-6-12 A2 机日志

```
../etc/StpKeyFile OK
synchronizerB: activated at time 1683739875:361740
starting B
UtilB: activated at time 1683739875:362239
```

图 8-6-13 B2 机日志

从Ⅱ系的重启日志上看,由于 A、B 机重启日志中没有出现"PANIC in Module:……"字样,说明重启与主机应用无关,为平台引起的重启(对应 NCR#2275)。

2. 查看 RBC2 Ⅰ系 3 台服务器 message 日志(message 日志时间为服务器硬件时间,与北京存在一定时差,图 8-6-14)。

```
May 10 16:23:14 fspa2 channeldA: panic at line 1105 in module @(#)Module: channeld.c %version:
May 10 16:23:14 fspa2 channeldA: Wed May 10 16:23:14.84282 channeldA Internal panic
May 10 16:23:14 fspa2 dualdA: Wed May 10 16:23:14.84276 dualdA External signal 15
May 10 16:23:14 fspa2 synchronizerA: Wed May 10 16:23:14.84265 Synchronizer External signal 15
May 10 16:23:14 fspa2 RFSPA: Wed May 10 16:23:14.84275 RFSPA External signal 15
May 10 16:23:14 fspa2 pollmonitor: Wed May 10 16:23:14.842646: just sent 'exit' to udp peer
May 10 16:23:14 fspa2 pollmonitor: Wed May 10 16:23:14.842884: received signal:15 - exiting
May 10 16:23:14 fspa2 pollmonitor: pollmonitor: Wed May 10 16:23:14.842899 - exit() called
May 10 19:19:18 fspb2 pollmonitor: pollmonitor:Wed May 10 19:19:18.840014: lost contact - exiting
May 10 19:19:18 fspb2 pollmonitor: pollmonitor: Wed May 10 19:19:18.840141 - exit() called
May 10 19:19:18 fspb2 channeldB: Wed May 10 19:19:18.840174: external kill - aborting
May 10 19:19:18 fspb2 dualdB: Wed May 10 19:19:18.840244: external kill - aborting
May 11 00:20:52 spu2 failover: nodeStateMachine.c:109:Thu May 11 00:20:52.488721: doubtful fspb 4001
May 11 00:20:52 spu2 failover: nodeStateMachine.c:124:Thu May 11 00:20:52.688740: lost fspb 4001
May 11 00:20:52 spu2 failover: Thu May 11 00:20:52.688771: stateNegotiator from ONLINE to HALTING event TERMINATE
```

图 8-6-14 message 日志

Fspa2 为Ⅱ系 VPC_A2 服务器，Fspb2 为Ⅱ系 VPC_B2 服务器，spu2 为Ⅱ系 VPC_C2 服务器。由 message 可见，Ⅱ系重启前，VPC_A2、VPC_B2、VPC_C2 均未出现硬件工作异常。

三、处理方法

RBC2 Ⅱ系重启原因为既有平台问题，需修改相应软件解决。

第七节　数据配置

案例一　RBC 间通信中断导致列车无线超时

一、问题描述

列车无线连接超时降级。

二、问题分析

列车上行正向由线一 RBC（移交）向线二 RBC3（接收）移交过程中，由于 7 s 内未收到线二 RBC3 发送的应用消息，线一 RBC 判断 RBC 之间通信超时，向列车发送 M24＋P42 断开通信会话，导致列车无线连接超时降为 C2 级运行（图 8-7-1）。

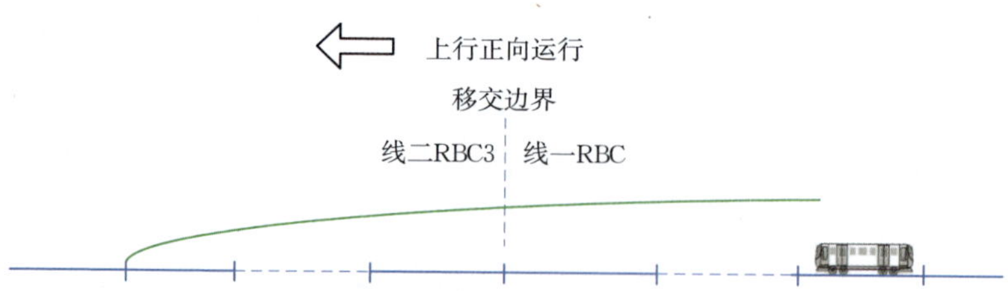

图 8-7-1　RBC 移交示意

1. 线一 RBC 判断 RBC 间通信超时

列车上行正向由线一 RBC 向线二 RBC3 运行，移交正常开启，线一 RBC 向车载设备发送越过移交边界的 MA。

正常情况下，线二 RBC3 作为接收 RBC，每 2 s 向线一 RBC 发送 M221 消息（授权相关信息），但分析线二 RBC3 日志发现，自 07:50:06 开始，线二 RBC3 作为接收方不再向线一 RBC 发送消息。7 s 后线一 RBC 判断 RBC 之间通信超时，向线二 RBC3 发送 M204 取消移交，并向列车发送 M24＋P42 断开通信会话。

2. 线二 RBC3 不向移交 RBC 发送消息

虽然线一 RBC 一直在正常地向线二 RBC3 发送消息，但从日志分析发现，线二 RBC3 先判断接收线一 RBC 消息超时，结束移交，停止向线一 RBC 发送消息。

经分析，由于线二 RBC3 数据配置为仅处理一条线一 RBC 的消息，导致消息丢失，认为 RBC 间通信中断。

三、处理方法

修改线二 RBC3 数据配置，可以处理多条相邻 RBC 消息。

附录　常用缩略语

缩略语	英文全称	中文全称
ACK	Acknowledgement	应答
ATP	Automatic Train Protection	列车自动保护
BG	Balise Group	应答器组
CBI	Computer Based Interlocking	计算机联锁
CEM	Conditional Emergency Message	有条件紧急停车消息
CO	Call On mode	引导模式
CTC	Centralized Traffic Control	调度集中系统
EoA	End of Movement Authority	行车许可终点
FS	Full Supervision mode	完全监控模式
GSM-R	Global System for Mobile Communications for Railway	铁路数字移动通信系统
ISDN	Integrated Services Digital Network	综合业务数字网
IFC	Interface Changer	接口转换部
LRBG	Last Relevant Balise Group	最近相关应答器组
MA	Movement Authority	行车许可
MSC	Mobile Switching Center	移动交换中心
NRBC	Neighbor RBC	相邻 RBC
OS	On Sight mode	目视行车模式
PT	Past Trip	冒进后模式
PRI	Primary Rate Interface	基本速率接口
RBC	Radio Block Center	无线闭塞中心
RSSP-Ⅱ	Railway Signal Safety Protocol-Ⅱ	铁路信号安全协议-Ⅱ
RCC	Radio Communication Controller	无线通信控制部
RMT	RBC Maintenance Terminal	RBC 维护终端
RRI	RouteRelatedInformation	授权相关信息

续上表

缩略语	英文全称	中文全称
SA	Signal Authorization	信号授权
SMA	Shortened MovementAuthority	缩短的行车许可
TAF	Track Ahead Free	前方轨道空闲
TCC	Train Control Center	列控中心
TR	Trip mode	冒进模式
TSR	Temporary Speed Restriction	临时限速
TSRS	Temporary Speed Restriction Server	临时限速服务器
UEM	Unconditional Emergency Message	无条件紧急停车消息
SREJ	Seletive Reject	选择性拒绝

笔记栏

笔记栏

笔记栏